法藏知津

四編：佛教歷史與文獻研究專輯

杜潔祥 主編

第5冊

六朝江東佛教地理研究

蔣少華 著

花木蘭文化出版社

國家圖書館出版品預行編目資料

六朝江東佛教地理研究／蔣少華 著 — 初版 — 新北市：花木
蘭文化出版社，2015〔民104〕
序 4+2 目 2+276 面；19×26 公分
（法藏知津四編：佛教歷史與文獻研究專輯　第 5 冊）
ISBN：978-986-322-565-2（精裝）
1. 宗教地理學　2. 佛教　3. 魏晉南北朝
618　　　　　　　　　　　　　　　　　　　103000933

ISBN-978-986-322-565-2

9 789863 225652

法藏知津四編：佛教歷史與文獻研究專輯
第 五 冊　　　　　　　　　ISBN：978-986-322-565-2

六朝江東佛教地理研究

作　　者　蔣少華
主　　編　杜潔祥
副總編輯　楊嘉樂
編　　輯　許郁翎
出　　版　花木蘭文化出版社
社　　長　高小娟
聯絡地址　235 新北市中和區中安街七二號十三樓
　　　　　電話：02-2923-1455／傳真：02-2923-1452
網　　址　http://www.huamulan.tw 信箱 hml810518@gmail.com
印　　刷　普羅文化出版廣告事業
初　　版　2015 年 5 月
定　　價　四編 15 冊（精裝）新台幣 25,000 元

六朝江東佛教地理研究

蔣少華　著

作者簡介

蔣少華，男，1987 年出生，湖南道縣人。成長於瀟湘上流，南嶺腳下；負笈求學，遠赴嶺表，睹海南風物，獲文學學士（海南大學，2008 年）；北遊建康，習江南文脈，親炙桐城胡阿祥先生，獲歷史學碩士學位（南京大學，2011 年）。現供職於揚州市文廣新局。

提　　要

　　本書主要內容共三個章節。第一章通過對《高僧傳》、《比丘尼傳》、《續高僧傳》等書的檢索，通過統計、分區的方法，勾勒出六朝僧侶和寺院的地理分佈，揭示了六朝江東佛教地理的三大中心，即丹陽郡、吳會地區和廬山地區。這三大佛教中心互有聯繫、彼此影響，而且其興起的原因也各有特色。

　　六朝建康寺院數量是一個易勾起眾人興趣的問題。清末孫文川的《金陵六朝古寺考》是本集大成著作，可錯訛不少，後劉世珩、陳作霖相繼對該書進行補苴，也未加補正。近年南京大報恩寺遺址的考古發掘取得了重要成果，引發了一番研究熱潮，賀雲翱教授在孫著的基礎上增補寺院，雖多達 299 座，卻也沿其舊誤。有鑒於此，通過對原始史料的甄別，對元代以前志書的考證，對地方文獻的勾檢，參考前賢的研究成果，系統地考訂、釐正六朝建康的寺院，是第二章的內容。

　　琅邪王氏是六朝首屈一指的名門世族，通過考察琅邪王氏對佛教的態度，對於揭示佛教在社會階層中的傳播，探討六朝世族信仰的演變，研究六朝學術思潮的發展，頗有典型意義。這是第三章的內容。

　　三個章節並非相互獨立，而是彼此關照的。第一章為總綱，第二章是對第一章寺院考證方面的拓展，第三章是對第一章佛教流佈方面的補充。

序

　　「恭敬不如從命」的情形中，近十年來，爲朋友與弟子的著作獻序的任務，有越來越重的趨勢。我一直以爲，朋友之「請序」與弟子之「求序」，意味著我的爲人處世得到了朋友的認可，意味著我的課堂閒扯與平常交流得到了弟子的肯定，而這種認可與肯定，總是令我感動乃至感激，於是在感動乃至感激中，像樣或者不太像樣的序，也就越寫越多了……

　　本書的年輕作者蔣少華，是我眾多弟子中比較特別的一位。如何特別呢？特別在我常從少華清瘦、乾淨、樸實的形象中，看到我年輕時的樣子；更特別在他的這篇南京大學歷史系碩士論文《六朝江東佛教地理研究》，與我曾經的碩士論文頗有共同之處。

　　記得還在 1987 年春夏之間，時爲復旦大學歷史系史地所碩士生的我，在吳應壽、譚其驤諸位先生的指導下，完成了題爲《東晉南朝僑州郡縣研究》的學位論文。這篇論文的品質，大概沒有多少的問題，問題出在那超過 20 萬字的篇幅。因爲這樣的篇幅，列印、裝訂的費用遠超預算（那個年代，大學的各項經費都很緊張），所以有了我至今想來仍覺「有趣」的結果：一方面，歷史系迅即出臺了碩士論文必須控制在五萬字以內的規定，另一方面，隨後不久，我的這篇論文又榮獲「復旦大學研究生優秀論文獎」。

　　其實細細想想，20 餘萬字的《東晉南朝僑州郡縣研究》與 20 萬字左右的《六朝江東佛教地理研究》，因爲時代背景的不同，更加顯出了後者的珍貴。我讀碩士生的 20 世紀 80 年代，平靜的校園裡到處可以放下平靜的書桌；少華讀碩士生的 21 世紀的這些年，校園隨著社會同步躁動，躁動的校園裡，已經難得見到氣定神閑讀書、潛心竭慮寫作的學子了。而如《六朝江東佛教地

理研究》，正是這難得的學子之讀書寫作狀態的結晶。

然則少華之爲難得的學子，《六朝江東佛教地理研究》之爲珍貴的結晶，又不僅爲任教於大陸高校的我之認識，似乎也爲寶島臺灣的出版人士之認識。此話怎講？2012 年 12 月，我向花木蘭文化出版社冒昧推薦了「碩士論文（2011）、蔣少華之《六朝江東佛教地理研究》」，十多天後，花木蘭即回覆「高足蔣博士大作《六朝江東佛教地理研究》經我社總編輯閱示，可納入出版計劃，擬輯入《古代歷史文化研究輯刊》中出版」；我再去信說明：「此爲碩士學位論文，而非博士學位論文」，花木蘭答覆：「此文竟然是碩士論文麼？眞令人吃驚啊。蔣同學青年才俊，我們很高興獲得他賜稿。」如此郵件往返之後，少華對舊作下了番核校史料、改訛補漏的工夫，於是乃有了這部花木蘭版的《六朝江東佛教地理研究》。

平實而論，六朝江東佛教與佛教地理並非創新的選題。如佛學大師湯用彤先生有《漢魏兩晉南北朝佛教史》，吾鄉先賢嚴耕望先生有《魏晉南北朝佛教地理稿》，復旦同門張偉然教授有《南北朝佛教地理的初步研究》，同行好友嚴耀中教授有《江南佛教史》；至於可以作爲二手或者三手史料看待的前人之梵刹佛寺輯考，也有明人葛寅亮的《金陵梵刹志》，清人孫文川葺述、陳作霖編纂的《南朝佛寺志》。那麼，這後出的《六朝江東佛教地理研究》有何特別值得稱道之處呢？要而言之，在其能從最基礎的史籍如梁釋慧皎《高僧傳》、梁釋寶唱《比丘尼傳》、唐釋道宣《續高僧傳》、梁釋僧祐《出三藏記集》、唐釋道世《法苑珠林》等等佛教典籍以及相關正史的竭澤而漁、甄別考證、分類排比入手，結合唐人許嵩《建康實錄》、宋人周應合《景定建康志》、元人張鉉《至正金陵新志》等等地方文獻，參校最新的考古發掘成果，寤寐思服、輾轉反側、迴旋往復，以求仔細勾檢靜態的寺院分佈，多方定位動態的僧侶流播，系統闡釋影響佛教地理格局的各別因素，且以琅琊王氏例證六朝佛教之在社會上層的傳播過程。由此，我們既往的諸多概念性認識、表面化感覺，比如六朝爲佛教在中國傳播的重要時期，江東爲六朝佛教流布的重點區域，丹陽、吳會、廬山三個地區爲佛寺眾多、僧尼彙聚、活動頻繁之地，等等，便獲得了清晰的歷時過程、明確的空間場景，我們對於六朝江東佛教的敘述語境，便從文字爲主的表達或文學意味的描寫，進步到了文字、表格、地圖、量化數位綜而用之的所謂「科學」語境，而這樣的「科學」語境，不僅在佛教地理研究方面具有某種示範意義，也是我所從事的、推而廣之的中

國歷史文化地理研究的追求與正途。

　　再次回想弟子蔣少華的求學經歷，重新瀏覽他的這部《六朝江東佛教地理研究》，換位思考少華現在從事的揚州文廣新局工作，已在南京大學任教近半個甲子的我，又更加堅信了我常常與弟子們交流的切身感受：對於碩士生來說，在校的三年，其實關鍵在於好的態度、思維與方法的養成。如《六朝江東佛教地理研究》，因為態度認真、勤奮，所以事實相對準確、資料比較翔實，因為思維細密、周到，所以內容堪稱豐富、結構自成一體，因為方法嚴謹而又不失靈活，所以既有繼承意義上的拓寬、加深，也有創新層面上的謀篇佈局、盡全時空。然則以這樣的態度、思維與方法，治學當可立言，從政當可立功，為人處世當可立德，而立言、立功、立德，正是我所寄望於青年少華者！

　　是為序。

胡阿祥於三棲四喜齋

2014 年 4 月 4 日

目次

史籍簡稱及版本簡介

在開始本專題研究之前，有必要先把主要使用到的書籍的簡稱以及版本介紹一下。行文中如還引用其他版本當隨文注出。如有必要，行文中將引用書籍的全名而不用簡稱。

1. 《梁傳》指《高僧傳》。〔梁〕釋慧皎撰、湯用彤校注、湯一玄整理《高僧傳》，中華書局，2007 年。

2. 《尼傳》指《比丘尼傳》。〔梁〕釋寶唱著、王孺童校注《比丘尼傳校注》本，中華書局，2006 年。

3. 《唐傳》指《續高僧傳》。〔唐〕釋道宣撰，收入《大正新修大藏經》第 50 冊。

4. 《珠林》指《法苑珠林》。〔唐〕釋道世撰，周叔迦、蘇晉仁校注《法苑珠林校注》本，中華書局，2003 年。

5. 《實錄》指《建康實錄》。〔唐〕許嵩撰、張忱石點校《建康實錄》，中華書局，2009 年。

6. 《編類》指《六朝事迹編類》。〔宋〕張敦頤撰、王能偉點校《六朝事迹編類》，南京出版社，2007 年。

7. 《景定志》指《景定建康志》。〔宋〕周應合撰、王曉波校點，收入《宋元珍稀地方志叢刊·甲編》第 1～3 冊，四川大學出版社，2007 年。

8. 《至正志》指《至正金陵新志》。〔元〕張鉉撰，王會豪、郭建強、吳豔、付天星、胡堯、梁欣校點，收入《宋元珍稀地方志叢刊·乙編》第 4～6 冊，四川大學出版社，2009 年。

9. 《梵刹志》指《金陵梵刹志》。〔明〕葛寅亮撰，收入《續修四庫全書》第 718（卷 1～46）、719（卷 47～53）冊，上海古籍出版社。

10.《佛寺志》指《南朝佛寺志》。孫文川葺述、陳作霖編纂、許延長點校《南朝佛寺志》，收入《金陵瑣志九種》，南京出版社，2008 年。兼參考杜潔祥主編、高志彬解題、臺灣明文書局影印的《南朝佛寺志》，收入《中國佛寺史志彙刊》第 1 輯第 2 冊，1980 年。

緒　論

一、斷限問題

時間斷限。關於「六朝」，大致有四種說法。其一，先後都於建康（孫吳稱建業，本書以建康統稱六朝首都）的孫吳、東晉、宋、齊、梁和陳六個朝代，可稱之爲「南方六朝」，唐人許嵩所撰的《建康實錄》就體現出這一觀點。其二，爲了體現出正統觀念而把曹魏作爲三國的代表，六朝即指曹魏、東晉、宋、齊、梁、陳，這是趙宋司馬光編纂的《資治通鑒》所體現出來的觀點。其三，又與南方六朝相對應，建都於北方的曹魏、西晉、北魏、北齊、北周、隋也可合稱爲六朝，是爲「北方六朝」。其四，是把整個三國兩晉南北朝統稱爲六朝。在這四種說法中，最早出現的是第一種說法，而且也只有這種說法最爲合理，因爲從朝代內涵、時間起訖、空間範圍、典章制度來說，六朝都有一以貫之、首尾共通的特點，所以完全可以作爲一個研究單元〔註1〕。若要詳細到具體的時間段，可起於吳大帝孫權始建黃武年號的 222 年、訖於陳後主陳寶叔被俘的 589 年，而就六朝江東佛教地理研究言之，將根據史料情況而定，可能會稍有延伸。

空間斷限。文化區域的劃分往往很棘手，因爲文化區的邊界往往很模糊，可「文化區的劃分往往是文化地理研究的歸宿」，「如果誇大點說，簡直是有

〔註 1〕詳細的論述參見胡阿祥師《關於六朝史研究的幾個問題》，《揚州師院學報（社會科學版）》1995 年第 1 期；《推進六朝文化研究的若干思考》，《學海》2005 年第 2 期；《六朝概念辨析與六朝文化研究》，收入其《東晉南朝僑州郡縣與僑流人口研究》附錄一，江蘇教育出版社，2008 年；《六朝文化研究芻議》，《東南文化》2009 年第 1 期。

多少文化因子，就有多少種文化分區」〔註2〕。從這一個角度出發，文化區的劃分主要是依據史料情況而定。據某些文化因子而劃定的文化區一般都會有一個或幾個中心，這些中心所能波及到的地方便是該文化因子所能影響到的區域，在這個文化區域當中，其邊界受到多種文化因子的影響，因而呈現為一個過渡地帶，並顯得模糊不清。盧雲先生進一步認為，文化區域的基本特征集中表現在五個方面：整體形貌與景觀意義、文化中心與模糊邊界、等級體系與配置特徵、文化層面與空間系統、地緣推進與整體分化，即說明文化區域是一個複雜的有機體系。他還強調：

> 歷史文化地理的核心是文化區域問題，而文化區域研究的重要目的之一就是區域的劃分。合理的文化區劃不僅有助於對時空框架中人地關係與文化類型發展、演變的認識，同時也為正確瞭解各地文化背景與文化面貌的特徵與差異，因地制宜地制定決策提供科學依據〔註3〕。

具體到文化區域的劃分，會考慮自然環境、經濟類型、行政區劃、政治、軍事、移民和城市發展等因素。六朝時期，江東是一個相對比較獨立的區域，它綜合了各種因素，也是時人的稱呼和概念。唐代以降，這塊區域（即江東）被稱之為江南，其範圍也逐漸縮小，到清末之時，主要指太湖平原一隅，而位於「江南」的鎮江竟被歸為江北〔註4〕。長江在今九江至南京間呈西南、東北流向，六朝時期，因中原戰亂，大量流民東渡江水，落籍於此，由於這個區域位於長江以東，故被稱之為江東，亦名江左。這是地理上的概念。後來，隨著江東地區經濟的發展，其文化影響逐漸向外擴散，使得這塊文化區域邊界模糊、難以割捨。這是文化上的概念。因此，在具體的研究中，將根據實際情況酌情處理，比如廣陵（治今江蘇揚州市）位於江北，但其經濟、文化、語言和心理等方面與位於長江以南的建康有著千絲萬縷的聯繫，故應歸屬於江東。把江東作為一個相對獨立的文化區域來進行研究，還有不少的先例。胡阿祥師的《魏晉本土文學地理研究》，探討了江東地區文學的興衰變遷。在佛教史的研究中，嚴耀中先生把相對獨立的江南作為一個研究區域，即《江

〔註2〕周振鶴主著《中國歷史文化區域研究·序論》，復旦大學出版社，1997年。

〔註3〕盧雲《文化區：中國歷史發展的空間透視》，《歷史地理》第9輯，上海人民出版社，1990年，頁90。

〔註4〕參見周振鶴《釋江南》，收入其《隨無涯之旅》，生活·讀書·新知三聯書店，1996年。

南佛教史》〔註5〕。嚴先生是作通代研究，故稱「江南」亦可。因此，本書把六朝時期的江東作爲一個研究區域是可行的。江東雖然是因位於長江以東而得名，但其邊界是模糊的，本書中江東的範圍包括西晉太康三年（282）的揚州全部、徐州廣陵郡和臨淮國淮水以南的部分，而在具體的討論中，有些地方將會根據史料情況而可能會稍稍溢出這個範圍。

二、相關學術研究的回顧

　　與本書相關的學術研究積累，主要有三個方面。第一個方面是佛教地理領域。嚴耕望先生的《魏晉南北朝佛教地理稿》堪稱大師級的著作。嚴耕望（1916～1996），本名德厚，小名耕旺，入中學後始名耕望，號歸田，安徽桐城人，師從錢穆先生，其治學風格非常樸實，被譽爲中國史學界的「樸實楷模」，其文章「充實而有光輝」〔註6〕。《魏晉南北朝佛教地理稿》延續了嚴先生的治學特點，資料紮實、脈絡清晰，而且特別關注佛教城市與山林的關係，並指出佛教義解和禪誦的教風之地域差別以南北方來概括是籠統的，應與城市、山林之別有很大的關係。曹仕邦先生說：「第六章論佛教教風，指出北方講論亦盛，不似一般人誤解北方只有禪誦，……北方亦重講說，仍屬嚴公的發現。一位向非專治佛教史的人，是難能可貴的。」〔註7〕可惜該書是嚴先生的未竟稿，故只是勾勒出一個大概，還有許多方面尚待填充，比如主要依據的材料只是《高僧傳》、《續高僧傳》，而忽略了《比丘尼傳》，對佛教區域的分析主要以點爲主、以描述爲主要方法，而缺少面的綜合和對流佈成因及背景的分析，但正是這種大師略帶「瑕疵」的未竟稿給讀者以無限的啓迪，也給後人留下了繼續研究的空間。顏尚文先生的《後漢三國西晉時代佛教寺院之分佈》首先辨析了佛寺的概念以及形態，接著檢出佛寺的地理分佈，並指出這種分佈與都城、交通關係莫大，最後探討佛寺的發展及其對社會的影響。該文只是其研究的一部分，顏先生還計劃撰寫《東晉五胡時代佛教寺院之分佈》、《南北朝時代佛教寺院之分佈》、《隋唐時代佛教寺院之分

〔註5〕上海人民出版社 2000 年版。上海人民出版社於 2005 年再版該書時更名爲《中國東南佛教史》。

〔註6〕參見廖伯源《嚴耕望先生傳略》，余英時《中國史學界的樸實楷模：敬悼嚴耕望學長》，均收入嚴耕望先生紀念集編輯委員會編《充實而有光輝：嚴耕望先生紀念集》，臺北：稻禾出版社，1997 年。

〔註7〕轉引自李啓文《後記》，嚴耕望撰、李啓文整理《魏晉南北朝佛教地理稿》，上海古籍出版社，頁 273。

佈》〔註8〕，目前尚未見文刊佈。另，顏先生還有「六朝揚州地區的佛教寺院」的研究計劃，但只做了一個綱要，主要就該領域的學術積累作簡要評介〔註9〕。張偉然先生的《南北朝佛教地理的初步研究》上、下篇（分別載《中國歷史地理論叢》1991 年第 4 期、1992 年第 1 期）就南北朝時期僧人出生地、佛教石刻、佛教寺院、僧人活動、譯經地點等方面的地理分佈作了探討。張偉然先生的《湖南歷史文化地理研究》（復旦大學出版社 1995 年版）第四章第一節《湖南佛教的分佈變遷》和《湖北歷史文化地理研究》（湖北教育出版社 2000 年版）第二章《湖北晉唐時期的佛教地理》分別對湖南、湖北的佛教地理進行了討論，其中對湖北佛教地理的研究已經達到一種新的高度，一時很難超越。李映輝先生的博士論文《唐代佛教地理研究》（湖南大學出版社 2004 年版）除緒論、附錄外共七章，其中前五章討論佛教要素和學術的地域分佈，作爲全書核心的第六章綜論佛教各要素的分佈及變遷，最後一章討論影響佛教分佈的因素。介永強先生的博士論文《西北佛教歷史文化地理》（人民出版社 2008 年版）前兩章討論佛教寺院和石窟的分佈及特色，第三、四章討論佛教學術文化的弘揚和流派的傳播，最後一章討論佛教文化區域及其重心的歷史變遷。按歷史地理學研究的幾個關鍵詞，有「復原」，即各別時期自然地理環境與人文地理環境的復原；有「變遷」，不同時期自然地理環境與人文地理環境的變遷；有「分佈」，即特定時期自然地理要素與人文地理要素的分佈；有「差異」，即選定時期自然地理面貌與人文地理面貌在各別類型地域之間的差異〔註10〕。按研究的難易程度排列，「復原」最難、「變遷」次之、「差異」再次、「分佈」最易。李著和介著在「分佈」和「差異」上著墨最多，而「變遷」方面也略有論述。由此反映了佛教地理研究難度之大。若要論其「分佈」和「差異」，往往需要對文獻資料「竭澤而漁」，這就佔據了大量的時間；而論其「變遷」，又需要聯繫政治變動、經濟興衰、學術取向、社會風尚等方面，這就要求研究者學殖深厚。如此，方

〔註8〕 顏尚文《後漢三國西晉時代佛教寺院之分佈》，《師大歷史學報》第 13 期，1985 年，頁3。該文又收入其《中國中古佛教史論》，宗教文化出版社，2010 年。

〔註9〕 顏尚文《六朝揚州地區的佛教寺院》，收入中央研究院歷史語言研究所、經濟研究所主辦《第三屆中國社會經濟史研討會會議紀錄》1984 年，頁 33～35。該文筆者尚未尋得，其大概內容據《後漢三國西晉時代佛教寺院之分佈》注釋三，頁38。

〔註10〕 參見胡阿祥師《中國歷史研究的地域視野》，《學海》2009 年第 1 期。

能「復原」歷史時期的佛教地理。在這裡，有必要提一下盧雲先生的《漢晉文化地理》（陝西人民教育出版社 1991 年版），該書論述學術、宗教、婚姻和音樂四個文化因素的分佈與變遷，無論是論述方式、資料收集，還是理論探索，都可以謂之典範。在改革開放後的大陸，《漢晉文化地理》是中國歷史文化地理領域的開山之作，其成就空前，至今仍無可與之相媲美的著作。

第二個方面是佛教史領域。湯用彤先生的《漢魏兩晉南北朝佛教史》博大精深，對漢魏兩晉南北朝時期佛教的各個方面都作出了卓越的論述，是為「通書」。後來者只能就某些方面進行專門研究，以示續補。嚴耀中先生的《江南佛教史》以問題為綱，共分十八章對江南（相當於本書的江東）地區的佛教進行了討論，並把這些討論納入江南獨特的自然人文環境的視野之下，著重探討佛教與社會（包括政治、經濟、文化等各個方面）之間的關係，令人耳目一新。

第三個方面是南京地區的考古發掘。六朝建康宮城的位置撲朔迷離、各置一說。自 2001 年 5 月起，南京市博物館配合城市基本建設，有計劃地對一些地點進行了搶救性發掘，意在探明六朝宮城的位置以及建康城的布局。其中最重要的發現首推在新浦新世紀廣場工地和南京圖書館工地發現的北偏東 25 度的道路、壕溝、木橋、北折的城牆，等等。至此，六朝建康城終於「掀起蓋頭」，也推翻了認為建康宮城位置在今珠江路以北東南大學和成賢街地區的傳統觀點〔註 11〕。《實錄》卷一：「晉永嘉中，王敦始為建康，創立州城，今江寧縣城，所置在其西，偏其西即吳時冶城，東則運瀆，吳大帝所開，今西州橋水是也。」王敦創立的州城即西州城，故從西往東可排列為：孫吳冶城、唐江寧縣城、晉西州城、運瀆。孫吳冶城即在今朝天宮，故可推測唐江寧縣城在今江蘇省委黨校一帶。1977 年，張府園小區施工時發現了南唐的「護龍河」，據賀雲翱先生研究，南唐「護龍河」位於運瀆之東，故由南唐「護龍河」的位置可以推斷出運瀆、西州城的位置，後來又在張府園以西（即南唐「護龍河」以西）的地區出土了大量六朝建築遺物，賀先生據此推斷西州城就在今建鄴路以北、豐富路左右一線（即古運河所在一線）以西、三元巷和秣陵路一線以南的空間範圍內〔註 12〕。西州城所在的位置，恰好在唐江寧城

〔註11〕王志高、賈維勇《六朝古都掀起蓋頭》，《中國文物報》2004 年 3 月 10 日第 1 版。

〔註12〕賀雲翱《六朝「西州城」史蹟考》，《南京史志》1999 年第 3 期；又見其《六

（今省委黨校一帶）之東，與《實錄》所載吻合。由於冶城、唐江寧縣城、西州城和運瀆南段位置的確定，東晉延興尼寺、永安尼寺、莊嚴寺、劉宋禪林尼寺、禪靈寺，蕭梁小莊嚴寺、慧日寺等寺院的位置都可以得到一一落實，而王志高、王光明先生認爲 2002 年 3 月下旬在今鼎新路與安平街交匯處西南方向的建鄴區國稅大廈工地中發現一處六朝佛教寺院遺址就是東晉延興尼寺〔註13〕，更加有助於對附近寺院位置的推斷。

三、文獻資料問題

在本書的研究當中，主要依據三本典籍，即梁代釋慧皎《高僧傳》、梁代釋寶唱《比丘尼傳》和唐代釋道宣《續高僧傳》，而其中最主要的是《高僧傳》一書，因此該書在撰述上的取捨和在內容上的詳略會影響到研究的質量。本書關注的重點是地域問題。《高僧傳》的地域傾向，湯用彤先生評曰：「慧皎，梁之會稽人。《高僧傳》所載，均南詳北略，爲此書之一缺陷」〔註14〕。嚴耕望先生說：「《僧傳》（按，即《高僧傳》）所記南北朝高僧，建康幾居半數，顯見南朝國都佛教之特盛。此自亦與《僧傳》作者慧皎爲江南人有關。」〔註15〕本書關注的地域是六朝時期的江東，爲慧皎的鄉梓所在，也是《高僧傳》詳述的區域，故自可避免因所本書獻之缺陷而帶來的遺憾。

朝瓦當與六朝都城》第八章第二節《西州城》，文物出版社，2005 年。

〔註13〕王志高、王光明《南京紅土橋出土的南朝泥塑像及相關問題研討》，《東南文化》2010 年第 3 期。

〔註14〕湯用彤撰《漢魏兩晉南北朝佛教史》第四章，上海書店據商務印書館 1938 年版影印，1991 年，頁 83。

〔註15〕嚴耕望撰《魏晉南北朝佛教地理稿》第四章，上海古籍出版社，頁 57。

第一章　六朝江東的佛教地理

　　佛教傳入江東的時間並不算晚，早在漢末，丹陽、會稽等地就有了佛教傳播的痕迹，三國時期，建康崛起成爲佛教重鎮，可與北方的洛陽相頡頏。晉滅孫吳，江東的佛教傳播被打斷，近乎停滯〔註1〕。司馬氏渡江，延祚晉室，江東的佛教再現盛況，並流佈諸地，南朝承此盛況、蔚爲壯觀。本章就是爲了揭示江東佛教的盛況及其成因。佛教最主要的兩個要素是寺院和僧侶，故探討佛教地理需要研究寺院和僧侶的分佈。寺院是靜態的，故統計起來比較方便，而僧侶可以雲遊四方，故統計起來頗爲麻煩。相關的統計方法詳見下文。

一、寺院的分佈及變遷

　　寺院爲僧侶的棲息之地，是主要的弘法場所，其數量的多寡頗能反映一個地方佛教的興盛。本節通過查閱相關史料，檢出六朝江東各個地區的寺院名目，並略加以統計、分析。

表 1-1　六朝江東可考寺院名目

說明：（1）G 指《高僧傳》，X 指《續高僧傳》，C 指《出三藏記集》，B 指《比丘尼傳》，M 指《名僧傳抄》，L 指《盧山記》，LS 指《梁京寺記》，XB 指《續比丘尼傳》，Y 指《光世音應驗記》，XY 指《繫觀世音應驗記》，F 指《法苑珠林》，SG 指《宋高僧傳》；S 指《宋書》，NQS 指《南齊書》，LS 指《梁書》，CS 指《陳書》，J 指《建康實錄》，BL 指《六朝事迹編類》，W 指《吳地記》，

〔註 1〕詳見嚴耕望撰、李啓文整理《魏晉南北朝佛教地理稿》第一、二章，上海古籍出版社，2007 年。

WH 指《吳地記後集》，WJ 指《吳郡圖經續記》，Z 指《至正金陵新志》；JL 指《金樓子》，YW 指《藝文類聚》。

（2）字母後的數字，F（《法苑珠林》）、S（《宋書》）、NQS（《南齊書》）、LS（《梁書》）、CS（《陳書》）、J（《建康實錄》）、W（《吳地記》）、WH（《吳地記後集》）、WJ（《吳郡圖經續記》）後指頁數，其它指卷數，卷數後為篇名或條目名。

（3）寺院僅注一處出處，括弧中的寺院名稱為別稱或他稱，比丘尼寺院一律稱「尼寺」，以示區別。

1. 孫吳寺院 2 座

（1）建業 1 座〔註2〕

建初寺。

（2）吳 1 座

通元寺 W91。

2. 東晉寺院 91 座

（1）建康 41 座

耆園寺、白馬寺、安樂寺、臨秦寺、瓦官寺、大長干、青園寺（龍光寺）、長干寺（阿育王寺）、冶城寺、延賢寺、新亭寺（中興寺、天安寺）、東亭寺（王衛軍寺）、高座寺（甘露寺）、崇明寺、道場寺（鬭場寺）、莊嚴寺（謝鎮西寺或謝寺、興嚴寺）、彭城寺、枳園寺、中寺、招提寺（小招提寺）、護身寺、龍宮寺、皇興寺、中興寺、鹿野寺、皇太寺、本起寺、大石寺、東安寺、越城寺、天寶寺、長壽寺、殿內精舍、耆闍寺、歸善寺（大歸善寺），簡靜尼寺、建福尼寺、延興尼寺、新林尼寺（波提寺）、永安尼寺（何后寺或何皇后寺、北永安寺）、太后尼寺。

（2）句容 4 座

義和寺、觀音寺、靈曜尼寺、延壽寺（Z11 下崇明寺、興教院、金華寺、延福院）。

（3）溧陽 2 座

勝因寺、白龍寺（Z11 下勝因寺、三塔大聖院）。

（4）吳 13 座

虎丘山（G13 支曇篇）、東雲尼寺、通玄寺〔註3〕（G13 竺慧達）、臺寺（G6

釋道祖），支山寺（G4 支遁），紹靈寺（M27 惠護），虎丘山東寺、西寺 W63，
戴顒宅寺 W91，朱明寺、般若臺 W97，法華寺 WH142，報恩山石室 WJ36。

（5）嘉興 1 座

　　靈光寺 W47。

（6）剡 9 座

　　隱嶽山山寺（G11 帛僧光），葛峴山山寺（G4 竺法崇），石城山元華寺（G4
於法蘭），白山靈鷲寺（G4 于法開），沃洲小嶺山寺、石城山棲光寺（G4 支遁），
臺寺、仰山山寺（G4 竺法潛），鄉市寺 F592。

（7）鄮 1 處

　　鄮縣塔（G13 竺慧達）。

（8）山陰 6 座

　　顯義寺（G12 釋法純），嘉祥寺、比尼寺（G5 釋慧虔），昌原寺（G5 竺法
曠），靈嘉寺（G4 支遁），靈寶寺 F463。

（9）上虞 1 座

　　龍山大寺（G10 史宗）。

（10）於潛 2 座

　　青山寺（M8 竺法曠），法恒所立塔寺 F1270。

（11）餘杭 1 座

　　安法開所立塔寺 F1270。

（12）永嘉郡永寧〔註4〕1 座

　　豫章山山寺（G4 康僧淵）。

（13）始豐 1 座

　　赤城山石室（G11 竺曇猷）。

（14）建安郡建安 1 座

　　建安太守孟景所立塔寺 F1270。

（15）歷陽 1 座

　　烏江尼寺（B1 道容尼）。

（16）壽春 1 座

〔註3〕可能就是孫吳吳縣通元寺。
〔註4〕有些寺院只提到了在某郡，故暫把此寺繫於該郡郡治下。文中縣名前標出郡
　　　名的就屬於這種情況。

石澗寺（G2 卑摩羅叉）。

（17）廬山 4 座

龍泉寺、西林寺（G6 釋慧遠），山西南之茅宇（G6 釋曇邕），凌雲精舍（G6 釋慧永）。

（18）豫章郡南昌 1 座

東寺（G1 安清）。

3. 宋朝寺院 132 座

（1）建康 88 座

祇洹寺、竹林寺、北竹林寺、定林寺（定林下寺）、定林上寺、建元寺、莊嚴寺（大莊嚴寺）、白塔寺、始興寺、平陸寺（奉誠寺）、道林寺、宋熙寺、南林寺、靈味寺、新安寺、靈根寺、靈基寺、興皇寺、樓玄寺（栖玄寺）、靈曜寺、閑心寺、藥王寺、湘宮寺、眾造寺、法輪寺、北法輪寺、嚴林寺、延壽寺、禪岡寺、龍淵寺、正勝寺、南澗寺、晉陵寺、天保寺、開聖寺、興業寺、弘普中寺、禪寂寺、靈鷲寺、祈澤寺、烏衣寺、多寶寺、北多寶寺、何園寺、長樂寺、天竺寺、龍華寺、高臺寺、報恩寺、南園寺、崇福寺、善居寺（雲居下寺）、司徒寺、幽棲寺（幽栖寺）、外國寺、永安寺、延祚寺、正覺寺、天王寺、曠野寺、晉興寺、南建興寺、建興寺、齊昌寺、塵外精舍、隱靜寺、平樂寺、弘普寺、法言精舍，青園尼寺（西青園寺）、東青園尼寺、竹園尼寺、王國尼寺、景福尼寺、菩提尼寺、普賢尼寺、禪林尼寺、閑居尼寺、南晉陵尼寺、樂安尼寺、南永安尼寺、鐵索羅尼寺（翠靈寺、妙果寺）、建安尼寺、崇聖尼寺、妙相尼寺、宣業尼寺、弘光尼寺、永福尼寺。

（2）句容 1 座

大泉寺 F1334。

（3）京口（朱方）〔註5〕2 座

竹林寺（G13 釋道慧），禪亭寺 S2200。

（4）晉陵郡晉陵 1 座

永豐寺 J418。

（5）延陵 1 座

長樂寺〔註6〕J418。

〔註 5〕括弧裏的地名是所據材料中的地名。
〔註 6〕《實錄》卷十二《太祖文皇帝》元嘉四年條云：「置永豐寺，去縣七十里。」

（6）曲阿 1 座

　　禪鄉寺 S2200。

（7）吳 6 座

　　閒居寺、虎丘山東寺（G7 釋僧詮），虎丘寺（G7 釋曇諦），華山寺（G7
釋僧鏡），太玄臺寺〔註7〕（B2 釋玄藻尼），南尼寺（東寺）（B2 法勝尼）。

（8）鹽官 1 座

　　若常山石室（M23 釋僧秀）。

（9）山陰 7 座

　　天柱山寺（G7 釋慧靜），靈嘉寺、嘉祥寺（G7 釋超進），秦望山法華精舍、
秦望山樂林精舍、韶相寺、若耶山懸溜精舍（G13 釋僧翼）。

（10）剡 2 座

　　法華臺、東仰山（G7 釋慧靜）。

（11）上虞 1 座

　　徐山（G7 釋僧鏡）。

（12）鄞 1 座

　　塔寺（G3 曇摩蜜多）。

（13）吳興郡烏程 1 座

　　福遠寺 F778。

（14）餘杭 1 座

　　方顯寺（G7 釋僧詮）。

（15）故鄣 1 座

　　崑崙山山舍（G7 釋曇諦）。

（16）武康 2 座

　　小山寺（G7 釋曇斌），沈道虔父祖舊宅寺 S2292。

（17）廬山 3 座

　　淩雲寺（G7 釋慧安），招隱寺（G12 釋僧瑜），廬山寺（G12 釋慧慶）。

　　許注引《塔寺記》:「元嘉四年，謝方明造。本名長樂寺，為同郡延陵有之，
改焉。」據《宋書‧州郡志一》，晉陵郡轄延陵縣，故據《塔寺記》，晉陵郡
延陵縣有長樂寺，晉陵郡還有永豐寺。

〔註7〕太玄臺寺又簡稱臺寺，見《梁傳》卷七《宋下定林寺釋僧鏡》。又《宋書》卷
七五《王僧達傳》云:「吳郡西臺寺多富沙門」，文中的臺寺即太玄臺寺，中
華書局標點本在「西臺寺」下劃專名號，疑誤。

（18）臨川郡臨汝 1 座

　　　招提寺（G12 釋慧紹）。

（19）廬陵郡（吉州）石陽 1 座

　　　發蒙寺（X10 釋慧最）。

（20）烏江 1 座

　　　六合山寺（G3 釋寶雲）。

（21）壽春 3 座

　　　東山寺、石澗寺（G7 釋僧導），八公山東寺（曇濟 M16）。

（22）淮南郡于湖〔註8〕1 座

　　　中寺（G7 釋曇無成）。

（23）廣陵 5 座

　　　永福寺（M15 惠因），長樂寺（M18 惠詢），靈鷲寺（M28 淨開），慧汪精舍 F1141。

4. 齊朝寺院 79 座

（1）建康 40 座

　　　棲霞寺（攝山寺）、興福寺、孔子寺、正觀寺、草堂寺（山茨寺）、太昌寺、石室寺、齊福寺、齊隆寺（宣武寺）、安明寺、蓮華寺、禪靈寺、勝善寺（雲居上寺）、安國寺、止觀寺、陟岵寺、招玄寺、遊賢寺、歸依寺、罽賓寺、毗耶離寺、普弘寺（竟陵王邸寺）、彌陀寺、棲靜寺、西安寺、金剛寺、國安寺、隱靈寺、法雲寺、齊熙寺、「齊古寺」、華嚴寺、遠精舍，法音尼寺、福田尼寺、集善尼寺、頂山尼寺、西尼寺、禪基尼寺、樂林尼寺。

（2）京口 1 座

　　　竹林寺（G8 釋慧次）。

（3）吳 7 座

　　　北張寺（B3 超明尼），閑心寺（M25 法訓），波若寺 NQS937，禪房寺 W96，唐慈寺 W97，慈悲寺 W100，興福寺 WJ40。

〔註8〕《梁傳》卷七《宋淮南中寺釋曇無成》云：「姚祚將亡，關中危擾，成乃憩於淮南中寺。」東晉義熙十三年（417），劉裕攻破長安、消滅姚秦，故曇無成離開關中，南憩淮南中寺也應在義熙十三年前後。這時的淮南郡僑置在江南，治于湖（今安徽當塗縣南），可參見胡阿祥師著《六朝疆域與政區研究》下編第十二章第三節《東晉僑州郡縣（含僑郡領實縣）建置表（義熙十四年 418年）》，學苑出版社，2005 年，頁 439。

（4）錢唐 2 座

顯明寺（G8 釋慧基），崇隱尼寺（B3 超明尼）。

（5）富陽 1 座

臨泉寺（G11 釋曇超）。

（6）鹽官 1 座

齊明尼寺（B3 僧猛尼）。

（7）山陰 8 座

城傍寺（G8 釋僧柔），法華寺、龜山寶林精舍（G8 釋慧基），雲門寺、道
樹精舍（G12 釋弘明），天柱山寺、若耶懸溜山（G12 釋法慧），恒山保林寺
NQS379。

（8）永興 3 座

昭玄寺、柏林寺、石姥岩（G12 釋弘明）。

（9）上虞 1 座

城山寺（M10 僧行）。

（10）剡 5 座

白山靈鷲寺（G8 釋僧柔），白山照明精舍、齊興精舍、竹園精舍〔註9〕（B3
德樂尼），石城山隱嶽寺（G13 釋僧護）。

（11）武康 1 座

小山寺（G8 釋僧遠）。

（12）餘杭 2 座

寶安寺、雲棲寺（G11 釋智稱）。

（13）章安 1 座

東寺（G11 釋慧明）。

（14）安固 1 座

新興寺（M20 道果）。

（15）廬山 1 座

西寺（G8 釋道慧）。

（16）齊昌郡（蘄州）齊昌〔註10〕 1 座

〔註 9〕三所寺院皆爲尼寺。

〔註 10〕唐蘄州在西晉揚州範圍之外，屬西晉豫州弋陽郡，但因此地靠近廬山，故酌
　　　　情納入考察範圍。

福田寺（X11 釋明舜）。

（17）壽春 2 座

石澗寺（G11 釋僧審），南澗寺（G11 釋智稱）。

（18）淮陰 1 座

建業寺 NQS359。

5. 梁朝寺院 169 座

（1）建康 107 座

開善寺、華林寺、招提寺（大招提寺）、光宅寺、小莊嚴寺、大愛敬寺（愛敬寺）、同泰寺、蕭寺（蕭帝寺）、同行寺（聖遊寺）、佛窟寺、法雲寺、南冥眞寺、仙窟寺、法王寺、永建寺、敬業寺、淨居寺、明慶寺、涅槃寺、翠微寺、本業寺、解脫寺、勸善寺、慧日寺（惠日寺）、永明寺、須陁寺、福靜寺、禪岩寺、法苑寺（廣化寺）、頭陁寺（頭陀寺）、頭陁寺、慈恩寺、普光寺、化成寺、福興寺、寒林寺、一乘寺（凹凸寺）、履道寺、渴寒寺、幽岩寺、青山幽岩寺、靈隱寺、慧眼寺、普明寺、慶雲寺、慈敬寺、報恩寺、眾造寺、淨名寺（資福寺）、大寺、楊都寺、妙音寺、無垢寺、虎窟寺、常樂寺、皇宅寺、法清寺、永慶寺、觀音寺、資聖寺、佛壇寺、永泰寺、天光寺、建陵寺、棲隱寺、神山寺、靜福寺、建業寺、慈覺寺、北寺、清玄寺、天心寺、方樂寺、平等寺、金口寺、天中寺、歸來寺、飛流寺、甘露鼓寺、梁安寺、福成寺、定果寺、靈光寺、山齋寺、到公寺、景公寺、宣明寺、天皇寺、大明寺、竹澗寺、光業寺、靜眾寺、吉山寺、龍樓寺、宋姬寺、棲賢寺、重雲精舍、孝敬寺，大智度尼寺（智度寺）、果願尼寺、猛信尼寺、善覺尼寺、園居尼寺、萬福尼寺、本願尼寺、善業尼寺、儀香尼寺。

（2）句容 2 座

永定寺、寶公寺（Z11 下豐聖院、道林院）。

（3）溧陽 3 座

大通寺、報恩寺、安靜寺（Z11 下大通寺、報恩禪寺、法慧寺）。

（4）晉陵 1 座

顯靈寺 LS515。

（5）蘭陵 1 座

皇基寺（皇業寺）〔註 11〕 F2294。

〔註11〕 〔宋〕史能之纂修《咸淳毗陵志》卷二七《古迹》武進蘭陵城條云：「按萬歲

（6）吳 23 座

　　虎丘東山寺（X5 釋僧若），虎丘西山寺（X5 釋僧旻），石佛寺 LS733，般若寺 LS738，重元寺 W90，龍光寺 W92，永定寺 W94，宴聖寺 W95，流水寺 W96，崇福寺 W99，陸卿寺 W100，昭王寺、楞伽寺 WH121，天宮寺 WH123，安國寺、無名尼寺 WH139，慧聚寺 WH150，新安尼寺 WH152，秀峰寺 WJ37，寶林寺、光福寺 WJ38，水月禪院、孤園寺 WJ39。

（7）海虞 5 座

　　天寧尼寺、齊樂尼寺 WH155，頂山寺、延福寺 WH156，興福寺 WH157。

（8）富陽 2 座

　　泉林寺、齊熙寺（G12 釋道琳）。

（9）海鹽 1 座

　　光興寺（X5 釋法寵）。

（10）山陰 9 座

　　若耶山雲門寺、法華寺（G8 釋智順），樂林山（G8 釋慧集），法華臺寺、南岩寺（G8 釋曇斐），招明尼寺（B4 釋法宣尼），嘉祥寺（X6 釋慧皎），賀革所造寺院 LS673。

（11）剡 5 座

　　石城山隱嶽寺（G13 釋僧護），齊興寺（B4 釋法宣尼），公車寺（X5 釋法寵），梵居寺（X6 釋慧約），法華臺寺（G8 釋曇斐）。

（12）上虞 3 座

　　東山寺（X6 釋慧約），王國寺（X6 釋明徹），等福寺（JL2 后妃篇）。

（13）吳興郡烏程 1 座

　　法華寺（XB1 道蹟尼）。

（14）餘杭 2 座

　　北倉寺、西寺（X6 釋法開）。

（15）廬山 3 座

　　峰頂寺（X16 釋道珍），東林寺（X25 上釋僧融），西林寺 F481。

（16）江州豫章郡南昌 1 座

　　興業寺（X1 拘那羅陀）。

　　寺……初名皇基，更曰皇業寺」，收入《宋元方志叢刊》第三冊，中華書局據清嘉慶二十五年（1820）趙懷玉刻李兆洛校本影印，1990 年，頁 3193。

6. 陳朝寺院（85）

（1）建康 24 座

至敬寺、大禪眾寺（禪眾寺）、泰皇寺、大皇寺、崇皇寺、天居寺、懷安寺、國勝寺、寶田寺、證聖寺、寶城寺、義和寺、四無畏寺、天宮寺、光曜寺、惠殿寺、紹隆寺、福緣寺、遷禪寺、開泰寺、願力寺、孝義寺、報德寺，慧福尼寺。

（2）溧陽 2 座

馬占寺、禪寂寺（Z11 下）。

（3）京口（朱方）1 座

竹林寺（X9 釋慧暅）。

（4）曲阿 1 座

建安寺（X7 釋寶瓊）。

（5）晉陵郡（常州）晉陵 9 座

安國寺（X9 釋慧弼），建安寺、南寺（X12 釋智琚），弘善寺（X19 釋灌頂），弘業寺（X14 釋智琰）。

（6）晉陵（毗陵）2 座

顯靈寺、瑞相寺（X14 釋慧頵）。

（7）無錫 1 座

鳳光寺（X12 釋道慶）。

（8）吳郡吳縣 1 座

建善寺（X12 釋道慶）。

（9）吳 4 座

通玄寺（X14 釋智琰），永定寺（X15 釋義褒），常樂寺（X25 釋法聰），迴向寺（X22 釋慧旻）。

（10）吳縣虎丘山 1 座

東山寺（X10 釋智聚）。

（11）婁 1 座

流水寺（X19 釋智周）。

（12）崑山 1 座

馬鞍山慧聚寺（X19 釋智周）。

（13）海鹽 2 座

光興寺、竹園寺（X22 釋慧旻）。

（14）錢塘 2 座

眾善寺、南天竺寺（X30 釋眞觀）。

（15）會稽郡山陰 5 座

石城寺（X17 釋智顗），靜林寺（X15 釋法敏），一音寺（X25 釋法聰），弘道寺（X14 釋慧持），龍華寺 CS344。

（16）山陰 4 座

嘉祥寺（X11 釋吉藏），城傍寺（X19 釋智周），寶林山寺（X19 釋智璪），香岩寺 CS139。

（17）餘姚 2 座

小龍泉寺（X14 釋智凱），梁安寺（X15 釋法敏）。

（18）剡縣天台山 5 座

國清寺、國清下寺、佛壟上寺（X17 釋智越），稱心精舍、佛隴寺（X19 釋灌頂），佛隴上寺（X19 釋普明）。

（19）餘杭 2 座

遠行寺、龍泉寺（X14 釋慧頵）。

（20）臨海郡章安 2 座

露山精舍（X17 釋智越），安寧寺（X19 釋智璪）。

（21）章安 1 座

攝靜寺（X19 釋灌頂）。

（22）永嘉郡永寧 1 座

崇玄寺（X21 釋道成）。

（23）東陽郡（婺州）長山 3 座

雙林寺（YW76），永安寺、金華山法幢寺（X15 釋義褒）

（24）晉安郡侯官 1 座

東山寺 CS259。

（25）宣城郡（宣州）宛陵 1 座

永安寺（X11 釋法侃）。

（26）廬山 5 座

西林寺（X17 釋智鍇），化城寺（X16 釋法充），梁靜寺（X11 釋辯義），東林精舍（X20 釋道虷），大林寺（X29 釋慧雲）。

（27）江州豫章郡南昌 1 座

興業寺（X1 拘那羅陀）。

根據表 1-1，並對各郡縣寺院加以統計，可製成表 1-2。關於表 1-2，有兩點需要說明：其一，本書研究的區域範圍是六朝時期的江東，其標準政區以採用西晉的揚州為主，並涉及到了西晉荊州、徐州的一些郡縣，故可依據《晉書·地理志》把寺院所在的郡縣置換成西晉的郡縣。《晉書·地理志》政區的標準年代是西晉太康四年（283）〔註12〕，而譚其驤先生主編的《中國歷史地圖集》，西晉時期的圖組以太康二年為斷，又揚州晉安郡是太康三年從建安郡析出，故本書統以太康三年為標準政區年代。其二，寺院所在地在太康三年前已廢或後置者，則加「（ ）」表示，並置於相應的郡下。

表 1-2　六朝江東各郡縣寺院數量

郡　縣 ＼ 朝 代		孫　吳	東　晉	宋　朝	齊　朝	梁　朝	陳　朝
丹陽郡 318 座	建康〔註13〕303〔註14〕	1	41	88	40	107	24
	句容 7		4	1		2	
	溧陽 7		2			3	2
	于湖 1			1			
毗陵郡 22 座	丹徒 4			2	1		1
	毗陵 13			1		1	11
	延陵 1						
	曲阿 2			1			1
	武進 1					1	
	無錫 1						1

〔註12〕孔祥軍《〈晉書·地理志〉政區斷代考》，《書品》2007 年第 3 期。

〔註13〕六朝首都為建康，西晉時稱建鄴，今不從西晉之稱呼，而把建康特別標出。又《佛寺志》考訂寺院所涉及到的範圍包括了六朝時期的建康、秣陵、江寧和丹陽（或丹楊）四縣，因此，此處的六朝建康包括了西晉的建鄴（治今南京市區）、秣陵（治今南京市江寧區南秣陵鎮）、江寧（治今南京市江寧區西南江寧鎮）和丹陽（治今安徽當塗縣東北丹陽鎮）四縣。下同。

〔註14〕建康的 303 座寺院包括了暫時於文獻無證的兩處佛寺遺址，詳見第二章結尾部分。

吳郡 76座	吳 56	1	13	6	7	23	6
	嘉興 1		1				
	鹽官 2			1	1		
	錢唐 4				2		2
	富陽 3				1	2	
	海虞 5					5	
	海鹽 3					1	2
	婁 1						1
	（崑山）1						1
會稽郡 78座	山陰 39		6	7	8	9	9
	剡 26		9	2	5	5	5
	鄞 2		1	1			
	上虞 6		1	1	1	3	
	永興 3				3		
	餘姚 2						2
吳興郡 16座	烏程 2			1		1	
	餘杭 8		1	1	2	2	2
	於潛 2		2				
	故鄣 1			1			
	武康 3			2	1		
臨海郡 8座	章安 4				1		3
	永寧 2		1				1
	安固 1				1		
	始豐 1		1				
東陽郡 3座	長山 3						3
建安郡 1座	建安 1		1				
晉安郡 1座	侯官 1						1
宣城郡 1座	宛陵 1						1

淮南郡 8 座	壽春 6		1	3	2	
	歷陽 1		1			
	烏江 1			1		
豫章郡 19 座	南昌 3		1			1	1
	廬山〔註 15〕 16		4	3	1	3	5
臨川郡 1 座	臨汝 1			1			
廬陵郡 1 座	石陽 1			1			
戈陽郡 〔註16〕 1 座	蘄春 1				1		
廣陵郡 6 座	淮陰 1				1		
	廣陵 5			5			
總計 560〔註17〕座		2	91	132	79	169	85

　　分析上表，寺院數目排名前十的縣或山川依次是：建康、吳、山陰、剡、廬山、毗陵、餘杭、句容、溧陽（兩縣並列）、上虞、壽春（兩縣並列）、海虞，寺院數目排名前六的郡依次是：丹陽郡、會稽郡、吳郡、毗陵郡、豫章郡、吳興郡。進一步分析，可以發現有三大佛寺中心：第一中心是丹陽郡，而其中的重心就是六朝的首都建康，江北的廣陵郡因靠近建康而受其影響；第二中心是吳會地區，包括吳郡、會稽郡和吳興郡，而吳會地區稍南的臨海郡、東陽郡、建安郡、晉安郡又受到這個佛寺中心的影響；第三中心是廬山地區，包括廬山所在的豫章郡及其附近的蘄春縣，其南部的臨川郡和廬陵郡是這個中心的影響區域。晉陵郡處於第一中心和第二中心之間，並受兩者的影響。宣城郡處於第一中心和第三中心之間，也受兩者的影響。淮南郡的情況有點特殊，其郡治壽春是從中原南渡江左的交通重鎮，受中原地區的影響較為明顯，而靠江的歷陽、烏江都在建康的影響之下。三大佛寺中心在江東

〔註15〕因廬山比較特殊，故特別標出。

〔註16〕西晉戈陽郡地域廣闊，此處只考察了靠近廬山的福田寺，而對該郡的其他地區的寺院未予考察。

〔註17〕560 座寺院當中包括了暫時於文獻無證的位於建康的兩處佛寺遺址，詳見第二章結尾部分。

所佔的比重，可列表 1～3。三大佛寺中心的比重占江東的 90.7%，故論江東佛寺，最主要的便是討論三大佛寺中心。關於三大佛寺中心的詳細分析，將放在本章第三節討論。

表 1-3　三大佛寺中心所佔比重

江　　東		560 座	100%
丹陽郡	建康	303 座，54.1%	318 座，56.8%
	其他	15 座，2.7%	
吳會地區	吳郡	76 座，13.6%	170 座，30.4%
	會稽郡	78 座，13.9%	
	吳興郡	16 座，2.9%	
廬山地區	廬山	16 座，2.9%	20 座，3.6%
	其他	4 座，0.7%	
三大佛寺中心		508 座	90.7%

二、僧尼活動的區域及活動頻率

在佛教地理研究當中，對僧尼的統計是最為麻煩的事情，因為人是「動物」，其活動範圍較廣，且弘法、住錫地也不止一個，對這些地點的取捨往往會決定統計的客觀性，進而影響整個研究成果的質量。茲對現有比較重要的佛教地理研究成果中統計僧尼的方法予以簡要評介。在中國大陸，改革開放之後較早研究佛教地理的是張偉然先生。張先生這一方面的研究成果主要有：《南北朝佛教地理的初步研究》上下篇、《湖南歷史文化地理研究》第四章第一節《湖南佛教的分佈變遷》和《湖北歷史文化地理研究》第二章《湖北晉唐時期的佛教地理》。張先生的統計方法是統計僧人的出生地和活動地區，而活動地區又可分為兩類，其一指僧人主要活動的地點，這主要依據僧傳目錄中提到的地點，其二指僧人活動過的地點，即第一類會包含在第二類當中。後來張先生在《湖北晉唐時期的佛教地理》中把「出生地」改為「生長地點」，又把第二類改為除主要活動地點之外的僧人活動地點，即把僧人的主要活動地點和非主要活動地點分開，使得第一類和第二類並列。改革開放後在大陸公開出版的第一部歷史佛教地理專著是李映輝的博士論文《唐代佛教地理研究》。李著的統計方法是統計高僧的籍貫地和住錫地，住錫地包括了

高僧有過佛教活動的地點，還分爲主要和次要。以上兩種方法大概相同，其弊端可參嚴耕望先生所評：

> 本節最主要方法係取慧皎《高僧傳》作統計，前人已有作此統計者，但例據傳主標目爲之，惟標目之標準不一致，大多以最後住錫地標之，或以出生地標之，而最後住錫地實不一定爲此僧宏佛最久或影響最大之地，故此種方式爲不得已之最簡單可行之方式，不能視爲最好之方式〔註18〕。

嚴先生所論極是。因爲，把僧尼畢生的遊錫地分爲主要和次要的依據是主觀判斷，可這種主觀判斷會爲研究者對文獻資料的熟悉程度所影響，另外也會受到文獻資料本身的影響，比如竺法崇的傳記名目在《名僧傳》卷八中作「晉長沙麓山寺釋法崇」，而在《高僧傳》卷四中作「晉剡葛峴山竺法崇」〔註19〕。《名僧傳》爲梁僧釋寶唱所撰，書成於天監十三年（514），梁僧釋慧皎認爲《名僧傳》「頗多浮沉」，並批評「自前代所撰，多曰名僧，然名者本實之賓也。若實行潛光，則高而不名；寡德適時，則名而不高」，故撰《高僧傳》一十四卷〔註20〕。《名僧傳》全書已不存，唯存日本沙門宗性節錄的《名僧傳抄》一卷。竺法崇的行蹟據《高僧傳》可表述爲：

> 未詳何許人。嘗遊湘州麓山——後還剡之葛峴山。後卒於山中。

故《名僧傳》之釋法崇和《高僧傳》之竺法崇實爲一人。嚴耕望先生在《梁傳》、《唐傳》中就檢出標目失當有 18 例，其中地點失當 13 例，時代失當 5 例〔註21〕。因此，依據僧尼傳記名目來區分主要與次要遊錫地，也不盡合理。嚴耕望先生所用的統計方法是「先取《梁傳》所記東晉十六國時代之高僧標目作統計，再詳錄諸僧自出生、學佛及其畢生遊錫所至之地，列諸僧所歷之地，然後據此所列，作一統計，看各地數據，再作遊錫圖，以見各地高僧蹤迹之頻率」〔註22〕。可要而言之，嚴先生的統計方法與上述的兩種方法並無實質性差異，即都屬於靜態的統計方法，因爲這三種統計方法都忽略了僧尼

〔註18〕《魏晉南北朝佛教地理稿》第四章《東晉南北朝高僧之地理分佈》，頁 33。

〔註19〕此例由張偉然先生先揭出，見其《湖南歷史文化地理研究》第四章第一節，頁 80。

〔註20〕參見《高僧傳》卷十四《序錄》，《續高僧傳》卷一《梁揚都莊嚴寺金陵沙門釋寶唱傳》和卷六《梁會稽嘉祥寺釋慧皎傳》。

〔註21〕《魏晉南北朝佛教地理稿》第四章，頁 64～67。

〔註22〕《魏晉南北朝佛教地理稿》第四章，頁 33。

活動的頻率，如依據《梁傳》卷四《晉剡東仰山竺法潛》，竺法潛的行蹟可表述爲：

> 琅琊人。晉永嘉初，避亂過江（建康）——王導、庾亮薨，乃隱迹剡山——至哀帝好重佛法，暫遊宮闕（建康）——還剡之仰山。東晉寧康二年卒，年八十九（286～374）。

竺法潛遊錫建康、剡縣各 2 次，若按上述三種統計方法，則這種活動頻率就不能反映出來。鑒於此前研究統計方法的缺陷，本書擬採用動態的統計方法。具體方法如下：其一，僧尼的統計方法主要分籍貫地和遊錫地；其二，六朝時期，大量士人南渡江左，故其籍貫地和出生地、生長地嚴重背離，本書僧尼的籍貫地主要依據其出生地，若無出生地則據其成長地，因爲以出生地或生長地作爲僧尼的籍貫最能反映佛教在該地的流佈情況，如《尼傳》卷三《崇聖寺僧敬尼傳》云：「僧敬，本姓李，會稽人也。寓居秣陵。僧敬在孕，家人設會，請瓦官寺僧超、西寺曇芝尼」，據此可知僧敬在建康出生，其染佛與建康有關，而與會稽無涉；其三，遊錫地涵括了僧尼畢生遊錫所至的地方，若某僧尼在某地住錫多次，將注明幾次；其四，僧尼的遊錫地主要依據其行蹟而定，而其行蹟可見附錄《六朝江東僧尼之行蹟》。根據這種方法可製成表 1-4。另外，僧尼的生活年代有三種情況：其一，生於六朝之前，卒於六朝時期；其二，生卒均在六朝時期；其三，生於六朝時期，卒於六朝以後。本書對於前兩種情況，將悉數納入研究範圍，對於第三種情況，將據其出家或受戒年份而定，在六朝時將納入，在此後則棄之，若無出家或受戒年份將據傳文推斷，酌情處理。

表 1-4　六朝江東各郡縣弘法僧尼名錄

說明：（1）僧尼名後代碼及數字爲資料出處。代碼和數字的意義悉同表 1-1。
　　　（2）僧尼名後標有次數的表示其在此地住錫的次數。
　　　（3）僧尼名下劃橫線者表明是本土僧尼，其籍貫即爲繫地之郡縣。

1. 孫吳

　（1）建業

　　　康僧會 G1。

2. 東晉

　（1）建康（71 僧、6 尼、85 次）

　　　慧力（G1 安清），支謙 C13，帛尸梨蜜 G1，單道開 G9，康僧淵 G4，康法

暢、支敏度（G4 康僧淵），竺法潛 2 次 G4，支遁 3 次 G4，于法開 2 次 G4，于法威（G4 于法開），支曇籥 2 次 G13，竺法義 2 次 G4，曇爽（G4 竺法義），竺定（G10 訶羅竭），竺法汰 G5，曇一、曇二（G5 竺法汰），竺僧敷 G5，道嵩（G5 竺僧敷），釋慧力 G13，曇摩抑（G13 釋慧力），釋慧受 G13，道靖（G13 釋慧受），竺法曠 G5，竺道壹 G5，竺慧達 G13，西域五僧（G13 竺慧達），釋法相 G12，竺曇蓋、竺僧法（G12 釋法相），釋慧持 G6，僧伽羅叉（G6 釋慧持），僧鑒（G6 釋曇邕），僧伽提婆 G1，法綱道人（G1 僧伽提婆），釋僧慧 G13，行長生（G13 釋僧慧），釋道祖 G6，釋法顯 G3，杯度 3 次 G10，法意、僧佉吒、僧悟、僧聰（G10 杯度），釋智嚴 G3，寶雲、智羽、智達（G3 釋智嚴），佛馱跋陀羅 G2，僧弼、寶林、法業、慧嚴、慧義（G2 佛馱跋陀羅），<u>釋法平</u> G13，<u>釋法等</u>（G13 釋法平），支法乾 M23，竺法維 M26，僧受 M28，曇藥 M30，慧邃、僧尚 F456，竺曇邃、慧觀 F2613，安法師、僧顯 LS791；首尼（G10 安慧則），康明感尼 B1，道儀尼 B1，<u>曇備尼</u> B1，曇羅尼（B1 曇備尼），支妙音尼 B1。

（2）江左建康〔註23〕

竺僧顯 G11。

（3）蕪湖

竺曇鎧 F1850。

（4）晉陵

支遁 G4。

（5）吳

支謙 C13，支遁 G4，支曇籥 G13，<u>竺道壹</u> 3 次 G5，道寶（G5 竺道壹），竺慧達 G13，<u>釋道祖</u> 2 次 G6，支法濟、僧遷、道流（G6 釋道祖），杯度 G10，僧表 M26，惠護 M27；帛尼（G13 竺慧達），白尼（X14 隴西釋慧頵）。

（6）山陰

支遁 2 次 G4，于法威（G4 于法開），竺法曠 G5，竺道壹 G5，<u>帛道猷</u>（G5 竺道壹），竺法純 G12，釋慧虔 G5，釋道敬 L3；淨嚴尼（G5 釋慧虔）。

（7）會稽郡山陰

安清 G1，陳慧（G1 安清），竺慧達 G13，杯度 G10，支道山（Y4 寶傅），竺法師 F678；僧基尼 B1，道容尼 B1。

〔註23〕有些僧尼只提到了在某地或某郡，故把該僧尼暫繫於該地的中心縣或該郡郡治下。文中標出地名和郡名的就屬於這種情況。

（8）東土會稽山陰

　　竺法仰（G4 支遁）。

（8）剡

　　竺法潛 2 次 G4，竺法友、竺法蘊、康法識、竺法濟（G4 竺法潛），支遁 2 次 G4，于法蘭 G4，于法開 2 次 G4，于法威（G4 于法開），于道邃 G4，竺法崇 G4，竺法義 G4，帛僧光 G11，竺曇猷 G11，支曇蘭 G11，杯度 G10，釋道寶（G4 竺法崇），支曇諦 M23，康法式 M8，竺佛密、支法階 F592，天台山曇光、道猷（X19 釋灌頂）。

（9）鄮

　　竺慧達 G13。

（10）上虞

　　史宗 G10，曇隆 M25。

（11）餘姚

　　支遁 G4，支法虔（G4 支遁），靈秘山慧開、慧眞（G11 竺曇猷）。

（12）永興

　　納衣 M21。

（13）始寧

　　竺法義 G4。

（14）吳興郡烏程

　　<u>竺法曠</u> G5，竺曇印（G5 竺法曠）。

（15）於潛

　　竺法曠 G5，竺道鄰（G5 竺法曠），法恒 M25。

（16）故鄣

　　支曇諦 M10。

（17）餘杭

　　安法開 F1270。

（18）始豐

　　竺曇猷 G11，支曇蘭 G11。

（19）永嘉郡永寧

　　康僧淵 G4。

（20）東陽郡長山

　　　　支道薀（Y6 徐榮）。

（21）信安

　　　　釋曇彼 M23。

（22）羅江

　　　　釋僧群 G12。

（23）歷陽

　　　　道容尼 B1。

（24）壽春

　　　　卑摩羅叉 G2。

（25）尋陽郡尋陽縣〔註24〕

　　　　道儀尼 B1。

（26）廬山

　　　　釋慧虔 G5，釋慧永 G6，釋慧融（G6 釋慧永），釋慧遠 G6，慧寶、慧義、法識道人（G6 釋慧遠），釋慧持 2 次 G6，釋僧濟 G6，釋法安 G6，釋曇邕 2 次 G6，曇果（G6 釋曇邕），釋曇順 L3，僧伽提婆 G1，釋曇恒 M10，釋道祖 G6，僧遷、道流、慧要（G6 釋道祖），佛馱跋陀羅 G2，釋曇詵 L3，釋道昺 L3，釋道敬 L3，釋僧融 M23。

（27）不可繫地僧尼

　　　　竺法興、支法淵、于法道（G4 于法蘭），僧檢（G6 釋慧持），法幽、道恒、道授（G6 釋道祖），釋慧期 XY13；德藏尼 XY13。

3. 宋朝

（1）建康（175 僧、45 尼、237 次）

　　　　竺道生 2 次 G7，智勝、法寶、釋慧生、寶林（G7 竺道生），釋慧叡 G7，釋僧洪 G13，佛馱什 G3，釋僧亮 2 次 G13，沮渠安陽侯、道普（G2 曇無讖），曇摩蜜多（法秀）2 次 G3，達禪師（G3 曇摩蜜多），釋慧嚴 2 次 G7，法智（G7 釋慧嚴），求那跋摩 G3，阿沙羅、慧聰、法長、道沖、道俊（G3 求那跋摩），釋慧觀 G7，僧馥、法業（G7 釋慧觀），偶法師（B2 法盛尼），僧伽跋摩 G3，

〔註24〕《尼傳》卷一《何后寺道儀尼傳》云：「出嫡同郡解直，直為尋陽令」。既然提到「令」，故可知是尋陽縣。西晉時期，尋陽縣屬廬江郡，廢於東晉義熙八年（412）。尋陽郡乃西晉永興元年（304）分廬江的尋陽、武昌的柴桑兩縣而置，初治尋陽（今湖北黃梅縣西南），東晉咸和中移治柴桑（今江西九江市西南）。

慧基（G3 僧伽跋摩），畺良耶舍 G3，寶誌（G3 畺良耶舍），釋慧義 2 次 G7，釋僧叡（G7 釋慧義），釋道淵 G7，釋慧琳（G7 釋道淵），釋僧弼 G7，曇幹（G7 釋僧弼），釋僧苞 G7，釋法和（G7 釋僧苞），釋僧詮 G7，釋僧含 G7，釋僧業 G11，釋慧詢 G11，釋道冏 G12，釋寶雲 2 次 G3，僧伽達多 2 次、僧伽羅多（G3 畺良耶舍），釋道照 G13，慧明（G13 釋道照），釋僧導 G7，釋法莊 G12，釋慧覽〔註25〕G11，釋慧益 G12，釋曇穎 G13，釋慧璩 2 次 G13，<u>釋僧璩</u> G11，僧定、道表（G11 釋僧璩），釋道汪 G7，求那跋陀羅 2 次 G3，釋慧果 G12，釋道營 2 次 G11，智秀（G11 釋道營），釋法恭 G12，僧恭（G12 釋法恭），釋道慧 G13，釋慧靜 G7，釋道亮 2 次 G7，靜林、慧隆（G7 釋道亮），釋僧覆 G12，曇亮（G12 釋僧覆），釋梵敏 G7，釋道溫 G7，慧定、僧嵩（G7 釋道溫），釋曇光 2 次 G13，釋曇斌 4 次 G7，曇濟 M16，釋慧亮 G7，釋僧鏡 2 次 G7，釋僧瑾 G7，智斌、曇嶽、曇度、釋玄運（G7 釋僧瑾），釋道猛 G7，道堅、慧鸞、慧敷、僧訓、導明（G7 釋道猛），釋超進 2 次 G7，釋法瑤 G7，曇瑤（G7 釋法瑤），釋道猷 G7，慧整（G7 釋道猷），釋慧通 G7，釋僧顯 XY38，覺世 M15，僧瑤（M15 覺世），釋慧曜〔註26〕（G11 釋道儼），釋法意 G13，<u>釋僧饒</u> G13，道綜、超明、明慧（G13 釋僧饒），<u>釋智宗</u> G13，慧寶、道詮（G13 釋智宗），<u>釋曇宗</u> G13，釋僧意（G13 釋曇宗），慧和 XY18，僧拔 M10，釋弘稱、曇無達、釋道景、釋僧合、釋惠整 M14，惠高、僧度、僧慶、道愛、曇淵 M16，道遠、道榮 M18，惠始、道恭、僧咨、曇泓、僧謙、道忠、惠印 M20，僧開、僧蘭 M22，釋惠簡、釋道固、釋僧弘 M23，惠蓋〔註27〕M24，玄敦、惠標、智玄、僧覆、僧懿、惠宏、道毗、惠辨、惠忠 M25，智嚴、智猛、法盛 M26，僧供、僧鍾、僧楊、道靜、僧昌、道矯 M27，惠光、僧鑒、智愛、法意〔註28〕、僧瞿、惠敬 M28，惠芬 M29，曇遷、法暢、道琰 M30，釋曇標、道方 S1957，釋道儼 F595，道志 F2314，毗舍闍 J409，招法師、賢法師 J411，僧監 J409，楚雲（Z11 下崇福院），釋法義

〔註25〕《名僧傳抄》卷二十有「宋中興寺惠攬」，應指同一人。

〔註26〕《名僧傳抄》卷十四有「宋棲玄寺釋惠耀」，應爲同一人。

〔註27〕《名僧傳抄》卷二四作「宋北竹林寺惠蓋」，未言地點。按《名僧傳》之通例，未言地點者一般可繫於京師建康，如卷二三有「宋南澗寺釋道固」、「宋謝寺釋僧弘」、「宋瓦官寺釋慧果」，「南澗寺」、「謝寺」、「瓦官寺」都在京師建康，故「北竹林寺」也應在建康，「惠蓋」也爲建康高僧。

〔註28〕《高僧傳》卷十三興福部目錄有《宋京師延賢寺釋法意》，而《名僧傳》卷二八目錄有《宋靈曜寺法意》，僧名雖一樣，但因住錫寺院不一樣，且《高僧傳》釋法意本傳未言曾駐留建康靈曜寺，故可判斷爲不同兩人。

YW77；慧果尼 B2，慧意尼、慧鎧尼、弘安尼（B2 慧果尼），淨音尼（G3 求那跋摩），法盛尼 B2，曇敬尼、曇愛尼（B2 法盛尼），釋玄藻尼 B2，釋慧瓊尼 B2，慧朗尼（B2 釋慧瓊尼），法勝尼 B2，僧端尼 B2，普敬尼、普要尼（B2 僧端尼），僧果尼 B2，師子國鐵薩羅等十一個比丘尼（B2 僧果尼），業首尼 B2，淨哀尼、寶英尼、法林尼、曇寅尼（B2 業首尼），道照尼（B2 法辯尼），慧濬尼 B2，僧化尼（B2 慧濬尼），寶賢尼 B2，法淨尼 B2，道瑗尼 B2，法辯尼 B2，僧辯尼、超辯（B2 法辯尼），釋智通尼 F595，法靜尼 S1822，法弘尼、普明尼（G1 曇摩耶舍）。

（2）江左建康

釋慧猷 G11，釋法意 G13，釋曇爽 F195。

（3）淮南郡于湖

釋曇無成 G7，曇冏（G7 釋曇無成），釋曇泓（G7 釋曇鑒），釋曇因 M14；慧果尼 B2。

（4）南徐州郯縣

釋道慧 G13。

（5）吳

竺道生 G7，釋法濟（B2 釋玄藻尼），釋僧弼 G7，釋僧詮 G7，釋僧業 G11，慧光（G11 釋僧業），釋僧璩 G11，釋道營 G11，釋曇斌 G7，釋僧鏡 2 次 G7，釋超進 G7，釋道猷 G7，釋道施 M14，僧律〔註29〕、僧智 M28，釋曇永（S1675）；釋玄藻尼 B2，法勝尼 B2，法相尼 B2，慧宿尼（B2 法相尼）。

（6）鹽官

釋僧秀 M23。

（7）山陰

釋僧翼 G13，灌蒨、釋道敬、曇學（G13 釋僧翼），釋慧靜 G7，釋超進 2 次 G7，曇機（G7 釋超進），道猷 M15。

（8）會稽郡山陰

釋曇穎 G13，釋曇光 G13，靜度 M20。

（9）鄮

曇摩蜜多（法秀）G3。

（10）上虞

〔註29〕《名僧傳》卷二八作「宋始興虎丘山僧律」。「始興」疑爲衍文。

釋道營 G11，釋僧鏡 G7，曇隆道人（G7 釋僧鏡）。

（11）剡

釋慧靜 G7，曇隆道人（G7 釋僧鏡），釋法宗 G12。

（12）吳興郡烏程

釋曇諦 2 次 G7，僧欽尼 F778。

（13）故鄣

釋曇諦 G7。

（14）東遷

光靜尼 B2。

（15）餘杭

釋僧詮 G7，法朗（G7 釋僧詮），釋僧翼 G13，釋慧靜 G7，釋僧瑜 G12，釋淨度 G11，僧詮 M6。

（16）臨安

釋僧詮 G7。

（17）武康

釋曇斌 G7，釋法瑤 G7，釋惠難 XY32。

（18）臨海郡章安

釋法宗 G12。

（19）始豐

釋僧從 G11，僧從 M25。

（20）睢陽（壽春）

釋僧導 2 次 G7，僧威、僧音（G7 釋僧導），釋慧益 G12，曇濟 M16，釋道猛 G7，釋法莊 G12，僧秀 F723。

（21）歷陽

釋僧含 G7。

（22）烏江

釋寶雲 2 次 G3。

（23）廬江郡舒縣

曇遠、僧含 F520。

（24）柴桑

釋道慧 G13。

（25）尋陽郡柴桑

　　　釋僧含 G7，釋惠通 M21。

（26）廬山

　　　竺道生 3 次 G7，釋慧叡 G7，釋慧觀 G7，釋慧安 2 次 G7，釋僧翼 G13，釋僧徹 G7，釋慧慶 2 次 G12，釋法莊 G12，釋道汪 G7，釋道慧 G13，釋慧靜 G7，釋道溫 G7，曇隆道人（G7 釋僧鏡），釋僧瑜 G12，曇溫、慧光（G12 釋僧瑜），釋道猷 G7。

（27）臨川國臨汝

　　　釋慧紹 G12，僧要（G12 釋慧紹），釋道猷 G7。

（28）廬陵郡（吉州）石陽

　　　法均（X10 釋慧最）。

（29）廣陵

　釋慧慶 G12，釋慧益 G12，釋僧瑾 G7，惠因 M15，惠詢 M18，淨開 M28，釋道恭〔註30〕F870

（30）不可繫地高僧

　　　釋道含（G7 釋僧含），僧因（G7 釋僧導），釋僧籥（G7 釋梵敏），釋道憑（G7 釋超進），釋曇典 F2615。

4. 齊朝

（1）建康（174 僧、31 尼、229 次）

　　　釋曇遷 G13，釋法暢、釋道琰（G13 釋曇遷），釋慧進 G12，釋僧念（G12 釋慧進），僧超（B3 僧敬尼），釋惠芬 G13，釋智林 G8，道亮（G8 釋智林），釋曇智 G13，法瑗 2 次 G8，法常、智興（G8 法瑗），釋慧祐（G11 釋道營），釋道儒 G13，釋僧喜（G13 釋道儒），釋志道 2 次 G11，超度（G11 釋志道），釋慧基 G8，慧義（G8 釋慧基），釋僧侯 2 次 G12，釋慧溫（G12 釋僧侯），釋僧遠 2 次 G8，顯亮、玄紹、法令、慧泰（G8 釋僧遠），釋法願 3 次 G13，釋法穎 G11，慧文（G11 釋法穎），釋玄暢 2 次 G8，釋僧審 G11，慧高（G11 釋僧審），釋曇超 3 次 G11，釋慧明 G11，超辯 2 次 G12，釋法明、釋僧志（G12 超辯），釋慧隆 G8，釋玄運（G7 釋僧瑾），釋弘充 G8，法鮮（G8 釋弘充），釋僧鍾 G8，曇纖、僧表、僧最、敏達、僧寶（G8 釋僧鍾），釋曇度 G8，釋道盛 G8，釋法匱 G10，法楷、塵勝（G10 釋法匱），僧隱（B3 僧蓋尼），釋智稱 4 次 G11，仰

禪師、弟子聰、弟子超（G11 釋智稱），<u>釋僧柔</u> 2 次 G8，阿梨（B3 慧緒尼），釋慧豫 G12，法音（G12 釋慧豫），釋道嵩 G12，釋慧次 G8，智藏、僧旻、法雲、僧智、法珍、僧向、僧猛、法寶、慧淵（G8 釋慧次），寶意（G3 求那跋陀羅），釋僧印 G8，釋法度 G8，慧開、僧紹、法紹、僧朗、法開（G8 釋法度），釋法鏡 G13，慧益、道親、寶興、耆闍、道登（G13 釋法鏡），釋僧宗 G8，曇準、法身、法眞、慧令、法仙、法最、僧敬、道文、僧賢（G8 釋僧宗），<u>釋僧辯</u> 2 次 G13，普智、道興、超勝、僧恭（G13 釋僧辯），釋曇憑 G13，<u>釋慧忍</u> G13，慧滿、僧業、僧尚、超朗、僧期、超獻、法律、曇慧、僧胤、慧象、法慈（G13 釋慧忍），<u>釋僧祐</u> 2 次 G11，僧範、法達、慧廓、正度（G11 釋僧祐），<u>釋道慧</u> 2 次 G8，智順、道猛、玄趣、僧達（G8 釋道慧），玄暢 2 次（G13 釋法獻），釋法獻 3 次 G13，求那毗地 G3，釋法安 2 次 G8，慧光、曇斌、僧拔、慧熙、敬遺、光贊、慧韜、道宗（G8 釋法安），釋僧慧 G10，<u>釋慧重</u> G13，釋法覺（G13 釋慧重），釋道仙 XY47，法整 M10，僧成、惠智、弘苑、僧周、曇識、惠原、惠隆、僧修、僧顯 M17，法隱、惠暉 M20，僧隆、惠堅、僧全、僧護、僧嵩 M22，法紵、弘願 M24，僧高、法纖、超弁、惠志、惠演 M25，曇副 M27，僧弁、僧琮、惠思 M30，法新、僧行 F472，曇順 F1561，法藏 F1563，釋法智 NQS511；<u>僧敬尼</u> 2 次 B3，曇芝尼、白尼（B3 僧敬尼），僧猛尼 B3，淨度尼 2 次（B3 僧猛尼），德樂尼 B3，法靜、曇覽（B3 德樂尼），智盛尼 B3，僧蓋尼 B3，法進尼、法延尼（B3 僧蓋尼），曇簡尼 B3，<u>淨珪尼</u> B3，法淨尼（B3 淨珪尼），曇勇尼 B3，慧緒尼 2 次 B3，阿梨尼（B3 慧緒尼），妙智尼 B3，法藏尼（B3 超明尼），曇徹尼 B3，普要尼（B3 曇徹尼），<u>法全尼</u> B3，寶嬰尼、淨練尼、僧律尼、慧形尼（B3 法全尼），<u>淨暉尼</u> B3，曇濟、僧要尼、光淨尼（B3 淨暉尼）。

（2）江乘

　　白山曇簡尼 B3，白山淨珪尼 B3，白山曇勇尼 B3。

（3）郯（京口）

　　<u>釋智稱</u> 2 次 G11，慧始（G11 釋智稱），釋慧次 G8，法遷（G8 釋慧次）。

（4）丹徒

　　<u>釋慧祐</u>（G11 釋道營）。

（5）晉陵

　　<u>德樂尼</u> B3，光尼（B3 德樂尼）。

（6）吳

釋曇遷 G13，釋曇智 G13，曇整（B3 超明尼），釋僧祐 G11，法訓 M25；僧猛尼 B3，淨度尼（B3 僧猛尼），超明尼 B3。

（7）三吳地區吳縣

玄暢（G13 釋法獻），釋法獻 G13。

（8）錢唐

釋慧基 2 次 G8，釋曇超 G11，<u>超明尼</u> 2 次 B3。

（9）鹽官

<u>僧猛尼</u> 2 次 B3，僧瑗尼（B3 僧猛尼）。

（10）山陰

<u>釋弘明</u> 2 次 G12，釋慧基 G8，慧旭、道恢、慧深、法洪、慧諒、慧永、曇與（G8 釋慧基），<u>僧行</u> M10，惠通、僧誕、<u>僧悝</u>（M10 僧行），超辯 G12，釋僧柔 G8，天柱山釋法慧 G12，若耶懸溜山曇遊（G12 釋法慧）。

（11）會稽郡山陰

釋慧祐（G11 釋道營），智盛尼 B3。

（12）剡

釋僧柔 G8，僧緒（G8 釋僧柔），<u>釋僧護</u> G13，僧淑（G13 釋僧護）；德樂尼 B3，僧茂尼（B3 德樂尼）。

（13）永興

釋弘明 2 次 G12。

（14）上虞

僧行 M10。

（15）烏程

<u>釋法鏡</u> G13。

（16）吳興郡烏程

<u>釋慧進</u> G12。

（17）於潛

<u>釋法匱</u> G10。

（18）餘杭

釋智稱 G11，釋僧志（G11 釋智稱），<u>法開</u>（G8 釋法度）。

（19）長城

<u>釋法願</u> 2 次 G13。

（20）章安

　　釋慧明 G11。

（21）安固

　　道果 M20。

（22）始豐

　　釋慧明 2 次 G11。

（23）睢陽（壽春）

　　釋僧審 G11，釋僧鍾 G8，釋智稱 G11，釋僧印 G8，釋慧通 G10，僧歸、慧緒尼（G10 釋慧通）。

（24）豫州睢陽

　　釋法願 G13，僧導（G13 釋法願）。

（25）江西豫州睢陽

　　釋智誕（G8 釋慧隆）。

（26）盧山

　　法瑗 G8，釋僧印 G8，慧龍（G8 釋僧印），釋道慧 G8。

（27）廣陵

　　釋道儒 G13。

（28）不可繫地高僧

　　道朗、法忍、智欣、慧光（G13 釋曇智），僧謙、超志、慧勝（G11 釋僧審），釋法鄰、釋曇辯、釋慧念、釋曇幹、釋曇進、釋慧超、釋道首、釋曇調（G13 釋慧忍）。

5. 梁朝

（1）建康（193 僧、21 尼、236 次）

　　曇叡（B4 僧念尼），釋保志 G10，僧儉、法獻（G10 釋保志），釋法申 X5，慧命（X5 釋法申），釋智秀 G8，道乘、僧璿、僧若（G8 釋智秀），釋慧球 G8，慧度（G8 釋慧球），釋寶唱 3 次 X1，慧超（X1 釋寶唱），釋僧密 X6，釋僧遷 X6，道則（X6 釋僧遷），釋法令 X5，慧泰、慧纂（X5 釋法令），釋法護 X5，智遠（X5 釋法護），釋曇準 X6，智深（X6 釋曇準），釋慧彌 G12，法仙（G12 釋慧彌），釋法通 G8，曇智、靜深、智進（G8 釋法通），釋寶亮 G8，僧成、僧寶（G8 釋寶亮），釋慧勝 X16，智顯、慧初（X16 釋慧勝），釋僧韶 X5，法朗、法亮（X5 釋僧韶），釋智順 G8，釋僧若 X5，慧梵（X5 釋僧若），釋法寵 2 次

X5，道猛、曇濟、僧周、曇斌、法願、法鏡（X5 釋法寵），釋慧約 3 次 X6，慧靜（X6 釋慧約），釋慧韶 X6，慧峰（X6 釋慧韶），釋慧集 G8，釋慧超 X6，釋法超 X21，智稱（X21 釋法超），釋法雲 2 次 X5，僧柔、法調、周長胤（X5 釋法雲），釋寶海 X9，釋智方 X9，釋智藏 3 次 X5，僧遠、弘宗、法深（X5 釋智藏），釋道禪 X21，釋法開 X6，釋道宗 X6，法敞（X6 釋道宗），僧建（X6 釋法貞），僧伽婆羅 X1，袁曇允、木道賢、僧法、曼陀羅（X1 僧伽婆羅），釋僧副 2 次 X16，釋僧遷 X5，慧訒（X5 釋僧遷），釋道超 X6，法珍、道貴、慧安（X6 釋道超），釋僧喬 X6，慧紹、慧生、僧整、慧濟（X6 釋僧喬），釋寶淵 X6，法文、法度、道興、智訓（X6 釋寶淵），僧回（X5 釋僧旻），釋僧旻 4 次 X5，曇景、釋僧智、僧晃、智學、慧慶（X4 釋僧旻），釋慧開 2 次 X6，曇儁（X6 釋慧開），釋明徹 2 次 X6，寶雲、僧省（X6 釋明徹），釋慧超 3 次 X6，法常、智秀 2 次（X6 釋慧超），釋僧達 X16，釋慧澄 X5，慧朗、慧略、法生、慧武（X5 釋慧澄），釋曇巒 2 次 X6，道遂、道標（X6 釋僧詢），拘那羅陀 2 次 X1，願禪師、僧忍、僧宗、法準、月婆首那、僧須菩提（X1 拘那羅陀），釋法泰 2 次 X1，慧愷、法忍、宗愷、靜嵩、智愷、法準、慧忍、曹毗 3 次、明勇、慧曶、智敩、海潮、曉禪師、道尼〔註31〕（X1 釋法泰），釋植相 X25，釋尚圓 X25，<u>釋智欣</u> X5，僧審（X5 釋智欣），釋僧詢 X6，僧辯（X6 釋僧詢），<u>釋僧盛</u> G8，法欣、智敞、法冏、僧護（G8 釋僧盛），釋法悅 G13，智靖、道昭、道度（G13 釋法悅），慧曜、法穎、普練、慧令（B4 淨秀尼），思隱（B4 慧勝尼），僧珍（B4 僧述尼），慧音（B4 釋惠暉尼），僧溫（X10 釋慧暢），僧紹（X10 釋智琳），僧<u>摣</u>F460，惠釗 F1152，慧景、慧振、慧徵、僧覆、弘誓、慧庹 F2416，程安、僧明、惠達、僧尚加、僧惠遂 J672-3，僧寵、淨潔 J676，僧洽 J679，猛高僧 J680，僧暢 J685，毗曇 J690，慧日、十住 LS384，智者法師 LS656，釋敬脫 LS792，曇隱 BL9，慧念、正智、智蒨、智寂、法昂 YW77；僧念尼 B4，法護尼（B4 僧念尼），淨賢尼 B4，慧高尼、寶顯尼（B4 淨賢尼），釋道貴尼 B4，淨行尼 B4，法施尼（B4 淨行尼），<u>淨秀尼</u> B4，<u>慧勝尼</u> B4，淨秀尼、緒尼（B4 慧勝尼），<u>釋令玉尼</u> B4，淨曜尼、令惠尼、戒忍尼、惠力尼（B4 釋令玉尼），<u>僧述尼</u> B4，<u>妙禕尼</u> B4，釋惠暉尼 B4，淨淵尼 B4。

（2）丹陽郡建康

　　<u>釋慧韶</u> X6。

〔註31〕應爲僧人，非比丘尼。

（3）永世

　　淨賢尼 B4。

（4）南徐州郯縣

　　釋僧旻 X5。

（5）晉陵郡晉陵

　　釋法雲 X5。

（6）無錫

　　釋法超 X21

（7）吳

　　僧若（G8 釋智秀），釋寶唱 2 次 X1，釋僧遷 X6，法仙（G12 釋慧彌），釋僧若 2 次 X5，僧令（X5 釋僧若），釋智藏 2 次 X5，釋道超 X6，慧安（X6 釋道超），僧回（X5 釋僧旻），釋僧旻 3 次 X5，智遷（X4 釋僧旻）。

（8）吳郡吳縣

　　釋僧旻 X5。

（9）富陽（富春）

　　釋道琳 G12，慧韶（G12 釋道琳），釋僧旻 X5，拘那羅陀 X1，寶瓊（X1 拘那羅陀）。

（10）錢唐

　　釋明徹 X6。

（11）浙江錢唐

　　釋曇巒 X6。

（12）海鹽

　　釋法寵 2 次 X5，智果（X5 釋法寵），釋慧開 X6。

（13）山陰

　　惠熙（B4 釋法宣尼），釋智順 G8，曇和、釋慧舉（G8 釋智順），釋道琳 G12，釋慧集 G8，釋智藏 2 次 X5，愼法師（X5 釋智藏），釋法宣尼 B4。

（14）會稽郡山陰

　　釋僧旻 X5。

（15）吳越山陰

　　釋超達 X25。

（16）剡

道寄（B4 釋法宣尼），<u>慧梵</u>（X5 釋僧若），僧淑（X5 釋法寵），釋慧約 2 次 X6，釋智秀、曇讖、慧次、慧靜（X6 釋慧約），<u>釋曇斐</u> G8，法藏（G8 釋曇斐），慧逞（G13 釋僧護），僧紹（X10 釋智琳），<u>釋法宣尼</u> B4。

（17）餘姚

明慶、炎公、弘實（G8 釋曇斐）。

（18）上虞

釋慧約 X6，釋明徹 X6，<u>釋慧皎</u> X6。

（19）烏程

<u>釋慧集</u> G8。

（20）吳興郡烏程

釋僧旻 X5，<u>道蹟尼</u> XB1。

（21）東遷

<u>釋僧喬</u> X6。

（22）武康

<u>法朗</u>、<u>法亮</u>（X5 釋僧韶）。

（23）於潛

<u>釋慧集</u> G8。

（24）餘杭

<u>釋法開</u> 2 次 X6，曇貞、僧流、曇誕（X6 釋法開）。

（25）陽羨

<u>釋法雲</u> X5。

（26）長山

釋慧約 X6。

（27）烏傷

<u>釋慧約</u> 2 次 X6。

（28）晉安郡侯官

拘那羅陀 X1。

（29）閩越侯官

釋寶唱 X1

（30）梁安郡晉安

拘那羅陀 X1。

（31）睢陽（淮南）

　　釋僧密 X6

（32）朝歌

　　釋慧超 X6。

（33）江州湓口城

　　釋慧超 X6，月婆首那、智昕、釋惠恭（X1 拘那羅陀）。

（34）江州（九江）湓口城

　　道尼（X1 釋法泰）。

（35）豫章郡南昌

　　釋慧開 X6，拘那羅陀 2 次 X1，鶴嶺山慧哿、智敫（X1 釋法泰）。

（36）新吳

　　拘那羅陀 X1。

（37）廬山

　　釋道珍 X16，慧景、法歸（X16 釋道珍），僧宗、法準（X1 拘那羅陀），釋
僧融 X25。

（38）臨川郡南城

　　拘那羅陀 X1。

（39）廣陵

　　慧命（X5 釋法申），僧法尼 XB1。

（40）海陵

　　道邃、道標（X6 釋僧詢）。

（41）江都

　　曹毗（X1 釋法泰）。

6. 陳朝

（1）建康（173 僧、1 尼、190 次）

　　釋智遠 X16，僧綽、慧湛、道會、慧嵩（X16 釋智遠），釋惠成 X16，釋洪
偃 2 次 X7，釋寶瓊 2 次 X7，雲法師、仙法師、慧令、釋法論、普光、法通（X7
釋寶瓊），釋法朗 X7，象律師、僧詮、杜法粲（X7 釋法朗），釋安廩 X7，釋警韶
3 次 X7，僧旻、深妙、慧藻、同泰、道倫（X7 釋警韶），釋智文 X21，僧辯、寶
定、慧峙、慧巘、智升、道志、法成、瓊公（X21 釋智文），釋慧實 X17，釋僧瑋
X16，鳳禪師（X16 釋僧瑋），釋慧思 X17，釋慧勇 X7，則法師、法寵（X7 釋慧

勇），釋慧榮 2 次 X8，釋慧布 3 次 X7，邈禪師（X7 釋慧布），釋慧暅 3 次 X9，
訥法師、綽法師（X9 釋慧暅），釋慧善 X8，釋慧侃 X25，偲法師（X25 釋慧侃），
釋慧達 X29，釋智顗 2 次 X17，法喜、智辯、僧晃、慧命、大忍、法歲、如鏡、
慧辯（X17 釋智顗），釋道成 X21，慧藏、法祥、僧慧（X21 釋道成），釋圓光 X13，
釋智鍇 X17，釋智矩 X11，釋靖嵩 2 次 X10，法泰、法貴、靈侃（X10 釋靖嵩），
釋慧瓚 X18，釋慧弼 2 次 X9，領法師、哲公（X9 釋慧弼），釋智聚 X10，釋眞觀
X30，釋慧哲 X9，寶瓊（X9 釋慧哲），釋慧隆 X12，慧舒、礦法師（X12 釋慧隆），
釋慧因 X13，慧熙、慧曉、智瓘（X13 釋慧因），釋智閏 X10，釋辯義 X11，釋智
脫 X9，釋法澄 X9，<u>釋道莊</u> X9，釋曇遷 X18，智晃、法屬（X18 釋曇遷），釋羅
雲 X9，道朗、互法師、陟禪師（X9 釋羅雲），釋法安 X9，<u>釋保恭</u> X11，炅法師、
徹法師（X11 釋保恭），釋智越 X17，波若、釋法彥（X17 釋智越），釋智琳 2 次
X10，法敦（X10 釋智琳），釋僧定 X19，釋住力 X29，釋寶儒 X10，釋慧最 X10，
<u>釋慧超</u> X28，釋明舜 X11，釋道胐 X20，釋通幽 X21，<u>釋吉藏</u> X11，道諒（X11
釋吉藏），釋慧海 X11，釋善冑 X12，佚名法師〔註 32〕（X12 釋善冑），釋慧遷
X12，釋智聰 X20，釋法侃 X11，釋法響 X20，<u>釋慧覺</u> 2 次 X12，釋慧乘 X24，
智嶷、佚名法師（X24 釋慧乘），釋智周 X19，釋灌頂 X19，釋普明 X19，釋智琰
2 次 X14，持法師、延法師、道安、法宣（X14 釋智琰），釋慧曠 X10，<u>釋慧頵</u>
X14，隴西釋慧頵〔註 33〕X14，明智（X14 隴西釋慧頵），釋道慶 X12，釋法恭
X14，滿法師、實法師（X14 釋慧持），釋法韻 2 次 X30，<u>釋立身</u> X30，<u>釋善權</u>
X30，<u>釋法琰</u> X30，<u>釋智凱</u> X30，釋慧璿 X15，懸布（X15 釋慧璿），英禪師、印
師、明法師（X15 釋法敏），曠法師（X15 釋義褒），傅弘（X25 釋慧雲），釋寶安
X26，釋辯寂 X26，<u>釋法稱</u> X30，白雲（X30 釋法稱），璀禪師（X20 釋法融），
岩禪師（X20 釋惠明），<u>釋曇瑗</u> X21，釋法琳 X24，釋慧峰 X25，通闍梨 X25，釋
慧明 X30，慧雲 J799，慧興、慧志 CS34，尙禪師 CS352，長爪禪師 CS427，法
才 CS445；華手尼 XB1。

（2）丹陽郡建康

　　<u>釋智文</u> X21，釋僧定 X19，<u>釋智凱</u> X14，<u>釋法敏</u> X15。

〔註 32〕本處之「佚名」，指不知法名之法師，非法名也。
〔註 33〕《續高僧傳》卷十四中有 2 個釋慧頵，一爲清河張氏，晉永嘉時其先祖避亂
　　　　寓居建康，一爲隴西李氏，西晉時其先祖避亂寓居江夏。此處稱後者爲「隴
　　　　西釋慧頵」，以示區別。

（3）揚州建康

　　釋慧恭 X28。

（4）江表建康

　　法侃（X10 釋法彥），智騫 X30，智暐（X28 釋道積）。

（5）江南建康

　　釋玄光 SG18。

（6）句容

　　釋慧隆 X12。

（7）句容茅山

　　釋慧璿 X15，釋法敏 X15，明法師（X15 釋法敏），炅法師（X20 釋法融）。

（8）郯（京口）

　　釋慧暅 2 次 X9，釋靖嵩 X10，法貴、靈侃（X10 釋靖嵩）。

（9）曲阿

　　釋寶瓊 2 次 X7，釋慧侃 X25・上。

（10）晉陵郡晉陵

　　釋智琚 X12，坦法師、雅公、譽公（X12 釋智琚），智峰、法宣（X14 釋智琰）。

（11）無錫

　　釋道慶 2 次 X12。

（12）江陰

　　釋法響 X20。

（13）吳

　　釋慧勇 X7，慧聰（X7 釋慧勇），虎丘山釋圓光 X13，虎丘山釋智聚 2 次 X10，胤法師、道恭、道順（X10 釋智聚），釋智琰 2 次 X14，璩法師（X14 釋智琰），釋慧頵 X14，釋法恭 X14，釋法韻 2 次 X30，釋慧旻 X22，虎丘山釋智琰 X14，虎丘山釋法恭 X14，新羅光法師（X22 釋慧旻）。

（14）吳郡吳縣

　　釋智矩 X11，釋法澄 X9，釋道慶 X12，藏闍梨（X12 釋道慶），釋道仙 X25。

（15）婁

　　釋智周 X19，滔法師（X19 釋智周）。

（16）海鹽

釋慧因 X13，釋慧旻 X22，志律師（X22 釋慧旻）。

（17）錢塘

釋真觀 X30，釋住力 X29。

（18）山陰

釋洪偃 2 次 X7，釋慧榮 2 次 X8，慧成（X19 釋智璪），釋智周 X19，秦望山釋吉藏 X11，釋智凱 X14，釋大志 X27。

（19）會稽郡山陰

慧藻、同泰、道倫（X7 釋警韶），釋真觀 X30，釋法應 X19，釋智璪 2 次 X19，釋普明 X19，釋智凱 X30，敏法師（X20 釋惠明）。

（20）剡

釋智璪 X19，釋智果 X30，釋慧旻 X22。

（21）剡縣天台山

釋慧實 X17，釋慧達 X29，釋智顗 X17，僧光、道猷、法蘭、曇密、慧拔、慧辯、定光（X17 釋智顗），釋智越 X17，釋法彥（X17 釋智越），釋智晞 X19，法雲、道互（X19 釋智晞），釋智璪 2 次 X19，釋灌頂 X19，釋普明 X19，釋大志 X27，釋慧旻 X22，釋明淨 X20，法素（X29 釋慧胄）。

（22）閩越剡縣

釋智晞 X19。

（23）餘姚

釋法敏 X15。

（24）上虞

釋警韶 2 次 X7，僧廣、道林（X7 釋警韶）。

（25）長城

釋慧弼 X9。

（26）餘杭

道願、法濟（X14 隴西釋慧頵），釋法恭 X14，寵公、屺公（X14 釋法恭）。

（27）陽羨

釋慧暅 X9。

（28）義興郡陽羨

釋慧弼 2 次 X9，慧方（X9 釋慧弼），生法師（X30 釋真觀）。

（29）章安

釋灌頂 X19，慧拯（X19 釋灌頂）。

（30）臨海

釋智越 X17，釋智璪 X19，慧憑（X19 釋智璪）。

（31）永嘉郡永寧

釋道成 X21，式法師（X21 釋道成）。

（32）東陽郡長山

曠法師（X15 釋義褒）。

（33）烏傷

傅弘（X25 釋慧雲）。

（34）永康（縉雲）

釋洪偃 X7。

（35）晉安郡東侯官

釋智文 X21，慧標 CS262。

（36）江州湓口城

釋智光 X26，尼公（X26 釋智光）。

（37）江州（九江）湓口城

釋法充 X16，釋慧雲 X29。

（38）豫章郡南昌

釋警韶 X7，釋智鍇 X17。

（39）廬山

釋惠成 X16，釋智鍇 X17，釋慧曠 X10，僧宗（X10 釋慧曠），釋法充 X16，僧粲（X11 釋辯義），釋普明 X19，釋灌頂 X19，釋智顗 X17，釋大志 X27，釋慧雲 X29，釋法懍 X16。

（40）江都〔註34〕

釋明舜 X11，釋智璪 X19，釋慧乘 X24，釋慧覺 X12，釋法侃 X11，釋智聰 X20，釋住力 X29，釋智矩 X11，釋慧頵 X14，釋智果 X30。

（41）江都郡江都

釋智脫 X9。

（42）江都（廣陵）

釋慧布 X7，釋慧乘 X24，智強（X24 釋慧乘）。

〔註34〕因陳朝散失江北地，故從江都到高郵六縣爲隋朝的行政區劃。

（43）海陵

　　釋法響 3 次 X20。

（44）寧海

　　釋法響 X20。

（45）高郵

　　華手尼 XB1。

　　根據表 1-4，可製成表 1-5。關於該表的說明如下：其一，表中的數字依次表示高僧數量、比丘尼數量、活動頻率次數和本土僧尼的數量，比如建康為「802//104//993//53」，表示建康的高僧有 802 人、比丘尼有 104 人（可能含有前朝僧尼），僧尼過往建康的次數有 993 次，其中出生於建康的本土僧尼有 53 人；其二，各地的僧尼數是包括本土僧尼的，如建康的 906 位僧尼中有 53 位本土僧尼；其三，有的地區沒有本土僧尼，故只有前三個數字，而不可繫地僧尼無法表示其活動頻率，故該欄只有前兩個數字。

表 1-5　六朝江東各郡縣僧尼分佈及其活動頻率

郡　縣 ＼ 朝　代		孫 吳	東 晉	宋 朝	齊 朝	梁 朝	陳 朝
丹陽郡 812//109//1008//56	建康 802//104//993//53	1//0//1	72//6//86//3	178//45//240//10	174//31//229//11	194//21//237//10	182//1//199//19
	蕪湖		1//0//1				
	于湖			4//1//5//1			
	江乘				0//3//3		
	永世					0//1//1//1	
	句容						5//0//5//1
毗陵郡 24//2//30//6	丹徒 11//0//13//2			1//0//1	5//0//6//2	1//0//1	4//0//5
	毗陵 8//2//10//1		1//0//1		0//2//2//1	1//0//1	6//0//6
	無錫 2//0//3//2					1//0//1//1	1//0//2//1
	曲阿						2//0//3//1
	（江陰）						1//0//1

吳郡 90//12//117//32	吳 70//9//90//20		13//2//18//3	16//4//21//4	7//3//10	13//0//18//7	21//0//23//6
	鹽官 1//2//4//1			1//0//1	0//2//3//1		
	錢唐 6//1//9//5				2//1//5//2	2//0//2//1	2//0//2//2
	富春					5//0//5//1	
	海鹽 6//0//7//4					3//0//4//2	3//0//3//2
	婁						2//0//2//1
會稽郡 163//9//185//21	山陰 70//5//82//13		15//3//19//1	11//0//12//2	18//1//20//4	10//1//12//1	16//0//19//5
	剡 68//4//76//5		23//0//25	3//0//3	4//3//7//1	12//1//14//3	26//0//27//1
	鄮 2//0//2		1//0//1	1//0//1			
	上虞 12//0//13//3		2//0//2	3//0//3	1//0//1	3//0//3//1	3//0//4//2
	餘姚 8//0//8		4//0//4			3//0//3	1//0//1
	永興 2//0//3		1//0//1		1//0//2		
	始寧		1//0//1				
吳興郡 49//2//55//21	烏程 7//2//10//5		2//0//2//1	1//1//3//1	2//0//2//2	2//1//3//1	
	於潛 5//0//5//2		3//0//3		1//0//1//1	1//0//1//1	
	故鄣 2//0//2		1//0//1	1//0//1			
	餘杭 20//0//21//6		1//0//1	7//0//7//4	3//0//3//1	4//0//5//1	5//0//5
	東遷 2//0//2//2			1//0//1//1		1//0//1//1	
	臨安			1//0//1			
	武康 5//0//5//2			3//0//3		2//0//2//2	
	長城 2//0//3//1				1//0//2//1		1//0//1
	陽羨 5//0//6//3					1//0//1//1	4//0//5//2

郡	縣					
臨海郡 16//0//17//5	章安 4//0//4//3		1//0//1//1	1//0//1//1		2//0//2//1
	始豐 5//0//6	2//0//2	2//0//2	1//0//2		
	永寧 3//0//3//1	1//0//1				2//0//2//1
	安固			1//0//1		
	臨海					3//0//3//1
東陽郡 7//0//8//1	長山 3//0//3	1//0//1			1//0//1	1//0//1
	信安	1//0//1				
	烏傷 2//0//3//1				1//0//2//1	1//0//1
	永康					1//0//1
晉安郡 6//0//6	侯官 4//0//4				2//0//2	2//0//2
	羅江	1//0//1				
	晉安				1//0//1	
淮南郡 21//2//25//2	壽春 19//1//21//2	1//0//1	8//0//9//1	9//1//10//1	1//0//1	
	歷陽 1//1//2	0//1//1	1//0//1			
	烏江		1//0//2			
廬江郡 2//1//3//1	舒		2//0//2//1			
	尋陽	0//1//1				
豫章郡 70//0//77//1	南昌 6//0//7//1				4//0//5	2//0//2//1
	廬山 63//0//69	24//0//26	17//0//21	4//0//4	6//0//6	12//0//12
	新吳				1//0//1	
武昌郡 〔註35〕	柴桑 11//1//12//3		3//0//3//1		4//1//5	4//0//4//2
臨川郡 4//0//4	臨汝		3//0//3			
	南城				1//0//1	
廬陵郡	石陽		1//0//1			

〔註35〕此處只考察了靠近廬山的柴桑縣（包括盆口關，即後世的湓口城所在地），而
對武昌郡的其他地區的寺院未予考察。

廣陵郡 28//2//32//9	廣陵 24//1//25//6		7//0//7//2	1//0//1//1	2//1//3//1	14//0//14//2
	海陵 3//0//5//3				2//0//2//2	1//0//3//1
	（寧海）					1//0//1
	高郵					0//1//1
臨淮國	（朝歌）				1//0//1	
不可繫地僧尼 28//1		8//1	5//0	15//0		
總　計 1332//141//1580//158	1//0//1	180//14//201//8	283//51//355//29	251//47//315//30	286//27//346//39	331//2//362//52

　　分析上表，僧尼數量排名前五的郡依次爲：丹陽（921人）、會稽（172人）、吳（102人）、豫章（70人）、吳興（51人）。僧尼活動頻率排名前五的郡及其次序與此相同，說明僧尼數量多的地區，其活動頻率也相應地頻繁，進而可以驗證採用活動頻率的模式可以較爲客觀的反映一個地區僧尼住錫、弘法的狀況。僧尼數量及其活動頻率排名前十的縣或山川依次爲：建康（906人/993次，下同）、吳（76/90）、山陰（75/82）、剡（72/76）、廬山（63/69）、廣陵（25/25）、餘杭（20/21）、壽春（20/21）、上虞（12/13）、丹徒（11/13）、柴桑（11/13）、毗陵（10/10）。壽春和柴桑的入選有點讓人意外。壽春處於沿淮河及其支流南渡江左的交通要道上，而柴桑處於沿長江順流至建康的交通路線上，故僧尼過往兩縣也很正常。本土僧尼排名前五的郡依次爲：丹陽（56人）、吳（32人）、會稽（21人）、吳興（21人）、廣陵（9人）、毗陵（6人）。本土僧尼排名前五的縣依次爲：建康（53人）、吳（20人）、山陰（13人）、餘杭（6人）、廣陵（6人）、錢唐（5人）、剡（5人）、烏程（5人）。本土僧尼前五名郡縣所佔的比重可見表1-7。一個地區本土僧尼數量的多寡，不僅能反映出該地佛教的傳播狀況和接受程度，而且還能反映出該地的經濟發展水平。在本土僧尼排名前五的郡、縣或山川中，豫章郡、廬山和剡縣未能入選就說明了這一個問題。廬山是一大佛寺中心，僧尼數量及其活動頻率也排名第五，但是廬山佛教的興盛主要源於其地理位置。廬山處於中古時期南方兩條主要交通路線的交匯處，即一條是長江沿線，一條是溯贛江而上、南下嶺南的交通路線，是故僧尼在路過廬山時往往爲其優美的風景所吸引，可由於廬山地區乃至整個豫章郡的經濟發展水平較低，導致該地的本土僧尼寥寥無幾。進一步分析，也可以分成三大僧尼及其活動中心：其一是丹陽郡，以首都建康爲中心，歷陽、烏江兩縣和廣陵郡受其影

響；其二是吳會地區，包括吳郡、會稽郡和吳興郡，該地區可以影響到臨海郡、東陽郡和晉安郡；其三是廬山地區，包括廬山所在的豫章郡及其附近的尋陽、柴桑兩縣，而廬陵郡和臨川郡爲其影響區域。剩下的毗陵郡則受到建康和吳會地區的影響。三大僧尼及其活動頻率中心所佔的比重可製成表1-6。該表把僧尼合成一體，主要計算僧尼所佔的比重和僧尼活動頻率所佔的比重。前一個數字爲僧尼數量，後一個數字爲僧尼活動次數。

表1-6　僧尼及其活動頻率所佔的比重

江　東		1473//1580	100%//100%
丹陽郡	建康	906//993，61.5%//62.8%	921//1008，62.5%//63.8%
	其他	15//15，1%//0.9%	
吳會地區	吳郡	102//117，6.9%//7.4%	325//357，22.1%//22.6%
	會稽郡	172//185，11.7%//11.7%	
	吳興郡	51//55，3.5%//3.5%	
廬山地區	廬山	63//69，4.3%//4.4%	83//90，5.6%//5.7%
	其他	20//21，1.4%//1.3%	
三大佛寺中心		1329//1455	90.2%//92.1%

表1-7　本土僧尼前五名郡縣所佔的比重

江　東		158				100%
丹陽郡		56	35.4%		建康	53	33.5%
吳會地區	吳郡	32	20.3%	46.8%	吳縣	20	12.7%
					錢唐	5	3.2%
	會稽郡	21	13.3%		山陰	13	8.2%
					剡縣	5	3.2%
	吳興郡	21	13.3%		餘杭	6	3.8%
					烏程	5	3.2%
小　計		130	82.3%			107	67.7%
其他地區	廣陵郡	9	5.7%		廣陵	6	3.8%
	毗陵郡	6	3.8%			

三、討論

在上述分析中，比較直觀地歸納出來了三個佛寺中心和三個僧尼及其活動中心，並且在地域上是大致重合的，又本土僧尼也主要集中於丹陽郡和吳會地區，因此可以推測六朝江東存在三大佛教中心，即丹陽郡、吳會地區和廬山地區。本節將對三大佛教中心以及其他地區的佛教流佈原因試加分析。

1. 丹陽郡

一座都城對一個朝代的影響往往是非常巨大的。理想中的都城要求能夠位於易守難攻的軍事要區、經濟發達的富庶地區和文脈深厚的禮樂之鄉，可這種地方在現實當中卻難以尋覓，因此都城的實際選址往往會優先考慮軍事因素，一旦政權得以穩定，這座城市就會很快成為文教昌盛、經濟繁榮和交通便利之地。丹陽郡是京畿重地，建康是六朝的首都，其繁榮程度可與西方的羅馬相媲美，因此在戰亂頻繁的六朝時期，建康對逃亡的流民來說，極具吸引力，而對逃難或遊錫的僧尼來說，也不例外。

建康在佛教傳入之前，已有民間信仰的存在，換而言之，建康原先就有信眾的存在，所以更為成熟的佛教一旦傳入，這些信眾很可能就會紛紛歸信之。現舉兩個例子以說明問題。東晉干寶的《搜神記》卷五云：

> 蔣子文者，廣陵人也。嗜酒好色，挑達無度。常自謂己骨清，死當為神。漢末為秣陵尉，逐賊至鍾山下，賊擊傷額，因解綬縛之，有頃遂死。及吳先主之初，其故吏見（子）文于道，乘白馬，執白羽，侍從如平生。見者驚走。（子）文追之，謂曰：「我當為此土地神，以福爾下民。爾可宣告百姓，為我立祠。不爾，將有大咎。」是歲夏，大疫，……於是使使者封子文為中都侯，次弟子緒為長水校尉，皆加印綬。為立廟堂。轉號鍾山為蔣山，今建康東北蔣山是也。〔註36〕

雖然唐長孺先生指出崇尚白色是彌勒信仰的特徵之一〔註37〕，但僅憑「乘白馬，執白羽」不能斷定就與彌勒信仰有關，不過文中又有「常自謂己骨清，死當為神」，再聯繫到漢末道士于吉到吳郡所受到的狂熱禮拜（見吳會地區的分析），可以推測蔣子文可能也是道教信徒的，否則僅憑他小小的秣陵尉身份

〔註36〕〔晉〕干寶撰，汪紹楹校注《搜神記》，中華書局，1979 年，頁 57。
〔註37〕唐長孺《北朝的彌勒信仰及其衰落》，收入其《魏晉南北朝史論拾遺》，中華書局，1983 年。

是無法成爲建業的土地神的〔註38〕。《梁傳》卷八《齊琅琊攝山釋法度》云：

> 高士齊郡明僧紹，抗迹人外，隱居琅琊之㠉山。……及亡，捨
> 所居山爲栖霞精舍，請度居之。先有道士欲以寺地爲館，住者輒死，
> 及後爲寺，猶多恐動。

接著還提到了原住攝山的山神靳尙、「攝山廟巫」，以及靳尙虔誠地禮拜法度，並讓出攝山，等等。靳尙，戰國時期楚懷王侍臣，深得懷王夫人鄭袖信任，曾讒毀屈原，又進勸鄭袖美言懷王釋放張儀，後爲張旄所殺。這些故事反映了攝山地區原先就有民間信仰的存在，可在佛教的衝擊下，其影響逐漸式微，最後是佛教取得了勝利。吉川忠夫也認爲「這些故事大概被解釋成是以新建的山寺爲根據地而反映佛教在對周邊群眾的教化上取得成功的事實」〔註39〕。嚴耀中先生說：「佛教刺激了道教的成熟，道教則爲初期佛教提供了掩護。」〔註40〕另外，攝山山頂舊有吳人周江乘廟，也反映了一種原始的信仰，而攝山是因「山多藥草，可以攝生」而得名〔註41〕，故「攝山」之稱謂與原始道教也脫不了干係。

建康及其周邊地區的這種風俗爲佛教的傳入提供了有利的條件，而早在漢末，丹陽、會稽等地就有了佛教的身影〔註42〕。東漢建安二十五年（220）冬，高僧支謙避亂奔吳，此時江東「佛教未行」，孫權對他頗爲器重，「拜爲博士」，並命他與韋曜諸人輔導太子孫和，從黃武元年（222）至建興（252～253）中，支謙先後譯出了四十九部經，「又依《無量壽》、《中本起》製菩提連句梵唄三契，並注《了本生死經》等，皆行於世」。但是，孫吳政權始終是以對士人的態度來對待支謙，換言之，支謙淵博的知識、高超的才藝，又「通六國語」，所以才能在江東贏得一席之地，而至於他佛教徒的身份，則不是特別的明顯，其原因可能與支謙避亂渡江的狼狽狀態有關，因爲在這種情形下，設法立足於江東是首要考慮的因素，故要亮出其博學的士人身份。比如，支愍度渡江時，爲立足於江東，便立「心無義」〔註43〕。按《出

〔註38〕參見拙文《鍾山歷代稱謂考》，《南京鍾山文化研究》2011 年第 2 期。

〔註39〕〔日〕吉川忠夫著，王啓發譯《六朝精神史研究》第十三章第二節，江蘇人民出版社，2010 年，頁 382。

〔註40〕嚴耀中著《江南佛教史》第二章，上海人民出版社，2000 年，頁 21。

〔註41〕〔宋〕李昉等撰《太平御覽》卷四六《地部十一·攝山》引《江乘地記》，中華書局影印本，1960 年，頁 222。

〔註42〕參見嚴耕望撰《魏晉南北朝佛教地理稿》第一章，頁 4。

〔註43〕參見《世說新語·假譎》第 11 條，余嘉錫箋疏《世說新語箋疏》本，頁 1009。

三藏記集》卷十三《支謙傳》，支謙與同鄉數十人一起南奔孫吳，時爲寒冬之日，支謙僅有一床被子，還被路上逃亡的人奪走，佛典記載此事雖是爲了讚揚支謙對奪被人的寬容，可支謙南渡江左是的狼狽狀態還是隱隱可以察覺到的。在支謙到達建業之後，也是因爲其「博學」、「才慧」，才受到孫權的召見。因此，從佛教流佈角度來說，支謙在江東的影響是一波先聲，使得「吳地初染大法」，可「風化未全」。例如，《出三藏記集》卷六《大十二門經序》：「案《經記後》云：『嘉禾七年，在建鄴周司隸舍寫。』」〔註44〕說明嘉禾七年（238）安世高所譯的《大十二門經》開始在建業流行並被傳鈔。與此相對比，康僧會於赤烏十年（247）到達建業時則引起了不小的轟動。康僧會是明確地以佛教徒的身份到建業弘法的，並以「道振江左，興立圖寺」爲使命。《高僧傳》卷一《魏吳建業建初寺康僧會》云：「時吳國以初見沙門，覩形未及其道，疑爲矯異。」據此可知，康僧會是穿著袈裟到達建業的，所以江東人士才會以爲是「初見沙門」，認爲是「矯異」，由此也可以說明此前避難而來的支謙是穿著普通服飾到達建業的，從而掩蓋了他佛教徒的身份。此後神奇的事情一件件地發生了，首先是康僧會求得堅硬無比的舍利，讓孫權大感驚奇、肅然起敬，並資助康僧會興造建初寺，然後是孫皓毀壞佛寺、污穢佛像，受到了報應，孫皓不得不燒香懺悔，病痛遂差。康僧會弘法的努力終於使得「江左大法遂興」。〔註45〕

　　從東晉開始，建康的佛教已經蔚然可觀，其間高僧雲集、講筵如市、信徒萬千、剎寺如林，漸爲南方的佛教中心，對北方的影響也極爲強大。張偉然先生也說：

　　　　經過孫吳以來尤其東晉時期的發展，下游建康已經成爲南方佛教的最大輸出源地，……它既以強大的磁力吸引著四遠的僧侶向它集聚，又憑藉佛教文化水平的高勢推動著高僧向外輻射。通過這一聚一散，也就實現了佛法的地域傳播。〔註46〕

建康佛教的盛況從以下文字可略窺一二。其高僧雲集、講筵如市如：

〔註44〕〔梁〕釋僧祐撰，蘇晉仁、蕭鍊子點校《出三藏記集》，中華書局，2003年，頁254。

〔註45〕支謙奔吳之時間、所輔導太子乃孫和，其考證見鄧攀《支謙生平略考》，《南京曉莊學院學報》2008年第4期。支謙的傳記見《出三藏記集》卷十三《支謙傳》，《高僧傳》卷一《魏吳建業建初寺康僧會》附《支謙傳》。康僧會的傳記見《高僧傳》卷一《魏吳建業建初寺康僧會》。

〔註46〕見其《湖北歷史文化地理研究》第二章第一節，頁23。

（1）汰下都止瓦官寺，晉太宗簡文皇帝深相敬重，請講《放光經》。開題大會，帝親臨幸，王侯公卿，莫不畢集。汰形解過人，流名四遠，開講之日，黑白觀聽，士女成群。及諸稟門徒，以次騈席，三吳負袠至者千數。（《梁傳》卷五《晉京師瓦官寺竺法汰》）

（2）西晉末亂，移居江左，止京師瓦官寺，盛開講席，建鄴舊僧莫不推服。（《梁傳》卷五《晉京師瓦官寺竺僧敷》）

（3）耶舍既還外國，度便獨執矯異，規以攝物，乃言專學小乘，禁讀方等。……唯宋故丹陽尹顏竣女法弘尼、交州刺史張牧女普明尼，初受其法。今都下宣業、弘光（寺）諸尼，習其遺風，東土尼眾，亦時傳其法。（《梁傳》卷一《晉江陵辛寺雲摩耶舍》附《竺法度》）

（4）聲布楚郢，譽洽京吳。（《梁傳》卷七《宋京師東安寺釋慧嚴》附《法智》）

（5）乃勅住祇洹寺，供給隆厚，公王英彥，莫不宗奉。俄而於寺開講《法華》及《十地》，法席之日，軒蓋盈衢，觀矚往還，肩隨踵接。（《梁傳》卷三《宋京師祇洹寺求那跋摩》）

（6）復精錬三藏，為北土學者之宗。後過江止京師，鋪筵大講，化洽江南。（《梁傳》卷七《宋餘杭方顯寺釋僧詮》）

（7）海內學賓，無不必至，每一開講，負帙千人。（《梁傳》卷八《梁京師招提寺釋慧集》）

（8）還都續講，聽侶相趨，二百餘僧，四時習業。（《唐傳》卷六《梁楊都靈根寺釋慧超傳》）

（9）（大愛敬寺）千有餘僧，四事供給。……（大智度寺）五百諸尼，四時講誦。（《唐傳》卷一《梁揚都莊嚴寺沙門釋寶唱傳》）。

（10）金陵都會，朝宗所依，剎寺如林，義筵如市。（《唐傳》卷七《陳楊都大彭城寺釋寶瓊傳》）

其信徒萬千如：

（1）凡白黑門徒，一萬一千餘人。（《梁傳》卷十一《明律·齊京師建初寺釋僧祐》）

（2）白黑弟子七千餘人。（《梁傳》卷八《梁上定林寺釋法通》）

（3）上（梁武帝）先作禮然後就坐，皇儲已下爰至王姬，道俗士庶
　　咸希度脫，弟子著籍者凡四萬八千人。（《唐傳》卷六《梁國師
　　草堂寺智者釋慧約傳》）

（4）都邑受其戒範者數越千人。（《唐傳》卷二一《梁鍾山雲居寺釋
　　道禪傳》）

（5）太建三年（571），毗請建興寺僧正明勇法師續講攝論，成學名
　　僧五十餘人。（《唐傳》卷一《陳揚都金陵沙門釋法泰傳》附《曹
　　毗傳》）

（6）常徒講眾二百餘人。（《唐傳》卷二一《陳楊都光宅寺釋雲瑗傳》）

（7）首開律藏，陳郡殷均爲之檀越，故使相趨常聽二百許人。……
　　僧尼從受戒者三千餘人。（《唐傳》卷二一《陳楊都奉誠寺大律
　　都釋智文傳》）

（8）受業弟子五百餘人。（《唐傳》卷十三《唐京師大莊嚴寺釋慧因傳》）

其譯經之盛況如：

（1）其冬（隆安元年，397），（王）珣集京都義學沙門釋慧持等四
　　十餘人，更請提婆重譯《中阿含》等，罽賓沙門僧伽羅叉執梵
　　本，提婆翻爲晉言，至來夏方訖……其道化聲譽，莫不聞焉，
　　後不知所終。（《梁傳》卷一《晉廬山僧伽提婆》）

（2）乃手執梵文，共沙門法業、慧嚴等百有餘人，於道場譯出（《華
　　嚴》前分）。（《梁傳》卷二《晉京師道場寺佛馱跋陀羅》）

（3）乃止于金陵正觀寺，與願禪師等二十餘人，翻《金光明經》。（《唐
　　傳》卷一《陳南海郡西天竺沙門拘那羅陀傳》）

又佛經流傳之盛況如：

（1）（安慧則）寫《大品經》一部，合爲一卷。……凡十餘本。以
　　一本與汝南周仲智（周嵩字，周顗之弟）妻胡母氏供養，胡母
　　過江齎經自隨，……此經今在京師簡靖寺首尼處。（《梁傳》卷
　　十《晉洛陽大市寺安慧則》）

（2）讖所出諸經，至元嘉（424～453）中方傳建康。（《梁傳》卷二
　　《晉河西曇無讖》）

（3）其所譯出《觀世音受記經》，今傳於京師。（《梁傳》卷三《宋
　　黃龍釋曇無竭》）

（4）沙門僧含請譯《藥王藥上觀》及《無量壽觀》，含即筆受。以
　　此二經是轉障之秘術，淨土之洪因，故沈吟嗟味，流通宋國。
（《梁傳》卷三《宋京師道林寺畺良耶舍》）

建康佛教地位的驟然崛起，也得到了北方僧人的認可和豔羨。例如，慧觀打
算南渡建康，就向曇摩流支請示，曇摩流支說：「彼土有人有法，足以利世，
吾當更行無律教處。」釋道安令法汰順漢、江下建康時說：「彼多君子，好尚
風流。」〔註47〕建康的高僧眾多，其間也相互比德，故也常有時人對高僧的
評論。如道生「與叡公及嚴、觀同學齊名」，時人評曰：「生（道生）、叡（慧
叡）發天眞，嚴（慧嚴）、觀（慧觀）窪流得，慧義彭享進，寇淵（道淵）於
默塞。」又如「通情則生（道生）、融（道融）上首，精難則觀（慧觀）、肇
（僧肇）第一。」〔註48〕更進者，隨著對佛教思想研究的深入，一些寺院專
攻某一佛教學說，比如「時闢場寺（即道場寺）多禪僧，京師為之語曰：『闢
場禪師窟，東安談義林。』」〔註49〕凡此種種，無不說明東晉之後建康佛教之
興盛。

　　建康佛教的興盛，除了首都的地位、存有原始道教及其他信仰的風俗和
高僧名尼雲集三個因素之外，第四個原因就是移民因素。西晉永嘉喪亂，中
原衣冠散逃四野，東北至遼東、西北遷河西、南渡長江（又分長江下游和長
江中游），而其主要的和影響最大的僑流是東南渡江左（即長江下游）一支。
關於這個問題，前賢論述頗詳〔註50〕，此不贅述。此處需要引說的是僑遷至
建康及其周邊地區的人口的社會階層。陳寅恪先生云：

　　　　至南來北人之上層社會階級本爲住居洛陽及其近旁之士大夫集
　　　團，在當時政治上尤其在文化上有最高之地位，晉之司馬氏皇室既捨
　　　舊日之首都洛陽，遷於江左之新都建業，則此與政治中心最有關係之
　　　集團自然隨司馬氏皇室，移居新政治中心之首都及其近旁之地。王導

〔註47〕分別見《梁傳》卷二《晉長安曇摩流支》和卷五《晉長安五級寺釋道安》。
〔註48〕分別見《梁傳》卷七《宋京師龍光寺竺道生》和《宋京師道場寺釋慧觀》。
〔註49〕《宋書》卷九七《夷蠻傳》。
〔註50〕如陳寅恪先生《述東晉王導之功業》（收入其《金明館叢稿初編》，生活・讀
　　　書・新知三聯書店2001年版），譚其驤先生《晉永嘉喪亂後之民族遷徙》（收
　　　入其《長水集》（上），人民出版社1987年版），周一良先生《南朝境內之各
　　　種人及政府對待之政策》（收入其《魏晉南北朝史論集》，中華書局1963年版），
　　　葛劍雄先生《中國移民史》第二卷（福建人民出版社1997年版），胡阿祥師
　　　《東晉南朝僑州郡縣與僑流人口研究》（江蘇教育出版社2008年版），等等。

之流即此集團之人物，當時所謂「過江名士」者是也。〔註51〕

高素質的人群以壓倒性的優勢遷入某一地，往往會改變該地的語言習俗。司馬氏皇室以及附襯的士大夫集團遷入建康地區就是顯著的例子。建康原本為孫吳舊都，吳人的勢力頗為強大，可自司馬氏渡江、延祚晉朝以來，建康及其周邊地區的吳語漸被排擠，而北語洛陽正音趨於流行〔註52〕。至於習俗的改變，則是清談玄學的風靡，並以此為風雅。司馬氏皇室以及世族僑遷至建康地區，為佛教在該地的流佈鋪平了道路，至少可以體現在兩個方面：其一，佛教傳入中國之後，最先為社會上層所接受，並由其所光大，而這個「社會上層」就包括皇室和世族（詳細的討論可見第三章），因此，僑流至建康地區的人群對佛教也持歡迎態度。其二，在思想文化上，經過兩漢樸實、繁瑣的經術之後，六朝時期的學術潮流為之一變，崇尚簡約風格，呈百花齊放、百家爭鳴之勢，而其中的時尚便是玄學。清談之風潮流行於世族當中，而佛教的傳入，為清談帶來了更多的談資（詳下）。

原因之五，便是社會上層對佛教的推崇。佛教傳入中國後，也有社會下層人士薰染上大法，不過就對佛教流佈推波助瀾的力度來說，還是社會上層所造成的影響更為深遠。皇室和世族對高僧崇敬、禮待的事例在僧傳中俯拾即是。典型者如帛尸梨蜜，他於永嘉中渡江，住錫建初寺，此後便獲得諸多名流的青睞，據《梁傳》卷一《晉建康建初寺帛尸梨蜜》：

> 丞相王導一見而奇之，以為吾之徒也，由是名顯。太尉庾元規、光祿周伯仁、太常謝幼輿（按，原作「與」，誤）、廷尉桓茂倫，皆一帶名士，見之，終日累歎，披衿致契。導嘗詣密，密解帶偃伏，悟言神解。時尚書令卞望之，亦與密致善，須臾望之至，密乃斂衿飾容，端坐對之。有問其故，密曰：「王公風道期人，卞令軌度格物，故其然耳。」諸公於是歎其精神灑屬，皆得其所。……大將軍王處仲在南夏，聞王周諸公皆器重密，疑以為失，及見密，乃欣振奔至，一面盡虔。周顗為僕射領選，臨入過造密，乃歎曰：「若使太平之世，盡得選此賢，真令人無恨也。」俄而顗遇害，密往省其孤，對坐作胡唄三契，梵響凌雲；次誦呪數千言，聲音高暢，顏容不變；既而

〔註51〕陳寅恪《述東晉王導之功業》，收入其《金明館叢稿初編》，頁69。
〔註52〕參見陳寅恪《東晉南朝之吳語》（收入其《金明館叢稿二編》，生活·讀書·新知三聯書店2001年版）和《從史實論切韻》（收入其《金明館叢稿初編》）。

揮涕收淚，神氣自若。

上面這一段文字中，與帛尸梨蜜交好者就有王導、庾亮（元規）、周顗（伯仁）、謝鯤（幼輿）、桓彝（茂倫）、卞壼（望之）和王敦（處仲），隨後提到的名士還有桓溫（桓宣武）、敬以師禮的王珉和慕其風流的晉成帝司馬衍。又，與支遁交遊或其傾慕者，有王濛、殷融、謝安、王洽、劉恢（即劉惔）、殷浩、許詢、郗超、孫綽、桓彥表、王濛及其子王修（敬仁）、何充（次道）、王坦之（文度）、謝長遐、袁宏（彥伯）、謝安、王羲之、蔡謨次子蔡系（子叔）、周曇寶和戴逵。又曇摩蜜多，「自宋文哀皇后及皇太子、公主，莫不設齋桂宮，請戒椒掖，參候之使，旬日相望」，另外會稽太守孟顗也「敬心殷重」〔註53〕。又敬重業首尼者，有宋武帝劉裕、宋文帝劉義隆、王景深母范氏和宋文帝潘淑妃〔註54〕。在僧尼傳記中，常能看到他們活躍於上流社會，相關例子還很多，不一而足。根據第二章的研究，可以把修建寺院的檀越分門別類為皇室和世族，而在這兩大類中，僧寺與尼寺又可稍加區分。如下：

（1）皇室

① 僧寺。【孫吳】建初寺（吳大帝孫權）；【東晉】白馬寺、龍宮寺（晉元帝司馬睿），瓦官寺（晉元帝、晉哀帝司馬丕），青園寺（晉恭帝褚皇后），長干寺（晉簡文帝司馬昱、梁武帝蕭衍），冶城寺、中寺（司馬道子），新亭寺、皇太寺、本起寺、殿內精舍（晉孝武帝司馬曜），高座寺、中興寺、鹿野寺（晉成帝司馬衍），彭城寺（司馬純之），道場寺、皇興寺（晉明帝司馬紹），大石寺（晉安帝司馬德宗），天寶寺（宋明帝劉彧修復）；【劉宋】建元寺（宋明帝陳貴妃），莊嚴寺（宋孝武昭路太后），白塔寺（齊太祖蕭道成），南林寺（司馬梁王妃），新安寺（宋孝武帝劉駿），興皇寺、湘宮寺、普弘中寺、弘普寺（宋明帝劉彧），棲玄寺（建平王劉宏），延壽寺（謝太妃），晉陵寺（邵陵王劉子元），禪寂寺、報恩寺（宋文帝劉義隆），正覺寺（齊高帝蕭道成）；【蕭齊】齊隆寺、普弘寺、法雲寺（竟陵文宣王蕭子良），禪靈寺、招玄寺、遊賢寺（齊武帝蕭賾），勝善寺（南海王蕭子罕），止觀寺、陟屺寺（齊高帝蕭道成），歸依寺（齊明帝蕭鸞）；【蕭梁】開善寺、光宅寺、大愛敬寺、同泰寺、蕭寺、同行寺、仙窟寺、法王寺、解脫寺、勸善寺（梁武帝蕭衍），華林

<hr>

〔註53〕分別見《梁傳》卷四《晉剡沃洲山支遁》和卷三《宋上定林寺曇摩蜜多》。
〔註54〕《尼傳》卷二《東青園寺業首尼傳》。

寺（在華林殿內），永明寺（南平元襄王蕭偉），慈恩寺、一乘寺（邵陵王蕭綸），幽岩寺（永康公主蕭玉嬛），普明寺（建安侯蕭正立），慈敬寺、報恩寺、天皇寺（梁簡文帝蕭綱），永慶寺（永慶公主），神山寺（昭明太子蕭統），梁安寺（梁元帝蕭繹母阮脩容），重雲精舍（華林園內重雲殿）；【陳朝】至敬寺（在臺城致敬殿），泰皇寺、大皇寺、崇皇寺（宣帝陳頊），天居寺（武帝陳霸先），國勝寺（陳高祖章皇后）。

② 尼寺。【東晉】簡靜寺（司馬道子），延興寺（晉康帝褚皇后），新林寺（晉簡文帝），永安寺（晉穆帝何皇后）；【劉宋】青園寺、東青園寺（宋文帝潘淑妃），竹園寺（臨川公主劉英媛），普賢寺（宋孝武帝昭路太后），禪林寺（南昌公主），閒居寺（汝南王母吳充華），南永安寺（江夏王劉義恭世子伯禽母王氏）；【蕭齊】福田寺（豫章王蕭嶷），集善寺（齊武帝蕭賾），頂山寺（竟陵文宣王蕭子良）；【蕭梁】大智度寺（梁武帝蕭衍），善覺寺（梁武帝穆貴妃），本願寺（蕭環），善業寺（南平王蕭恪）。

（2）世族

① 僧寺。【東晉】安樂寺、臨秦寺（王坦之），東亭寺（王珣），高座寺（謝鯤），道場寺（謝石），莊嚴寺（謝尚），枳園寺（王劭），招提寺（謝靈運）；【劉宋】祇洹寺（范泰），始興寺（即王導廟），平陸寺（許桑），靈味寺（陶仲祖），閒心寺（張永），眾造寺（何敬容），法輪寺（何尚之），禪岡寺（蕭思話），正勝寺（佼長生），司徒寺（劉宋某司徒）；【蕭齊】棲霞寺（明僧紹），草堂寺（周顒），齊福寺（盧丞相、伯仲孫）；【蕭梁】永建寺（李師利），敬業寺（盧法震），淨居寺（劉威），明慶寺（王曇明），福靜寺（定修義），禪岩寺（嚴祛之），法苑寺（張文達），頭陁寺（石興），普光寺（張延），化成寺（陶道宗），福興寺（袁平），寒林寺（陳景），履道寺（章法護），靈隱寺（炅待公），眾造寺（吳慶之），山齋寺（謝舉），到公寺（到漑），孝敬寺（公上璉）。

② 尼寺。【東晉】建福寺（何充）；【劉宋】青園寺、東青園寺（王景深或王景深母范氏），王國寺（宋大將軍），景福寺（傅弘仁）；【蕭梁】果願寺（王均），猛信寺（高僧猛），園居寺（袁顗），萬福寺（吳僧暢），儀香寺（宮獲）。

據上又可列表 1-8：

階　層 朝　代	皇室（僧寺//尼寺）		世　族		總　計
	皇帝和后妃	其　他	僧　寺	尼　寺	
孫　吳	1//0	0//0	0	0	1
東　晉	14//3	5//1	8	1	32
劉　宋	9//5	6//2	10	4	36
蕭　齊	6//1	4//2	3	0	16
蕭　梁	13//2	10//2	18	5	50
陳　朝	4//0	2//0	0	0	6
總　計	47//11	27//7	39	10	141

　　根據第二章的考辯，六朝建康寺院可考名目者有 302 座，而皇室資助興建的寺院有 92 座，佔據 30.5%，其中皇帝和后妃資助建造的寺院有 58 座，占 19.2%，世族資助修建的寺院有 49 座，占 16.2%，皇室和世族資助起造寺院共 141 座，占 46.7%，接近一半；又，皇室和世族資助起造的尼寺共 28 座，占六朝建康尼寺總數的 66.7%，是故社會上層對佛教流佈的推動是顯而易見的。

　　原因之六，是政府對佛教的提倡。六朝時期，隨著佛教浸入社會生活的各個層面，如同人體對外來物能夠產生抗體一般，朝野上下也產生了排佛的思潮，比如踞食之爭、沙門是否禮跪皇帝和夷夏之爭等等〔註55〕，但是越爭論，佛教流佈的程度也就越深遠，並最終慢慢褪去其異教色彩，而融入本土的思想裏。皇帝的地位是至高無上的。皇帝們虔誠地信奉、禮拜佛教，更甚者捨身於佛寺，這種行為無疑給整個社會帶來極大的衝擊，並引發了崇信佛教的狂熱潮流。從這個層面講，皇帝的作為就代表著整個政府的行為。上面已經明顯地揭示出皇帝們如何慷慨的資助建造佛寺，因此這裡就不展開了。

　　原因之七，是佛教給清談帶來了更多的談資，使得玄學與佛教相互促進、相互發展。中原衣冠南渡江左，其上層者盤踞在建康地區一帶，而原來流行於洛下一帶的「新學」玄學也隨之而來，並蔚為大觀。又在東晉時期，建康的佛教漸趨興盛，並與玄學交融，也使得玄學更新，清談也為之一變。茲引一家說法以證之。湯用彤先生云：「魏晉清談，學凡數變……依史觀之，

〔註55〕可參閱《六朝精神史研究》第四、十二、十三、十四章；〔荷〕許理和著，李四龍、裴勇等譯《佛教征服中國》第五、六章，江蘇人民出版社，2005 年；嚴耀中《江南佛教史》第四、五、六章，上海人民出版社，2000 年。

有正始名士（老學較盛）、元康名士（莊學較盛）、東晉名士（佛學較盛）之別。」又「魏晉佛學爲玄學之支流，自亦與之有關係，今請進而論之。玄學之發達乃中國學術自然演化之結果，佛學不但只爲其助因，而且其入中國本依附於中華之文化思想以擴展其勢力。」又「佛教跟玄學在理論上實在也有不少可以牽強附會的地方……佛學給與玄學很豐富的材料，很深厚的理論」，「玄學的產生與佛學無關……反之，佛教倒是先受玄學的洗禮，這種外來的思想才能爲我國人士所接受……所以從一方面講，魏晉時代的佛學也可說是玄學」〔註56〕。檢《梁傳》卷四《晉高邑竺法雅》：

> 法雅，河間人，凝正有器度，少善外學，長通佛義，衣冠士子，
> 咸附諮稟。時依門徒，並世典有功，未善佛理。雅乃與康法朗等，
> 以經中事數，擬配外書，爲生解之例，謂之格義。

蓋兩種文化接觸之時，總會產生一種混合品，比如近代的洋涇浜英語便是中西文化接觸的產物，故也可驗證上引湯先生的「佛教倒是先受玄學的洗禮」一語。關於格義的問題，陳寅恪先生論之已詳〔註57〕，此不贅述。

開皇九年（589），隋滅陳，建康地區的佛教也在隋兵鐵騎的蹂躪下而煙消雲散。六朝都城建康，「城邑宮室，並平蕩耕墾」；高僧名尼「自有陳淪沒，物我分崩，或漏綱以東歸，或入籠而北上」；建康寺院也被平蕩，「隋朝剗定江表，憲令惟新，一州之內，止置佛寺二所，數外伽藍，皆從屏廢」，又「可依關東舊格，州別一寺，置三十人，餘者遣歸編戶」〔註58〕。六朝之興盛，仿如明日黃花；六朝之風流，就像過眼雲煙；六朝之韻味，化作滔滔江水……種種的遺憾、感慨、興歎，醞釀成了唐人筆下的金陵懷古詩，而就六朝建康寺院言之，最終凝聚成杜牧《江南春絕句》中的「南朝四百八十寺，多少樓臺煙雨中？」

2. 吳會地區

吳會地區指西晉時期的吳郡、會稽郡和吳興郡。這塊地區地勢平坦、土地肥沃、河網密佈、水熱資源豐富，早在新石器時代就有人類的活動遺址，

〔註56〕 分別見《讀〈人物志〉》、《言意之辨》、《魏晉思想的發展》，收入其《魏晉玄學論稿》，上海古籍出版社，2007 年，頁 12、38、119、120。

〔註57〕 參見《支愍度學說考》，收入其《金明館叢稿初編》。

〔註58〕 分別見《資治通鑒》卷一七七《隋紀一》開皇九年，中華書局，1976 年，頁 5516；《唐傳》卷十四《唐蘇州通玄寺釋慧頤傳》、卷十二《隋江都慧日道場釋慧覺傳》和卷二十《習禪六之餘・潤州牛頭山沙門釋法融傳》。

太湖平原地區出現了馬家浜──崧澤文化──良渚文化的發展序列〔註59〕，而寧紹平原地區出現了河姆渡文化，並發掘出大量的稻穀、稻杆和稻葉等農作物〔註60〕，反映其農業水平相當發達。西漢之前吳會地區的風貌可以參見《史記》。《史記》卷一二九《貨殖列傳》云：「浙江南則越。夫吳自闔廬、春申、王濞三人招致天下之喜游子弟，東有海鹽之饒，章山之銅，三江、五湖之利，亦江東一都會也。」說明吳在江東的核心地位，其發展水平並不低，也能在全國範圍內佔有一席之地，但是這種發展水平並不能和中原地區相比較，所以不能高估。要而言之，在西漢以前，處於邊境的吳會地區，其發展狀況沒有受到外力過多的影響，而始終是處於一種自然發展的狀態。《史記‧貨殖列傳》便總結說：

> 總之，楚越之地，地廣人希，飯稻羹魚，或火耕而水耨，果隋蠃蛤，不待賈而足，地埶饒食，無飢饉之患，以故呰窳偷生，無積聚而多貧。是故江、淮以南，無凍餓之人，亦無千金之家。

東漢之前，吳會地區的文教發展水平較低。《漢書》卷二八《地理志下》云：

> 吳、粵之君皆好勇，故其民至今好用劍，輕死易發。

正史當中對落後地區的記載往往與此相似，其著墨點集中於「野」的方面，這也就說明這些地區還是初染王化、未聽正音。比如《隋書》卷三一《地理志下》對嶺南地區風俗的記載就是「其人性並輕悍，易興逆節，椎結跣踞」，「重賄輕死」，「俗好相殺」，等等。

漢末，孫吳立國江東，說明了吳會地區經濟的發展水準足以支撐起一個區域政權，反之，因孫吳之立國，吳會地區的發展也由割據政權的扶持而加速。永嘉喪亂，晉室遷鼎江左，吳會地區迎來一次千古難逢的發展機遇。這次發展是由僑流人口這個外力主導的，其結果就是吳會地區翻天覆地的變化：即僑流人口也轉變為土著，吳會地區的權重日益增加，經濟中心的南移以及隨之而來的交通路線的更改、文化中心的南移，等等。對此最為精彩的描述可見《宋書》卷五四「史臣曰」：

> 江南之為國盛矣，……自晉氏遷流，訖於太元之世，百許年中，

〔註59〕鄒厚本主編《江蘇考古五十年》，南京出版社，2000年，頁52。
〔註60〕浙江省博物館自然組《河姆渡遺址動植物遺存的鑒定研究》，浙江省文物文物管理委員會、浙江省博物館《河姆渡遺址第一期發掘報告》，均載《考古學報》1978年第1期。

> 無風塵之警，區域之內，晏如也。及孫恩寇亂，殲亡事極，自此以至
> 大明之季，年踰六紀，民戶繁育，將曩時一也。地廣野豐，民勤本業，
> 一歲或稔，則數郡忘饑。會土帶海傍湖，良疇亦數十萬頃，膏腴上地，
> 畝直一金，鄠、杜之間，不能比也。荊城跨南楚之富，揚部有全吳之
> 沃，魚鹽杞梓之利，充仞八方，絲綿布帛之饒，覆衣天下。

西晉永嘉元年（307）九月，司馬睿偕王導等人渡江至建鄴〔註61〕，至東晉太
元年間（376～396），將近九十年。孫恩寇亂在隆安三年（399）至元興元年
（402）之間，劉宋大明計有八年（457～464），上距孫恩之亂「年踰六紀」，
而距司馬睿渡江有一百五十餘年。沈約筆下的會稽郡「膏腴上地，畝直一金」，
而其參照的對象就是位於關中的鄠縣（治今陝西戶縣北二里）、杜縣（治今陝
西西安市南杜城），進而言之，江南地區（即揚、荊二州）的盛況已超過秦漢
時期的關中地區，如此方能理解沈約議論時以「江南之爲國盛矣」之讚歎作
爲開頭。

　　文教方面也頗爲興盛，原來的「輕死易發」之地已成禮儀之邦。《通典》
卷一八二《州郡十二・古揚州下・風俗》云：

> 永嘉之後，帝室東遷，衣冠避難，多所萃止，藝文儒術，斯之
> 爲盛。今雖閭閻賤品，處力役之際，吟詠不輟，蓋因顏、謝、徐、
> 庾之風扇焉。〔註62〕

吳會地區的這種盛況並非曇花一現，也沒有陳朝的覆滅而衰落，而是繼續穩
步發展。《隋書》卷三一《地理志下》云：

> 然數郡川澤沃衍，有海陸之饒，珍異所聚，故商賈並湊。其人
> 君子尚禮，庸庶敦厖，故風俗澄清，而道教隆洽，亦其風氣所尚也。

唐太宗朝，官方分別修撰了《隋書》和《五代史志》，《隋書》本無志，後爲
方便，便把《五代史志》附入《隋書》。《五代史志》記載了梁、陳、周、齊、
隋五朝的典章制度〔註63〕，故上引《隋書・地理志》的內容也多少反映了梁、
陳兩朝的風貌，也隱約透露了隋朝乃至唐初的習俗風貌。吳會地區經濟的發
達、文化的繁榮，是佛教能夠在該地流佈的兩個基本因素。這裡有必要說明
一下文化繁榮與佛教流佈之間的關係。六朝時期，高僧與名士之間往往相互

〔註61〕《資治通鑑》卷八六《晉紀八》永嘉元年九月條，頁 2730。
〔註62〕〔唐〕杜佑撰，王文錦、王永興、劉俊文、徐庭雲、謝方點校《通典》，中華
　　　　書局，1992 年，頁 4850。
〔註63〕參見柴德賡著《史籍舉要》，北京出版社，2004 年，頁 124～125。

傾慕，而許多名士是佛、玄、儒兼修，故在這種氛圍下，文化繁榮的地方往往更容易習染佛法。

第三個因素就是吳會地區「好淫祀」的風俗。《三國志》卷四六《吳書‧孫策傳》裴注引《江表傳》云：

> 時有道士琅邪于吉，先寓居東方，往來吳會，立精舍，燒香讀道書，制作符水以治病，吳會人多事之。策嘗於郡城門樓上，集會諸將賓客，……（于吉）趨度門下。諸將賓客三分之二下樓迎拜之，掌賓者禁呵不能止。策即令收之。……即催斬之，縣首於市。諸事之者，尚不謂其死而云尸解焉，復祭祀求福。

最後一句話頗值得注意。孫策下令斬殺于吉，懸首於市，可其信徒認為于吉尸解成仙，更加虔誠地祭祀求福，由此可見吳會地區信仰宗教的狂熱。這種狂熱經常出現於史籍當中。又《晉書》卷一〇〇《孫恩傳》云：

> 世奉五斗米道。恩叔父泰，字敬遠，師事錢唐杜子恭。……及元顯縱暴吳會，百姓不安，恩因其騷動，自海攻上虞，殺縣令，因襲會稽，害內史王凝之，有眾數萬。於是會稽謝鍼、吳郡陸瓌、吳興丘尪、義興許允之、臨海周胄、永嘉張永及東陽、新安等凡八郡，一時俱起，殺長吏以應之，旬日之中，眾數十萬。

孫泰曾師事錢唐杜子恭，說明吳會地區不僅是道教的傳入地，而且還是輸出地。孫恩能在旬日之中能形成大氣候，離不開道教信徒的支持，而在「眾數萬」、「眾數十萬」當中，信奉道教者的比例應佔據相當大的一部分。

以上兩則事例反映的是道教在吳會地區的流行。在這種原本就存在宗教信仰的地方，佛教的流佈會不會因此而受到阻礙呢？檢索相關史料，可以發現原本存在的宗教信仰不僅不會起到阻礙作用，相反還會促進佛教的流佈。與佛教相比，六朝時期的道教仍很原始，這種原始不僅體現在思想理念的不成熟、道術的落伍，而且還會因信徒社會地位的不同而顯得有差異。比如被孫恩殺害的王凝之，信奉張氏五斗米道，且因過於篤信而致死。《晉書》卷八十《王羲之傳》附《王凝之傳》云：

> 孫恩之攻會稽，僚佐請為之備。凝之不從，方入靖室請禱，出語諸將佐曰：「吾已請大道，許鬼兵相助，賊自破矣。」既不設備，遂為孫恩所害。

孫恩利用五斗米道煽動叛亂，而王凝之也試圖利用五斗米道來鎮壓叛亂，換

言之，本土的道教往往依附於政治力量，其政治力量有幾派，那依附其上的道教也呈幾派，因此孫恩、盧循之亂「是一場以士族間矛盾爲內質，以宗教形式表現出來的動亂，而根本不是什麼農民起義」，「給江南的道教勢力帶來莫大的災難」〔註64〕。而佛教在六朝時期，其地位是比較獨立的。兩者相較，其優劣顯而易見。比如釋慧約，俗姓婁，是東陽烏傷人，爲東南冠族，「世崇黃老，未聞佛法」，後得一神僧指點，十二歲就到鄰近的剡縣禮佛，十七歲時至上虞東山寺剪落，幾年後遂成高僧，受到齊竟陵王蕭子良的禮待，剡縣令周顒也欽道推崇，便於建康鍾山建草堂寺，請慧約住錫，後雙親喪亡，又回到家鄉烏傷，傳佈佛法，不久再遊錫建康。齊隆昌中（494），沈約赴任東陽太守，攜慧約同行。東陽郡的道教流佈頗深，上面提到了慧約家族「世崇黃老」，而在東陽郡治長山，本傳中便記載了慧約怎樣降妖除魔。文云：

> 有道士丁德靜於館暴亡。傳云山精所斃，乃要大治祭酒居之，妖猶充斥。長山令徐伯超立議，請約移居，曾未浹旬，而神魅弭息。後晝臥見二青衣女子從澗水出，禮悔云：「凤障深重，墮此水精，晝夜煩惱」，即授以歸戒。自爾災怪永絕。〔註65〕

類似的記載還很多，這裡再舉兩例。《梁傳》卷三《宋上定林寺曇摩蜜多》云：

> （會稽太守孟顗）及臨浙右，請與同遊，乃於鄮縣之山，建立塔寺。東境舊俗，多趣巫祝，及妙化所移，比屋歸正，自西徂東，無思不服。

又《梁傳》卷十二《誦經·梁富陽齊堅寺釋道琳》記載富陽縣泉林寺常有鬼怪，道琳移錫至此便消聲滅迹，而道琳弟子慧韶的頭被屋壓入肩內，夜裏就爲兩個「梵道人」醫好，道琳又設「聖僧齋」，新鋪在床上的帛上出現了三尺餘長的人迹，於是「眾咸服其徵感，富陽人始家家立聖僧坐以飯之」。

　　上面的這些記載反映了佛教逐漸在吳會地區郡流佈，而原先種種民間信仰的影響趨於式微，最後讓位於佛教。因此，在佛教的衝擊下，許多道士開始尋求革新，並汲取佛教的內容來改造道教，如寇謙之就採用佛教徒輸入的天算醫藥之學和新律學，來改進其家世舊傳之道教〔註66〕；而對於普通信眾來說，往往就會改信更爲成熟的佛教，釋慧約即是一例。《隋書》卷三一《地

〔註64〕嚴耀中著《江南佛教史》第五章，頁92、93。
〔註65〕《唐傳》卷六《梁國師草堂寺智者釋慧約傳》。
〔註66〕可參見陳寅恪《崔浩與寇謙之》，收入其《金明館叢稿初編》。

理志下》記載揚州的風俗爲「其俗信鬼神，好淫祀」。六朝時期，吳會地區由道教流佈轉變爲佛教流佈，算是對該地「好淫祀」最好的詮釋吧。

　　第四個因素是吳會地區的莊園山林。僑遷江左的流民，因其社會地位的不同，居住的地域也有所差異。吳會一帶，吳郡、吳興郡的土著勢力較強，僑民不易落籍，而會稽郡的土著勢力較弱，就成爲官居建康的世族們殖產興業的地方。陳寅恪先生云：

> 　　新都近旁既無空虛之地，京口晉陵一帶又爲北來次等士族所佔有，至若吳郡、義興、吳興等皆是吳人勢力強盛之地，不可插入。故惟有渡過錢塘江，至吳人士族力量較弱之會稽郡，轉而東進，爲經濟之發展。
>
> 　　由此言之，北來上層社會階級雖在建業首都作政治之活動，然其殖產興利爲經濟之開發，則在會稽臨海間之地域。故此一帶區域亦是北來上層社會階級所居住之地也。〔註67〕

世族到會稽等地「殖產興利」的史料頗多。《晉書》卷八十《王羲之傳》云：「初渡浙江，便有終焉之志。會稽有佳山水，名士多居之，謝安未仕時亦居焉。」又與謝萬書云：「頃東遊還，修植桑果，……必當與安石（謝安字）東遊山海，並行田視地利，頤養閒暇。」正是由於「名士多居」會稽，故才會有永和九年（353）會稽山陰的蘭亭集會。《宋書》卷六七《謝靈運傳》云：「靈運父祖並葬始寧縣，並有故宅及墅，遂移籍會稽，修營別業，傍山帶水，盡幽居之美。」又「因父祖之資，生業甚厚。奴僮既眾，義故門生數百，鑿山濬湖，功役無已。」甚至從始寧南山伐木開徑，直至臨海，使得臨海太守以爲是山賊，頗受驚嚇。謝靈運能夠遊山玩水全憑其祖先所殖的產業，從而驗證了陳先生之高見。謝靈運在會稽始寧的莊園別墅從其《山居賦》可窺一斑，如「其居也，左湖右江，往渚還汀。面山背阜，東阻西傾」，「阡陌縱橫，塍埒交經」，「自園之田，自田之湖」，「北山二園，南山三苑」，十分壯美。

　　會稽一域遍佈著名士的莊園，由於高僧和名士「在生活行事上彼此本有可以相投的地方，如隱居嘉遁，服用不同，不拘禮法的行徑，乃至談吐的風流，在在都有可相同的互感」〔註68〕，因此高僧也如影隨形般而至。《梁傳》卷四《晉剡沃洲山支遁》云：

〔註67〕《述東晉王導之功業》，收入其《金明館叢稿初編》，頁69、71。
〔註68〕湯用彤《魏晉思想的發展》，收入其《魏晉玄學論稿》，頁119。

> 遁先經餘姚塢山中住，至於明辰猶還塢中。或問其意，答云：「謝
> 安在（按，爲『石』之訛）昔數來見，輒移旬日，今觸情舉目，莫
> 不興想。」後病甚，移還塢中，以晉太和元年（366）閏四月四日終
> 于所住，春秋五十有三。即窆於塢中，厥冢存焉。

支遁病篤之時移住塢中，死後又葬於塢中，其對塢中念念不捨是因爲謝安（字
安石）曾數次來過塢中看他。從上引文看，這個位於會稽餘姚的「塢」仿如
世外桃源，並非荒蠻聚落，使人不禁想到此塢與謝安的關係。《晉書》卷七九
《謝安傳》云：

> 寓居會稽，與王羲之及高陽許詢、桑門支遁遊處，出則漁弋山
> 水，入則言詠屬文，無處世意。

根據上引陳先生的高論，謝安既然寓居會稽，必然會在此地殖產興業。又上
引《宋書·謝靈運傳》說其父祖在會稽始寧縣有莊園別墅。謝安與謝靈運的
關係據各自本傳，如下：

```
謝裒──┬─奕──玄──瑍──靈運
      └─安
```

即謝玄、謝瑍的產業在始寧，那上文提到位於餘姚的塢很可能在謝安的莊園
附近。又從高僧傳記的標目中，也可以看出高僧與莊園山林的關係，如《梁
傳》卷四的「晉剡山於法蘭」、「晉剡白山于法開」、「晉剡葛峴山竺法崇」、「晉
始寧山竺法義」，卷七的「宋吳虎丘山釋曇諦」、「宋山陰天柱山釋慧靜」、「宋
吳興小山釋法瑤」，等等。因此，高僧與名士及其莊園山林的關係就不待多言。
最後需要說明的是，住錫吳會地區莊園山林的高僧多以隱逸爲主，與住錫建
康樂好朱門府邸的高僧不同，比如竺道壹在晉簡文帝死後就從建康回到家鄉
吳縣，並住錫於虎丘山，眾多學徒苦加挽留，又請丹陽尹使用行政手段要求
道壹還都。道壹最後寫了封信來作答覆（文煩不錄），以申其「閒居幽阜，晦
影窮谷」之旨〔註69〕。

　　第五個因素是高僧名尼的影響。前面提到，住錫吳會地區的僧尼多以隱
逸爲主，並且這些高僧名尼高風亮節、德高望重、潔言雅行，其門下名徒眾
多、信徒遍佈，其影響宏大深遠。竺法潛「隱迹剡山，以避當世，追蹤問道
者，已復結旅山門」，其門下高足有竺法義，也「憩於始寧之保山，受業弟子

〔註69〕參見《梁傳》卷五《晉吳虎丘山東山寺竺道壹》。

常有百餘」。于法蘭「迄在冠年，風神秀逸，道振三河，名流四遠」，「聞江東山水，剡縣稱奇，乃徐步東甌，遠矚嶀嵊，居于石城山足」，其門下高徒有于法開，先遊於京師，後還石城山，不久移住白山靈鷲寺。于法開的名徒有于法威，也不樂居都市，隱於剡縣白山，年六十卒於靈鷲寺〔註70〕。剡縣的高僧雲集，以致民間出現了評品高僧們的諺語，如「深量，開思，林談，識記」，其中的「深」、「開」、「林」、「識」即分別指竺法深（即竺法潛）、于法開、支道林（即支遁）、康法識。又《梁傳》卷八《義解・論》云：「超進、慧基，乃揚浙東之盛。雖復人世迭隆，而皆道術懸會。故使像運餘興，歲將五百。功效之美，良足美也。」釋超進，長安人，「年在未立，而振譽關中」，晉義熙十四年（418），因赫連勃勃攻入長安而避地建康，頃之遊錫姑蘇，「復弘佛法」，會稽太守孟顗迎止山陰靈嘉寺，「於是停止浙東，講論相續。邑野僧尼，及清信男女，並結菩薩因緣，服膺戒範」，以宋元嘉中卒於靈嘉寺，春秋九十四〔註71〕。釋慧基為錢塘人，先在京都師事祇洹寺慧義法師，慧義病亡，便回到家鄉錢塘，俄而又遊錫山陰法華寺，「於是遍歷三吳，講宣經教，學徒至者千有餘人」，後在會稽龜山立寶林精舍，並住錫於此。慧基「既被德三吳，聲馳海內，乃勅為僧主，掌任十城，蓋東土僧正之始也。於是從容講道，訓屬禪慧，四遠從風，五眾歸伏」，以齊建武三年（496）冬十一月卒於山陰城傍寺，春秋八十五。慧基的高徒頗多，且多留在吳會一帶，僧行、慧旭、道恢「各領門徒，繼軌前轍」，慧深續任東土僧正，法洪以「戒潔見重」，而曇斐「居于鄉邑法華臺寺，講說相仍，學徒成列」，後「有譽江東，被勅為十城僧主，符旨適行，未拜便化。厥土僧尼，倍懷戀德」〔註72〕。高僧名尼們弘法布道的盛況從以下文字也可見一斑：

（1）俄又投迹剡山，於沃洲小嶺立寺行道，僧眾百餘，常隨稟學。
（《梁傳》卷四《晉剡沃洲山支遁》）

（2）吳郡張恭請還吳講說，姑蘇之士，並慕德歸心。（《梁傳》卷七《宋餘杭方顯寺釋僧詮》）

（3）業居宗秉化，訓誘無輟，三吳學士，輻湊肩聯。（《梁傳》卷十一《明律・宋吳閒居寺釋僧業》）

〔註70〕分別見《梁傳》卷四《晉剡東仰山竺法潛》、《晉始寧山竺法義》、《晉剡山于法蘭》、《晉剡白山于法開》及附《于法威》。
〔註71〕《梁傳》卷七《宋山陰靈嘉寺釋超進》。
〔註72〕分別見《梁傳》卷八《齊山陰法華山釋慧基》和《梁剡法華臺釋曇斐》。

（4）又東適上虞徐山，學徒隨往百有餘人。化洽三吳，聲馳上國。
《梁傳》卷七《宋下定林寺釋僧鏡》）

（5）及（宋）文帝崩，東遊會稽，止于剡之白山照明精舍，學眾雲
集，從容教授，道盛東南矣。……（德）樂綱紀，大小悅服，
遠近欽風，皆願依止，徒眾二百餘人。（《尼傳》卷三《剡齊興
寺德樂尼傳》）

（6）有逾齊日屬道銷梁季，寇羯憑陵，法為時崩，不果宣述，乃步
入東土，又往富春，令陸元哲，創奉問津，將事傳譯，招延英
秀沙門寶瓊等二十餘人，翻《十七地論》，適得五卷，而國難
未靜，側附通傳。（《唐傳》卷一《陳南海郡西天竺沙門拘那羅
陀傳》）

正是高僧名尼的這種影響，才使得佛法能在吳會地區流佈開來。

3. 廬山地區

六朝時期，廬山恰好位於兩大交通要道的交匯處。一條即長江水路，這
條路線是六朝的主要交通路線，它連接了揚、荊、益三州，南朝時期，這條
路線的作用更大，從益州西北走可至吐谷渾，再北走可到河西走廊，或西北
行直通西域。另一條路線即溯贛水而上，再越嶺而到廣、交一帶。

關於第一條路線，史籍中的記載頗多，而且前賢也予以較多的關注。唐
長孺先生說，由於南北分立，而且河西走廊由北朝控制，所以不得不走鄯善
與益州之間的「河南道」，這條路線取道吐谷渾，因為吐谷渾政權從北魏中期
到隋大業五年（609）的一百餘年間沒有發生嚴重的動亂〔註73〕。嚴耕望先生
研究，早在漢末，今岷山、松潘草原地區的交通就見於史籍，南朝時期，吐
谷渾與蜀地的交通更加頻繁，近乎國際通道，故今岷山、松潘草原地區的交
通線路愈加發達，後北周對該地極力經營，隋朝承之，唐代該地又成為對付
吐蕃的重要戰略地帶〔註74〕。吐谷渾居「張掖之南，隴西之西，在河之南」，
故稱河南王〔註75〕，而經過吐谷渾的交通路線也常以「河南道」之名見於史
籍。「隴西河南先後諸地方政權皆崇佛法」〔註76〕，檢《梁傳》卷八《齊蜀齊

〔註73〕　見《南北朝期間西域與南朝的陸路交通》，收入其《魏晉南北朝史論拾遺》。
〔註74〕　見其《唐代交通圖考》第四卷篇貳伍《岷山雪嶺地區松茂等州交通網》，上海
　　　　古籍出版社，2007年。
〔註75〕　《梁書》卷五四《西北諸戎·河南》。
〔註76〕　見《魏晉南北朝佛教地理稿》第五章，頁94。

後山釋玄暢》，玄暢爲河西金城（治今甘肅蘭州市西北西固城）人，北魏太武帝滅佛，避地建康，後遷憩荊州，止錫長沙寺，不久西適成都，「至昇明三年（479），又遊西界，觀矚岷嶺，乃於岷山郡北部廣陽縣（治今四川茂縣北）界，見齊后山，遂有終焉之志」，「河南吐谷渾主，遙心敬慕，乃馳騎數百，迎於齊山」，可玄暢已還江陵，「遂不相及」。因此，僧侶經「河南道」遊錫、弘法也就非常的便利。又南朝時期，因南北對立的政治形勢所致，「河南道」的地位日趨上昇，長江水路也越來越重要，促進了西域、益州、荊州、揚州之間的經濟、文化交流。《南齊書》卷一五《州郡志下》即云：

> 益州，鎮成都，……西通芮芮河南，亦如漢武威張掖，爲西域之道也。……州土壞富，西方之一都焉。

高僧大德們也可利用這條路線來遊錫、弘法。這一方面的例子很多。檢《梁傳》卷五《晉京師瓦官寺竺法汰》，法汰與道安爲同學，一同避難至新野，道安吩咐法汰東下建康弘法，於是法汰與弟子曇一、曇二「沿江東下」，途經陽口，抵達建康。最爲典型的可見以下幾例[註77]：

（1）憩荊州上明寺——後適廬山——至建康，止東安寺——再還廬山——以晉隆安三年（399）辭慧遠入蜀——行達荊州——到蜀，以晉義熙八年（412）卒於蜀地。（《梁傳》卷六《晉蜀龍淵寺釋慧持》）

（2）罽賓人——龜茲——燉煌——涼州——以宋元嘉元年（424）輾轉至蜀——俄而出峽——止荊州——沿流東下，至於建康，以元嘉十九年（442）卒於鍾山定林上寺。（《梁傳》卷三《宋上定林寺曇摩蜜多》）

（3）西域人——元嘉之初，遠冒沙河，至於建康——後移憩江陵——元嘉十九年（442）西遊岷蜀——後還卒於江陵。（《梁傳》卷三《宋京師道林寺畺良耶舍》）

（4）酒泉人——遊西域，至罽賓——還至于闐——路由河南吐谷渾——達蜀地——宋文帝請下都止鍾山定林寺，宋大明中卒於建康。（《梁傳》卷十一《習禪・宋京師中興寺釋慧覽》）

（5）長樂人，幼在建康——年十三投廬山慧遠出家——梁州——欲師河間玄高法師，中路值吐谷渾之難，遂旋於成都，以宋泰始

〔註77〕以下高僧的行迹是簡略的，其完整的行迹可見附錄部分。

元年（465）卒於蜀地。（《梁傳》卷七《宋蜀武擔寺釋道汪》）

（6）燉煌人——乃越自西河，路由巴楚，達於建康，以齊永明十年
（492）卒於定林上寺。（《梁傳》卷十二《誦經‧齊上定林寺
超辯》）

（7）西海延水人——隨舅至梁州乃出家——元嘉十六年（439）下
建康，止定林上寺——宋元徽三年（475），發踵金陵，西遊巴
蜀，路出河南，道經芮芮——既到于闐，欲度蔥嶺，值棧道斷
絕而返——還建康，以齊建武末年卒於鍾山定林上寺。（《梁傳》
卷十三《興福‧齊上定林寺釋法獻》）

按第 3 例，畺良耶舍「遠冒沙河，萃於京邑」，後又「西遊岷蜀」，故疑畺良
耶舍也是經「河南道」而至建康。第 5 例，檢《梁傳》卷十一《習禪‧宋僞
魏平城釋玄高》，玄高爲馮翊萬年（治今西安市東北）人，初到中常山學法，
後隱居麥積山，又至隴西從曇無毗受法，後曇無毗返西域，有二僧向河南王
世子曼讒構玄高，致使玄高被擯至河北林楊堂山〔註78〕。故《梁傳‧釋道汪》
所云的「後聞河間玄高法師禪慧深廣，欲往從之。中路值吐谷渾之難，遂不
果行」之事就是指此。從上面的這些例子中可以看出西域高僧的遊錫路線可
循經「河南道」下蜀地，再沿長江下建康，而且遠至西域求法的路線也可從
建康出發，溯江至蜀地，再經「河南道」達西域。

關於第二條路線，史籍中的記載也很多。檢《梁傳》卷一《漢雒陽安清》，
安清字世高，爲安息國太子，後遊錫中國，至關中、雒陽一帶，漢末靈帝時
期，關中、雒陽擾亂，便南下弘法，還自言「當過廬山」，再到豫章（治今南
昌市附近），然後到廣州。卷六《晉廬山釋慧永》載，慧永先與同學慧遠打算
隱居羅浮山，因慧遠有事滯留便先行一步，在途經尋陽時，郡人陶範苦相要
留，於是停錫廬山西林寺。後慧遠和其弟慧持欲諾隱居羅浮山之約，便從荊
州（治今湖北江陵縣）出發，路過尋陽（治今湖北黃梅縣西南），見「廬峰清
靜，足以息心」，於是二人住錫於此〔註79〕。求那跋摩，罽賓人，先後泛海到
師子國（今斯里蘭卡）、闍婆國（在今印度尼西亞爪哇島或蘇門答臘島）、林

〔註78〕林楊堂山，《大正藏》本《高僧傳》作「林陽堂山」，蓋「唐述山東西兩山之
一名耳」，而唐述山即積石山，位於今甘肅永靖縣西南楊塔鄉境內黃河北岸。
詳《魏晉南北朝佛教地理稿》第五章，頁94～96；史爲樂主編《中國歷史地
名大辭典》下冊積石山條，中國社會科學出版社，2005 年，頁2136。
〔註79〕《梁傳》卷六《晉廬山釋慧遠》和《晉蜀龍淵寺釋慧持》。

邑（在今越南中部一帶）弘法，再達廣州，途經始興郡（治今廣東韶關市東南），以宋元嘉八年（431）達於建康〔註80〕。最為典型的要數拘那羅陀和釋法泰。拘那羅陀亦名眞諦，為西天竺優禪尼國人，大同十二年（546）八月十五日達於南海（治今廣東廣州市番禺區），以太清二年（548）閏八月抵達建康，承聖三年（554）二月還返豫章，又往新吳（治今江西奉新縣西北）、始興，再度嶺到南康（治今江西南康縣西南），逮陳永定二年（558）七月，又還返豫章。釋法泰，不知何處人，先住建康大寺，因欽慕眞諦，便與宗愷、慧愷、法準、慧忍、僧宗、法忍、曹毗等人度嶺至廣州〔註81〕。眞諦和釋法泰行經的路線就是贛江一線，六朝首都建康與交、廣等南土的交通由此也可見一斑。

六朝首都建康偏居東南，故要有效地控制長江中游和嶺南地區，就不得不開闢交通道路，限於當時的技術水平，這些交通道路會盡可能地利用各種地理便利，所以長江沿線和贛江沿線的交通非常重要也就情有可原。贛水南流入長江，其交匯處形成了水面壯闊的彭蠡澤（今鄱陽湖前身），而廬山就位於彭蠡澤西岸，因此廬山佔據了六朝交通之便利。廬山還以風景優美而聞名遐邇，《水經・廬江水注》云：「其山（廬山）川明淨，風澤清曠，氣爽節和，土沃民逸，嘉遯之士，繼響窟巖，龍潛鳳采之賢，往者忘歸矣。」〔註82〕因而高僧名尼在沿著兩條交通線路遊錫時也往往會為廬山幽美的風景所吸引，進而止錫於此，如大德釋慧遠就是如此。這是廬山地區成為佛教中心的第一個因素。

第二個因素就是釋慧遠的影響。釋慧遠（334～416），本姓賈氏，雁門婁煩（治今山西寧武縣附近）人，從小就天資聰慧，十三歲時隨舅令狐氏遊學許、洛，「博綜六經，尤善《莊》《老》」，年二十一，欲渡江東就範宣子問學，因石虎死，中原寇亂，道路阻塞，遂與弟慧持從釋道安問道，始棄儒入佛，後又隨道安避難襄陽，值苻丕來寇，道安便遣散徒眾，慧遠率弟子數十人南下江陵，住上明寺，後卜居廬山，三十餘年，不復出山〔註83〕。釋慧遠在中國佛教史上的地位，前賢多有論述。湯用彤先生用了整整一章的篇幅來

〔註80〕《梁傳》卷三《宋京師祇洹寺求那跋摩》。
〔註81〕《唐傳》卷一《陳南海郡西天竺沙門拘那羅陀傳》和《陳揚都金陵沙門釋法泰傳》。
〔註82〕〔北魏〕酈道元撰《水經注》卷三九，陳橋驛校證《水經注校證》本，中華書局，2008年，頁924。
〔註83〕《梁傳》卷六《晉廬山釋慧遠》。

述寫釋慧遠，而於其地位云：「兩晉佛法之興隆，實由有不世出之大師，先後出世，而天下靡然從同也」〔註84〕，慧遠就是最佳的例子。陳寅恪先生云：「當六朝之季，綜貫包羅數百年間南北兩朝諸家宗派學說異同之人，實爲慧遠。」〔註85〕嚴耕望先生云，慧遠「爲南方道俗之魁斗」，而其對於佛教之功績有五個方面，即「西域求經」、「宏《毗曇》」、「宏《般若》」、「宏禪學」和「倡淨土念佛」〔註86〕。另外，慧遠於佛教的獨立性也頗有功勞。慧遠隱居廬山，送客常以虎溪爲界。桓玄要求慧遠出廬山虎溪，慧遠稱疾不行，桓玄入山問罪，爲慧遠所折服。爾後桓玄又欲沙汰眾僧，對其僚屬說：「唯廬山道德所居，不在搜簡之例」。晉成帝朝，庾冰輔政，想強制推行「沙門應敬王者」之行爲，尚書令何充、僕射褚昱、諸葛恢等，奏不應禮敬，得到眾官支持，而一些阿諛奉承者則支持庾冰。桓玄此時在姑熟（在今安徽當塗縣），也要求「沙門應敬王者」。朝野爭論不休。有鑒於此，慧遠著《沙門不敬王者論》五篇，以倡其說，「自是沙門得全方外之迹矣。」及桓玄亡敗，晉安帝自江陵返建康，輔國將軍何無忌勸慧遠候覲，慧遠稱疾不行。後安帝遣使問候，慧遠也只是修書答覆〔註87〕。慧遠之德行不僅澤被時人，還潤及後人。檢《梁傳》卷八《齊京師莊嚴寺釋道慧》，釋道慧爲餘姚人，寓居建康，十一歲出家，爲僧遠弟子，十四歲讀廬山《慧遠集》，「乃慨然歎息，恨有生之晚，遂與友人智順泝流千里，觀遠遺迹，於是憩廬山西寺。涉歷三年，更還京邑。」正是釋慧遠的這種魅力，使得「廬山東林寺成爲南地佛教中心，與長安羅什所居逍遙園中分天下」〔註88〕。至於過往或住錫廬山的僧人，無一不是緬懷、敬仰慧遠的德行或追行慧遠的遺風矣。

4. 其他地區

六朝江東的佛教地理，以首都建康所在的丹陽郡、吳會地區和廬山地區爲三大佛教中心，其寺院、僧尼、僧尼活動頻率的比重分別占總數的90.7%、90.2%、92.1%，故明瞭三大佛教中心，則六朝江東的佛教地理大致明朗矣。至於江東其他地區的佛教，此處略加探討。

〔註84〕見其《漢魏兩晉南北朝佛教史》第十一章第一節，上海書店據商務印書館1938年版影印，1991年，頁341。
〔註85〕陳寅恪《大乘義章書後》，收入其《金明館叢稿二編》，頁181。
〔註86〕見其《魏晉南北朝佛教地理稿》第三章，頁23～24。
〔註87〕《梁傳》卷六《晉廬山釋慧遠》。《沙門不敬王者論》收入《弘明集》卷五。
〔註88〕《魏晉南北朝佛教地理稿》第三章，頁23。

　　廣陵郡因靠近首都建康，具有地利優勢，故該地的佛教也受到建康的影響。釋慧益為廣陵人，先隨師遊壽春，宋孝建年間南遊建康，憩竹林寺，以宋大明七年（463）於鍾山南燒身。釋道儒本渤海人，寓居廣陵，宋臨川王劉義慶出鎮南兗州（治今江蘇揚州），道儒「以事聞之」，宋元嘉末南下建康，以齊永明八年（490）卒。釋慧布，廣陵人，二十一歲到建康，先從建初寺瓊法師學《成實論》，後從攝山止觀寺僧詮法師學《三論》，成為僧詮四大弟子之一，以陳禎明元年（587）卒於棲霞寺〔註89〕。

　　會稽郡以南地區。漢末，該地隸屬會稽郡。吳太平二年（257），從會稽郡東部析出臨海郡。吳永安三年（260），從會稽郡南部析出建安郡。吳寶鼎元年（266），從會稽郡析出東陽郡〔註90〕。西晉太康三年（282），從建安郡東南部析出晉安郡。東晉太寧元年（323），從臨海郡南部析出永嘉郡〔註91〕。梁朝時，從晉安郡南部析出梁安郡，陳朝天嘉五年（564）後，更名為南安郡〔註92〕。六朝時期，這個地區從隸屬於會稽郡，發展到有會稽、臨海、建安、東陽、晉安、永嘉、南安等七郡，反映了這個地區的開發過程。這種地區開發背景是佛教傳播的基礎條件。另外，這個地區的海上交通比較發達。周振鶴先生就說，秦漢三國時期東南沿海的開發就依靠海路〔註93〕。檢《唐傳》卷一《陳南海郡西天竺沙門拘那羅陀傳》，陳永定二年（558）七月，真諦（即拘那羅陀）從南康返回豫章，經臨川（治今江西臨川市西），到晉安郡（治今福建福州市），欲乘船往楞伽修國（今馬來半島北大年一帶），因道俗挽留，而滯留晉安，陳天嘉二年（561）先泛小舶至梁安郡，從梁安欲乘大船返國，又因學徒及太守王方奢苦留而罷，天嘉三年九月，從梁安乘船返國，十二月中旬被風吹至廣州〔註94〕。

　　臨川、廬陵二郡。該地可通過盱水（今撫河）、贛水與廬山交通，並受廬山佛教的影響。如釋道猷，吳人，為竺道生弟子，隨師至廬山，道生死後隱居臨川郡山〔註95〕。

〔註89〕分別見《梁傳》卷十二《亡身》、卷十三《唱導》和《唐傳》卷七各自本傳。
〔註90〕《三國志》卷四八《吳書·三嗣主傳》。
〔註91〕《晉書》卷十五《地理志下》。
〔註92〕參見章巽《真諦傳中之梁安郡》，《福建論壇》1983年第4期。
〔註93〕周振鶴《從歷史地理角度看古代航海活動》，收入復旦大學歷史地理研究所編《歷史地理研究》第2輯，復旦大學出版社，1990年。
〔註94〕參考了《漢魏兩晉南北朝佛教史》第二十章之《真諦之年歷》節。
〔註95〕《梁傳》卷七本傳。

　　毗陵郡位於丹陽郡和吳會地區兩個佛教中心之間，並受其影響。東晉以降，晉陵郡爲北來次等士族的居住地，原先地廣人稀之地逐漸繁盛起來〔註96〕。這爲佛教的流佈提供了基礎條件。如釋智稱，「姓裴，本河東聞喜（治今山西聞喜東北）人。魏冀州刺史徽之後也。祖世避難，寓居京口（今江蘇鎮江市）」，即本爲將門之後，十七歲隨王玄謨、申坦北討獫狁，見血流成河，遂萌出家之心，於是在壽春南澗寺受戒，後下建康，又遊錫了蜀中、江陵、餘杭、京口等地，最後止錫建康，於齊永元二年（500）卒於建康安樂寺。又釋慧祐爲丹徒人（治今江蘇鎮江市丹徒區丹徒鎮），年三十出家，先隱居會稽一帶，後止建康開心寺。又比丘尼德樂爲毗陵（治今江蘇常州市）人，八歲出家，後遊學建康，最後住錫會稽剡縣（治今浙江嵊州市西南），於齊永元三年（501）卒於剡縣齊興寺。又釋法超，晉陵無錫人，十一歲在建康靈根寺出家，後從安樂寺智稱專攻《十誦》，「獨步京邑」，並爲敕爲「都邑僧正」，後卒於建康。又釋道慶，其先廣陵人，後渡江寓居無錫，十一歲於吳郡建善寺出家，後遊學建康，陳亡，東歸無錫〔註97〕。

　　壽春。六朝時期的主要政治形勢表現爲南北對峙，而淮河中下游流域爲其交戰地帶，其原因是淮河及其支流的流向和一馬平川的地勢、致使該地區的交通便利，而壽春就是一個交通和軍事重鎮。早在三國時期，曹魏伐吳的兩條主要路線爲：其一，由濬儀（治今河南開封市）至梁國（治今河南商丘縣南），再至譙（治今安徽亳州市），順渦水入淮，至壽春（治今安徽壽縣），入淝水，至合肥（治今安徽合肥市西），抵居巢（治今安徽巢湖市東北），到郝溪，再至濡須口（在今安徽含山縣西南濡須山與無爲縣西北七寶山之間）；其二，順蔡、潁入淮，至壽春，入淝水，至合肥，抵居巢，到郝溪，再至濡須口〔註98〕。壽春是兩條路線的交匯處，因此，中原一旦有亂，士民、僧侶即可通過上述路線，經壽春而過江，故壽春佛教的興盛也在情理之中。如罽賓人卑摩羅又先抵關中，鳩摩羅什死後「乃出遊關左，逗於壽春，止石澗寺，律眾雲聚，盛闡毗尼」。又釋道猛本西涼州（治今甘肅張掖市西北）人，少而遊歷燕、趙，後停止壽春，力精勤學，「於是大化

〔註96〕陳寅恪《述東晉王導之功業》，收入其《金明館叢稿初編》。
〔註97〕釋慧祐本傳見《梁傳》卷十一《明律・宋京師開心寺釋道營》，釋智稱、德樂尼、釋法超、釋道慶的本傳分別見《梁傳》卷十一《明律》、《尼傳》卷三、《唐傳》卷二一和卷十二。
〔註98〕參見拙文《曹魏五都考論》，《襄樊學院學報》2010年第12期。

江西，學人成列」。又釋僧導，京兆（今陝西西安市）人，劉裕西伐長安，迎僧導南下，爲其於壽春立東山寺，後渡江止建康，不久辭還壽春，卒於壽春石澗寺〔註99〕。

5. 小結

上面基本上勾勒出六朝江東的佛教地理分佈及其成因。從中可以看出，影響佛教地理分佈的三個因素是交通路線、移民和風俗。這三個因素也是相互影響、相互聯繫的。交通路線會影響到移民的流動方向和遷入地，而交通發達的地方，其風俗會受到各方影響，如流民因交通便利而遷入，其風俗便爲之一變。這三個因素無不透露著地理環境的影響。河流、山脈等地勢地貌會影響交通路線的走線，進之影響移民的遷入、遷出，而環境閉塞的地方，其風俗變化的慢，保留有許多原始的模樣。以六朝江東佛教地理言之，建康爲首都，具有先天優勢，故僧侶雲集，並波及到江北的廣陵郡。吳會地區經濟發達，淫祀之風頗盛，故佛教流佈，並隨著會稽以南地區的逐漸開發而傳播過去。廬山地區交通便利、環境優美，故往往會吸引過往的僧尼，進而影響到贛水流域。毗陵郡處於建康所在的丹陽郡和吳會地區之間，爲兩地交通必經之地，故其佛教受兩者的影響。壽春乃淮河流域的交通、軍事重鎮，其佛教受到中原和建康的影響。值得注意的是新安郡和鄱陽郡（依西晉太康四年《晉書‧地理志》的行政區劃）尚未見到佛教傳播的痕跡，可能是史書闕載，也可能與兩郡的較爲閉塞的地理位置有關。以六朝的交通言之，長江水路爲交通大動脈，聯繫了丹陽郡、廬山地區兩個佛教中心；從中原沿淮河及其支流南渡建康的交通，聯繫了建康、壽春兩地；而從建康出發，經毗陵郡，可至吳會地區；會稽以南的地區，從陸路向北可抵吳會地區、向西可至贛水流域（如眞諦可從臨川郡至晉安郡），從海路向北可至建康、向南可達廣州。

另外，軍事、政治的因素會使得一個地方突然崛起，成爲一時之大都會，但是這種地方的軍政因素一旦消退，即刻便會沉寂無聞，比如六朝首都建康。在經濟發達的地方，佛教的影響會逐漸滲透到社會各個階層，並慢慢延續下來，比如吳會地區的本土僧尼有 74 人，占江東的 46.8%，接近一半，超過了丹陽郡的 56 人。再者，因地理環境的不同，六朝江東各地的佛教佛風也各顯不同，大概言之，都市重義解，山林重禪誦；細而言之，吳會地區東晉以前

〔註99〕分別見《梁傳》卷二、卷七各自本傳。石澗寺之「澗」，亦作「磵」，今行文處統一作「澗」。

重義解，南朝重禪誦〔註100〕，而建康的佛教教風雖偏重義解，不過其周邊的山林（如攝山、牛首山、祖堂山等）和城中的一些寺院（如上引《宋書》卷九七《夷蠻》的「顳場禪師窟，東安談義林」）也偏重禪誦。關於六朝江東的本土僧尼和佛教教風，將放在以後的研究中細述。

〔註100〕嚴耕望著《魏晉南北朝佛教地理稿》第六章，頁 205、221、236。

第二章　六朝建康佛寺考

一、引言

　　六朝時期，佛教自流佈江東以來便受到皇室貴族的推崇，捨造佛寺之風尤為興盛。建康，作為六朝的都城，自然而然地成為了南方的佛教中心。在這座梵宮遍佈的城市裏，佛寺彷彿主導著人們的生活：皇帝放下天子的高貴身份而虔誠地捨身於寺院，名流們樂意在這裡與高僧或友好清談往復，后妃公主、王公貴族、平民百姓竟相捨錢立寺，即使在政治生活中也並不乏僧尼的身影……六朝之興盛中的一大盛便是建康佛寺之盛。檢索相關記載，可一窺其盛況：

　　1.《南史》卷七十《循吏‧郭祖深傳》載祖深向梁武帝建言：「都下佛寺五百餘所，窮極宏麗。僧尼十餘萬，資產豐沃。所在郡縣，不可勝言。」〔註1〕

　　2.《唐傳》卷十五《義解篇‧論》云：「梁高（祖）端拱御曆，膺奉護持，天監初年，捨邪歸正，遊心佛理，……當斯時也，天下無事，家國會昌，風化所覃，被于荒服，鍾山帝里，寶剎相臨，都邑名寺，七百餘所。」

　　3.《唐傳》卷二九《隋天台山瀑布釋慧達傳》云：「有陳之日，癘疫大行，百姓斃者，殆其過半。達內興慈施，於楊都大市建大藥藏，須者便給，拯濟彌隆。金陵諸寺，數過七百，年月逾邁，朽壞略盡，達課勸修補三百餘所，皆鎣飾華敞，有移恒度。」

　　4.《辯正論》卷三《十代奉佛上篇》云：陳朝「郭內大寺三百餘所」，又引《輿地圖》云：「都下舊有七百餘寺，屬侯景作亂，焚燒蕩盡。有陳大統國，

──────────
〔註1〕〔唐〕李延壽撰《南史》，中華書局，1975年，頁1721。

及細民備皆修造，連甍接棟，櫛比皇居，表塔相望，星羅治下，書經造像，不可紀言。」〔註2〕《珠林》卷一〇〇《傳記篇‧興福部》略同，應是引於《辯正論》。

5.《佛祖統紀》卷三七《法運通塞志》陳武帝條云：「金陵七百寺值侯景焚蕩幾盡，自帝登極，悉令修復，翻經講道，不替前朝。」〔註3〕

以時代論之，前四則史料均處於唐人之手。李延壽修《南史》，成書於唐顯慶四年（659）〔註4〕。釋道宣撰《續高僧傳》「始距梁之初運，終唐貞觀十有九年，一百四十四載」（《序》），故書成於貞觀十九年（645）之後。釋法琳撰《辯正論》，時在唐初武德年間〔註5〕。南宋釋志磐撰《佛祖統紀》乃沿襲舊說。梁朝建康寺院「五百餘所」可能是梁初的數字，而到梁朝中後期已達七百餘所。在唐人的記憶裏，南朝梁代建康的寺院是七百餘所，經歷侯景之亂後，陳代還有三百餘所。無論是梁代的五百餘所抑或七百餘所，還是陳代的三百餘所，六朝建康寺院的盛況能讓婦孺皆知的還得歸功於唐人杜牧的《江南春絕句》：「千里鶯啼綠映紅，水村山郭酒旗風。南朝四百八十寺，多少樓臺煙雨中？」〔註6〕然而，杜牧的「四百八十寺」之說，也讓不少人拘泥於此。若論史料價值，在上引前四則史料存世的情況下，《江南春絕句》在六朝建康佛寺研究中，其史料價值可以忽略不計，因此，相關《江南春絕句》的諸多探討可以納入文學的領域，而非史學的範疇。最後，考訂、釐正六朝建康的佛寺，就是本章主要解決的問題。

孫文川茸述、陳作霖編纂的《南朝佛寺志》考訂寺院所涉及到的範圍包括了六朝時期的建康、秣陵、江寧和丹陽（或丹楊）四縣，故本章中建康的地域範圍也是廣義的，又因六朝時期靠近建康的江北出現了一座六合山寺（見下劉宋六合山寺條），因此位於臨江郡烏江縣（治今安徽和縣北烏江鎮）的六合山寺也相應地納入了建康的範圍。要而言之，本書中的六朝建康包括了丹陽郡的建康、秣陵、江寧和丹陽（或丹楊）四縣，並例外地包括了江北的六

〔註2〕〔唐〕釋法琳撰《辯正論》，收入《大正新修大藏經》（以下簡稱《大正藏》）第 52 冊，佛陀教育基金會印贈，頁 503。

〔註3〕〔宋〕釋志磐撰《佛祖統紀》，收入《大正藏》第 49 冊，頁 352。

〔註4〕參見柴德賡著《史籍舉要》上編，北京出版社，2004 年，頁 131～132。

〔註5〕《唐傳》卷二四《護法下‧唐終南山龍田寺釋法琳傳》。

〔註6〕〔唐〕杜牧著《杜樊川詩集》卷三，〔清〕馮集梧注《杜樊川詩集注》本，上海古籍出版社，1998 年，頁 201。

合山寺，其範圍大概相當於今南京市的鼓樓、玄武、建鄴、秦淮、雨花臺、棲霞、江寧、浦口等九區和安徽當塗縣東北丹陽鎮〔註7〕。

二、考辨

（一）孫吳寺院

1. 建初寺

《梁傳》卷一《魏吳建業建初寺康僧會》載赤烏十年（247）孫權見識過舍利威力後，「大歡服，即爲建塔，以始有佛寺，故號建初寺，因名其地爲佛陀里」。《實錄》卷五《中宗元皇帝》太興三年秋七月條許嵩按云：「中宗初，瑯琊國人置懷德縣，在宮城南七里，今建初寺前路東，後移於宮城西北三里耆闍寺西」。故建初寺位於六朝建康宮城南七里處。南宋時期，這種說法有了改變。《編類》卷十一《寺院門》吳建初寺條云：「舊傳在城南二百餘步。」兩書所載建初寺雖然都在城南，但距離相差很大，而且《編類》中「城南」之「城」到底指哪個時代的城，尚未可知。筆者曾認定是南宋建康府城，從《景定志》卷五《府城圖》可知南宋建康府城南部城牆已經到達明城牆的位置，即位於外秦淮北岸，再通過距離估算和唐宋尺換算，得出「《實錄》與《編類》二書所載建初寺的方位就顯得一致」的結論，是錯誤的，因爲混淆了六朝宮城與都城的位置，忽略了兩者之間的距離。《實錄》卷七《顯宗成皇帝》咸和五年（330）九月條許注引《地輿志》，從建康都城正門宣陽門到朱雀門「相去五里餘」，同卷咸和七年冬十一月許注引《修宮苑記》宮城南面正中大司馬門「南對宣陽門，相去二里」，所以宮城到朱雀門的距離大約七里。宋代二百餘步就接近唐代一里（450 米）〔註8〕，《編類》中「城南」若是指南宋建康府城，那《編類》中的建初寺距六朝宮城的距離將超過八里（即宮城到朱

〔註7〕2013 年 2 月，南京市行政區劃調整，原鼓樓區、下關區合併爲鼓樓區，原秦淮區、白下區合併爲秦淮區，溧水縣、高淳縣分別改爲溧水區、高淳區。

〔註8〕步與尺的換算，據梁方仲編著《中國歷代戶口、田地、田賦統計》附錄二《（丁）中國布和畝的進位變遷表》，中華書局，2008 年。又，據該書附錄二中的《（甲）中國歷代尺之長度標準變遷表》，唐尺長度不一，最短有 0.28 米、最長有 0.316 米，萬國鼎先生的《唐尺考》定唐大尺的標準長度爲 0.2949408 米。丘光明編著《中國歷代度量衡考》第四章中的《隋唐尺度一覽表》（科學出版社 1992 年版），統計了 41 把唐尺，其中只有一把是 0.247 米，應爲唐小尺，其它都在 0.29～0.318 米這個範圍內。因此，今取一個約數 0.3 米，作爲唐大尺的長度，那麼唐代 1 里就相當於 0.3×1500=450 米。

雀門的七里+朱雀門到南宋建康府城的距離+二百餘步），且位於淮水南岸，大概是在東晉長干寺的方位。若超過八里，則與《實錄》所載不符；若是位於淮水南岸，與史實不符（詳下）；若是在東晉長干寺的方位，可長干寺與建初寺無繼承關係，是兩座並存的六朝寺院，也不符合史實。試辨如下。《梵剎志》卷三一聚寶山報恩寺條認為，報恩寺的前身是長干寺，而長干寺的前身為建初寺。這種說法源於《梁書》卷五四《諸夷・扶南國傳》：「吳時有尼居其地，為小精舍，孫綝尋毀除之，塔亦同泯。」〔註9〕北宋李之儀撰《天禧寺新建法堂記》全文抄錄，延續此說〔註10〕。報恩寺的前身為長干寺，此事無疑，而又與建初寺聯繫起來則純屬附會，這種附會有一個發展演變的過程。上引《實錄》的「在宮城南七里」，頗能讓人認為建初寺是在六朝宮城的正南方；又《編類》云「舊傳在城南二百餘步」，自然會認為是在南宋建康府城之南，與《實錄》記載的方位一致，就在明代聚寶門之外；再聯繫到《梁書》的「吳時有尼居其地，為小精舍」一語，似乎就能斷定建初寺就在明代報恩寺一帶，而長干寺也在這一帶，故進而推測，長干寺的前身是建初寺。建初寺為長干寺前身之說有誤。據《梁傳》、《唐傳》可知，建初寺在六朝、乃至唐初一直存在，而長干寺出現於東晉咸和年間，梁武帝在普通三年（522）加以重建，又名阿育王寺（詳見東晉長干寺條），兩寺在同一時期內都是相互獨立存在的，因此，建初寺在報恩寺一帶之說是受《編類》的「舊傳在城南二百餘步」所誤。

《景定志》卷四六《祠祀志三・寺院》保寧禪寺條云，建初寺「宋更寺名曰祇園，齊更名曰白塔。」孫文川辯曰：「《高僧傳》歷載晉、宋、齊、梁諸僧止建初寺者，是此寺在六朝從未改名。而《景定建康志》、《至正金陵新志》皆謂晉、宋改名為祇園（筆者按：兩《志》均謂宋時更名，此處云『晉、宋』，疑『晉』衍），大誤。祇園別自為寺，與建初無涉也。」〔註11〕孫氏所

論誠是，然「祇園別自爲寺，與建初無涉也」一語不見證據，誠屬推測。《佛寺志》無祇園寺，筆者遍檢《梁傳》、《實錄》、《唐傳》諸書也不見記載，因此《景定志》云「宋更寺名曰祇園」，疑「祇園寺」爲「祇洹寺」之誤。據下面劉宋白塔寺條所考，《景定志》中的「齊更名曰白塔」一語也有誤。白塔寺爲齊太祖蕭道成建於宋昇明二年（478），位於建康三井里的鳳凰臺，《景定志》誤認白塔寺是由建初寺更名而來，致使把建初寺的方位錯置在鳳凰臺，故《景定志》建初寺條所謂「晉、宋有鳳翔集此山，因建鳳凰臺於寺側」，其實是白塔寺的情況。《梁傳》卷三《宋京師祇洹寺求那跋摩》載求那跋摩抵建康後，敕住祇洹寺，卒後，在南林寺戒壇前火化，「於其處起立白塔」，孫氏認爲：「祇洹改名白塔，即由於此」（《南朝寺考・晉》祇洹寺條），便誤解是祇洹寺更名爲白塔寺，延續了《景定志》的錯誤，加上又把「祇洹寺」誤爲「祇園寺」，致使把建初寺、祇園寺、白塔寺、祇洹寺四座寺院相互混淆。建初寺與祇洹、白塔兩寺的區別是顯而易見的，孫文川爲了調和這種矛盾，又認爲祇洹寺乃建初寺之分刹，亦名白塔寺（《佛寺志》卷上《晉》祇洹寺條），錯訛百出。《景定志》的錯誤記載，還爲後出的《至正志》、《佛寺志》所沿襲，後書更是把建初寺定位於「花盝崗之南」〔註12〕，即今集慶路以南、鳳遊寺路和鳴羊街之間的花露崗。確切來說，位於「花盝崗之南」的佛寺應該是劉宋時期的白塔寺。因此，建初寺在鳳凰臺（即今花露崗）一帶之說有誤。

　　以上否定了兩種傳統的說法，那麼建初寺的地望何在呢？這還需仔細甄別史料。《梁傳》卷一《晉建康建初寺帛尸梨蜜》云：「晉永嘉中，始到中國，值亂，仍過江，止建初寺。」《世說新語・言語》第 39 條劉孝標引《高座別傳》云：「和尚胡名尸黎密，西域人。……永嘉中，始到此土，止於大市中。」兩書載同一件事，內容相同，唯有地點不一致。「建初寺」與「大市中」字形迥異，故可首先排除因傳抄而致誤之原因。那麼，合理的解釋就是兩個地點實在一個地方，即建初寺就位於大市中。此說並非無據。《景定志》卷十六《疆域志二・鎮市》古市條引《宮苑記》云：「吳大帝立大市，在建初寺前，其寺亦名大市寺。」《景定志》徵引文獻當中，有《宮苑記》和《南朝宮苑記》，引用後書有兩處〔註13〕，其中一處語及東晉事，兩書在引用時既然有所區別，

〔註12〕《佛寺志》卷上《吳》建初寺條，收入《金陵瑣志九種》，頁 155。
〔註13〕分別見《景定志》卷二十《城闕志一・門闕》石闕條和卷二十二《城闕志三・園苑》古桂林苑條。

故《宮苑記》極可能就是唐代許嵩的《六朝宮苑記》〔註14〕，許嵩編撰的《建康實錄》史料價值頗高，尤其於六朝首都地理注釋方面頗詳，故這條史料值得重視。建初寺是否亦名大市寺，因缺乏證據，可姑且不管，但大市在建初寺前之說可以使得《梁傳》和《世說新語》兩書相矛盾的記載迎刃而解，因此可從。但是，大市又在何處呢？據《隋書》卷二四《食貨志》：「淮水北有大市百餘，小市十餘所。」今按，此語頗有疑義，小市僅「十餘所」，為何大市竟會多達「百餘」所。中華書局點校本《通典》卷十一《食貨十一‧雜稅》載：「淮水北有大市百餘，〔四九〕小市十餘所」。校注〔四九〕云：「淮水北有大市百餘。『百』原訛『自』，據《隋書‧食貨志》（六八九頁）、《冊府》卷五〇四（六〇四六頁）及王吳本改。」據《點校前言》，「王吳本」即指「明人王德溢、吳鵬校刻本」，該刻本「刻於嘉靖年間，於古本竄易尤多」。〔註15〕查中國國家圖書館藏宋刻宋元遞修本和宋刻元元統三年（1335）江浙等處儒學重修本《通典》，均作「自」〔註16〕，故中華書局點校本《通典》誤校。「淮水北有大市百餘，小市十餘所」應作「淮水北有大市，自餘小市十餘所」，如此，文意方能順通。大市在淮水北，建初寺在東晉建康宮城南七里，大市在建初寺前，據此三點，建初寺的地望大概在今中華路與長樂路交界處的中華中學與南京第一醫院附近。

因「自」訛作「百」而導致「淮水北有大市百餘」之說產生了許多不良後果。它使人誤認為建康的大市繁多，故在考訂建初寺地望時就各取所需。比如，孫文川認為：「至今聚寶門外西街有大市橋，其地正與城內建初寺址相對。孫吳時本無城也。」陳作霖云：「其與鴿子橋錯綜而列者，為羊市橋。一名大市橋，吳時貿易之區也。古建初寺在其地。」〔註17〕即孫文川認為建初寺在今集慶路以南、鳳遊寺路和鳴羊街之間的花露崗，而陳作霖認為建初寺

〔註14〕 《六朝宮苑記》共二卷，《南朝宮苑記》一卷，均已亡佚，見《宋史》卷二〇四《藝文志三‧史類‧地理類》，中華書局，1977 年，頁 5154、5161。

〔註15〕 分佈參見〔唐〕杜佑撰，王文錦、王永興、劉俊文、徐庭雲、謝方點校《通典》，中華書局，1992 年，頁 250、267、7。

〔註16〕 分別見〔唐〕杜佑撰《通典》（全九冊），北京圖書館出版社據中國國家圖書館藏宋刻宋元遞修本影印，2006 年；〔唐〕杜佑撰《通典》（全二冊），北京圖書館出版社據中國國家圖書館藏宋刻元元統三年江浙等處儒學重修本影印，2006 年。兩種本子均收入「中華再造善本」。

〔註17〕 分別見《南朝寺考‧吳》建初寺條（頁 9）；以及陳作霖撰、王明發點校《運瀆橋道小志》（頁 19），收入《金陵瑣志九種》。

位於今建鄴路與評事街交匯處和建鄴路與絨莊街交匯處的中間一帶（可參見《運瀆橋道小志》中的《運瀆橋道圖》）。孫氏所比定的建初寺在淮水南，不符合「淮水北有大市」的記載，而陳說不符合建初寺「在宮城南七里」的記載，故兩說俱誤。1990 年 5 月，建鄴路擴建，在東接絨莊街、西接評事街的這一段建鄴路的南側（即陳作霖認為的大市）一帶發現一處六朝佛寺遺址。蔣贊初先生曾兩次前去調查並採集遺物，根據出土物品斷定「其年代上限為孫吳，下限為南朝初年」。蔣贊初先生依據《運瀆橋道小志》所述，推測此處遺址「很可能就是建初寺遺址」，可也相信《佛寺志》中建初寺在花盝崗南的說法（即孫說中建初寺所在地），並推斷「建初寺塔的塔基地宮及瘞藏在內的兩批舍利」仍有可能在花盝崗被發現〔註 18〕，這都是受到前人的誤解所致。建鄴路南側的佛寺遺址疑為劉宋莊嚴寺的遺址（可參閱劉宋莊嚴寺條）。

　　最後需要重新討論《編類》的「舊傳在城南二百餘步」一語。前文懷疑此「城」是指南宋建康府城，結果該疑不成立。後筆者在翻閱《至正志》時，見該書卷十一下《祠祀志‧寺院》法性尼寺條張鉉辯曰：「按《實錄》建初本在吳宮中，唐縣南二百步」，突受啓發，《編類》所載的「二百餘步」應該是唐人的說法，故「城南」之「城」應指唐江寧縣城。唐江寧縣城在今省委黨校一帶（參東晉延興尼寺條所考），而蔣贊初先生提到的在建鄴路發現的六朝佛寺遺址就位於今省委黨校的東南方，兩者之間的距離約為 400 米，恰在「二百餘步」的範圍之內。據此可以推斷，唐人誤把劉宋莊嚴寺遺址認為是建初寺遺址。《編類》認為建初寺「舊傳在城南二百餘步」之說貽害頗深，若把「城」比定為南宋建康府城，則與東晉長干寺相混淆，《編類》實是將「城」指為唐江寧縣城，又與劉宋莊嚴寺相混淆。前種誤解自南宋始，到明清盛，清末民國初時尤為濫觴，後種誤說始於唐人，隨著劉宋莊嚴寺遺址的湮滅，南宋之後漸為人所不知。筆者也曾為後說所誤。（建初寺的考證，筆者曾向張學鋒先生討教頗多，張先生指出史料運用之不審，強調史料辨析之重要，耳提面命，受益匪淺！在某些現實因素的作用下，建初寺今地何在顯得尤為重要，張先生特撰出《六朝建康城研究中的史料學問題——以建初寺的地點考證為例》一文，強調端正學術態度之重要性，用心良苦，文載《南京曉莊學院學報》2012 年第 1 期。文中建初寺今地的最終確定參考了張先生的觀點。今附記於此，以明昨非、以伸謝意！）

〔註18〕蔣贊初《南京六處六朝佛寺遺址考》，《中國歷史地理論叢》1992 年第 2 期。

（二）東晉寺院

1. 耆園寺

《實錄》卷五《中宗元皇帝》太興三年秋七月條許嵩按云：「中宗初，瑯琊國人置懷德縣，在宮城南七里，今建初寺前路東，後移於宮城西北三里耆園寺西」。由於耆園寺的史料就這一條，故暫定為東晉的寺院，且位於建康宮城西北三里處。

2. 白馬寺

《珠林》卷三九《伽藍篇第三六·感應緣》：「晉白馬寺在建康中黃里，太興二年（319）晉中宗元皇帝（司馬睿）起造。」《佛寺志》卷上《晉》白馬寺條云：「白馬寺，未詳其所始。」似不確，應從《珠林》所云。

3. 安樂寺、臨秦寺

據《梁傳》卷十三《興福·晉京師安樂寺釋慧受》所載，釋慧受為安樂縣（治今北京市順義縣西北）人，東晉興寧中南遊建康，乞王坦之園立寺，坦之就捨園立寺，並以慧受本鄉為寺名，號安樂寺。又《實錄》卷八《廢皇帝》許嵩按云：「帝時侍中、中書令王坦之造臨秦、安樂二寺，在今縣南二里半，南門臨秦淮水也。」綜上，安樂寺、臨秦寺為王坦之於東晉太和年間（366～371）所造，位於唐代江寧縣縣治南二里半、秦淮水北岸，其中安樂寺因釋慧受籍貫而得名、臨秦寺可能因「南門臨秦淮水」而得名。

4. 瓦官寺

據《梁傳》卷十三《興福·晉京師瓦官寺釋慧力》所載，慧力於東晉永和中到達建康，「至晉興寧中，啟乞陶處以為瓦官寺」，傳說寺立後三十年會遭遇火災，「至晉孝武太元二十一年七月夜，自燃火起」。據此，可推算瓦官寺建於東晉太和元年（366）。又，《珠林》卷一百《傳記篇第一百·興福部第五》云：「晉中宗元帝。江左造瓦官、龍宮二寺，度丹陽千僧。」與《梁傳·釋慧力》異。其原因可能是晉元帝始造瓦官寺，後經亂毀〔註19〕，到釋慧力才重建。

《梁傳》卷五《晉京師瓦官寺竺法汰》云：「瓦官寺本是河內山玩公墓為陶處，晉興寧中，沙門慧力啟乞為寺，止有堂塔而已。及汰居之，更拓房

〔註19〕很可能就是遭蘇峻之亂。《晉書》卷一〇〇《蘇峻傳》載建康亂後的慘狀，「臺省及諸營寺署一時蕩盡」。

宇，修立眾業，又起重門，以可地勢。」又《實錄》卷八《哀皇帝》興寧二年條云：「是歲，詔移陶官於淮水北，遂以南岸窰處之地施僧慧力，造瓦官寺。」據此可知兩點：其一，淮水南岸地本為東晉政府製陶處，如河內山玩公（按，不詳何人）墓的陶器就是在這裡製作的；其二，晉哀帝司馬丕於興寧二年（364）下詔把陶官移至淮水北岸，並把南岸窰地施給慧力造瓦官寺，不過瓦官寺造成的年份應為太和元年，後竺法汰住錫於此，且加以擴建，才成為一所大寺。

　　《實錄》卷二《太祖下》黃龍五年秋七月條許嵩注引《丹陽記》云：「大長干寺道西有張子布宅，在淮水南，對瓦官寺門，張侯橋所也。……小長干在瓦官南，巷西頭出江也。」又同書卷十《恭皇帝》元熙元年條云：「是歲，省揚州禁防參軍，移秣陵縣於其地，在宮城南八里一百步小長干巷。」許嵩注引《地志》云：「在今瓦官寺東北百餘步，西出是。」又同書同卷載，晉恭帝「其後深信浮圖道，鑄貨千萬，造丈六金像，親於瓦官寺迎之，步行十許里。」《丹陽記》載小長干巷在瓦官寺南，而《地志》卻載小長干巷在瓦官寺東北百餘步，若兩書記載不誤，可知小長干巷整體上呈東北西南走向。

　　《編類》卷十一《寺院門》昇元寺條云：「昇元寺亦名瓦棺寺。在城西隅，前瞰江面，後踞崇岡，最為古迹。」《梁京寺記》昇元寺條同〔註20〕。按，「瓦棺寺」應作「瓦官寺」。《景定志》卷四六《祠祀志三‧寺院》崇勝戒壇院條云：「即古瓦官寺，又為昇元寺，在城西南隅。……舊志曰瓦棺者，非也，蓋據俗說云」。《至正志》卷十一下《祠祀志‧寺院》崇勝戒壇院條同。《梵剎志》卷二十一鳳凰臺瓦官寺條云：「在都城內中城鳳凰臺南」，「國初寺廢，半為徐魏公族園，半入驍騎衛倉」。據陳作霖撰《鳳麓小志》中的《金陵城西南隅街道圖》可知，瓦官寺位於今集慶路南的古瓦官寺一帶。

　　最後，有幾點需要說明。其一，晉哀帝司馬丕下詔把陶官移至淮水北岸，其中的「淮水」是指今內秦淮。其二，《丹陽記》中提到的「張侯橋」，陳作霖認為：「即今下浮橋之老虎橋。老虎橋，婁侯之轉音也。」〔註21〕參《鳳麓小志》中的《金陵城西南隅街道圖》可知，其位置相當於今來鳳街北段以東、柳葉街以南一帶，這裡現在還有「下浮橋」的地名。

〔註20〕《梁京寺記》不知撰者，收入《大正藏》第51冊。
〔註21〕見《南朝寺考‧晉》瓦官寺條（頁23）。陳作霖撰、朱明點校《鳳麓小志》卷一《志地‧考街道第一》也有提到（頁48～49），收入《金陵瑣志九種》。

5. 大長干寺

據上引《實錄》卷二《太祖下》黃龍五年秋七月條許嵩注引《丹陽記》文，可知大長干寺位於內秦淮水南岸、張昭宅東邊，其位置相當於今來鳳街北段以東、柳葉街以南一帶。

6. 青園寺（龍光寺）

《梁傳》卷七《宋京師龍光寺竺道生》云，道生「後還都止青園寺。寺是晉恭思皇后褚氏所立，本種青處，因以爲名。」又云：「其年夏〔註22〕，雷震青園佛殿，龍昇于天，光影西壁，因改寺名號曰龍光。」《景定志》卷四六《祠祀志三·寺院》龍光寺條云：「在城北覆舟山下。宋元嘉二年，號青園寺。」其認爲「在城北覆舟山下」的依據是北宋嘉祐三年（1058）的《佛殿記》，文云：「宋元嘉五年，有黑龍見覆舟山之陽，帝捨果園，東建青園寺，西置龍王殿。」（《景定志》龍光寺條）此事可與《梁傳·竺道生》中「龍昇于天」一事相照應，故可推知，青園寺改名爲龍光寺是在元嘉五年，那《景定志》的「宋元嘉二年，號青園寺」之說有誤，這是青園尼寺的情況（參劉宋青園尼寺條），但是青園寺是否在覆舟山之南仍不確定。又《至正志》卷十一下《祠祀志·寺院》龍光寺條、《梵剎志》卷四八龍光寺條和《佛寺志》卷上《晉》青園寺條略同。據上，青園寺爲晉恭帝褚皇后所立，宋元嘉五年，改名爲龍光寺。

7. 長干寺（阿育王寺）

《梁傳》卷十三《興福·晉并州竺慧達》云：「簡文皇帝於長干寺造三層塔」，「又昔晉咸和中，丹陽尹高悝，於張侯橋浦裏，掘得一金像，……悝載像還至長干巷口，牛不復行，非人力所御，乃任牛所之，徑趣長干寺。」《梁書》卷五四《諸夷·扶南國傳》云：「先是，（天監）三年八月，高祖改造阿育王寺塔」，「吳時有尼居其地，爲小精舍，孫綝尋毀除之，塔亦同泯。吳平後，諸道人復於舊處建立焉。晉中宗初渡江，更修飾之，至簡文咸安中，使沙門安法師程造小塔，未及成而亡，弟子僧顯繼而修立。至孝武太元九年（384），上金相輪及承露。」《實錄》卷十七《高祖武皇帝》天監元年（502）載：「立長干寺。」許嵩引《寺記》云：「寺在秣陵縣東長干里，內有阿育王舍利塔，梁朝改爲阿育王寺。」《珠林》卷三八《敬塔篇第三五·感應緣》云：「梁

〔註22〕據湯用彤《漢魏兩晉南北朝佛教史》第十六章之《竺道生事迹》節考證，竺道生被擯應在宋元嘉五或六年，上海書店據商務印書館 1938 年版影印，1991年，頁 619-620。因此此處「其年」，應指元嘉五年（428）或六年。

祖普通三年，重其古迹，建木浮圖。堂殿房廊，周環備滿。號阿育王寺。」長干寺既然東晉就有，《實錄》云梁武帝天監元年立長干寺有誤，應依《梁書》和《珠林》所載，梁武帝改造長干寺爲阿育王寺或在長干寺遺址上建阿育王寺。

綜上，吳時有比丘尼在此地立小精舍，後爲孫綝毀除，吳平後，有道人復立精舍，司馬睿渡江後加以擴建，此後東晉簡文帝、孝武帝也先後予以修飾，後來又被毀壞，故梁武帝普通三年（522）重建，名爲阿育王寺，位於秣陵縣的東長干里〔註23〕，即今中華門外雨花路東側大報恩寺遺址。長干寺雖然可以追溯到孫吳，但自東晉以來才初具寺院規模，故《佛寺志》把其歸爲晉寺。今從。

8. 冶城寺

《梁傳》卷十二《誦經·晉越城寺釋法相》附《竺僧法》云：「晉丞相會稽王司馬道子爲起治城寺（校云「元本、明本、金陵本『治』作『冶』」。筆者按，應作「冶」）爲」。《實錄》卷十《安皇帝》元興三年春正月條許嵩注：「太元十五年（390），武帝（校作「孝武帝」，是）爲江陵沙門法新於中立寺，以冶城爲名。至是，桓玄盡移僧出居太后寺，以寺爲苑，在今縣城西牆西廢城也。」兩書所載不相符。陳作霖認爲：「實則沙門法、竺僧法止一人也。新連下讀，非僧名。其謂孝武帝置者，以太元乃孝武年號耳。」劉世珩駁云：「按法新、僧法，確是二人，宜兩引之。《方輿紀要》云云，即引《實錄》。據《實錄》，爲沙門法新西園立寺，以冶城爲名。是新字不可連下讀也。」〔註24〕司馬道子和晉孝武帝司馬曜都爲晉簡文帝司馬昱李夫人所生〔註25〕，故兩書所載立寺時間一致，陳說可從。《陳書》卷一《高祖本紀》紹泰元年（555）十一月己卯條云：「高祖命合州刺史徐度於冶城寺立柵，南抵淮渚。」〔註26〕陳作霖云：「後建冶城寺於此，亦名冶亭。」〔註27〕甚是。綜上，冶城寺位於唐江寧縣縣治西部的冶山一帶，即今朝天宮，寺名也因此而得。

〔註23〕對於「寺在秣陵縣東長干里」一語的理解，中華書局點校本《建康實錄》認爲在「長干里」，筆者認爲應在「東長干里」。《實錄》卷二《太祖下》嘉禾五年許嵩注：「建康南五里有山岡，其間平地，民庶雜居，有大長干、小長干、東長干，並是地裏名。」同樣爲許嵩書法，若是位於「長干里」，應省去「東」字，以示區別。

〔註24〕《南朝寺考·晉》冶城寺條，頁29～30。

〔註25〕《晉書》卷六四《簡文三子傳》。

〔註26〕〔唐〕姚思廉撰《陳書》，中華書局，1972年，頁8。

〔註27〕參見陳作霖撰《運瀆橋道小志》，收入《金陵瑣志九種》，頁24。

9. 延賢寺

《梁傳》卷十三《興福・宋京師延賢寺釋法意》云：「晉義熙中，鍾山祭酒朱應子先是孫恩建義之黨，竄居此山，分其外地少許，與意爲寺，號日延賢寺。〔註28〕」《梁書》卷四十《到溉傳》云：「蔣山有延賢寺者，溉家世創立，故生平公俸，咸以供焉，略無所取。」《佛寺志》卷上《晉》延賢寺條云：「在鍾山側。」稍異。據此可知，延賢寺位於鍾山。

10. 簡靜尼寺

《尼傳》卷一《簡靜寺支妙音尼傳》云：「太傅（司馬道子）以太元十年爲立簡靜寺，以音爲寺主，徒眾百餘人。」《佛寺志》卷上《晉》簡靖寺條云：「簡靖寺，不詳其所在，蓋尼寺也。」漏收《尼傳》這條史料。據上，簡靜寺爲司馬道子於太元十年（385）所建，其位置不詳。

11. 新亭寺（中興寺、天安寺）

《梁傳》卷四《晉始寧山竺法義》云：太元五年晉孝武帝「以錢十萬，買新亭崗爲墓，起塔三級，義弟子曇爽於墓所立寺，因名新亭精舍」，後宋孝武帝即位「改日中興」。《宋書》卷六《孝武帝本紀》元嘉三十年四月壬申條云：「改新亭爲中興亭」。同書卷二七《符瑞志上》：「文帝元嘉中，謠言錢唐當出天子，乃於錢唐置戍軍以防之。其後孝武帝即大位於新亭寺之禪堂。『禪』之與『錢』，音相近也。」〔註29〕《梁傳》卷七《宋京師中興寺釋道溫》載宋大明四年有異僧突現中興寺，稱「來自天安」，宋孝武帝「詔仍改（中興）禪房爲天安寺」。《宋書》卷九六《夷蠻傳》同。據上，新亭寺建於太元五年（380），位於建康新亭崗。元嘉三十年（453）宋孝武帝改爲中興寺，原因是其即位所在的新亭寺禪堂之「禪」與錢塘之「錢」音相近，符合錢唐將會出天子的「謠言」。大明四年（460）再改爲天安寺。

《梁書》卷四三《韋粲傳》云：「次新亭，賊列陣於中興寺，相持至晚，各解歸。……（柳仲禮）令粲頓青塘。……仲禮日：『青塘立柵，迫近淮渚』」。這會使人誤認爲中興寺也靠近淮渚，如《佛寺志》卷上《晉》新亭寺條就引《南史・柳仲禮傳》云：「（侯景）於中興寺後渚挑戰」〔註30〕。因此，《珠林》

〔註28〕 中華本《梁傳》標點有問題，此參考汪維輝《〈高僧傳〉標點商兌》，《古籍整理研究學刊》1997年第3期。

〔註29〕 〔梁〕沈約撰《宋書》，中華書局，1974年，頁110、786。

〔註30〕 按關於進軍之路線，《南史》卷三八《柳元景傳》附《柳仲禮傳》所載不詳，《梁書》卷四三《韋粲傳》、卷五六《侯景傳》所載較詳。

卷十八《敬法篇第七・感應緣》曰：「新渚寺，今天安是也。」其中的「新渚寺」就是「新亭寺」之誤。

新亭是一座城壘，位於今南京西南，《佛寺志》新亭寺條就說位於「入京要道」上，其位置估計在今南京安德門地鐵站一帶〔註31〕。

12. 東亭寺（王衛軍寺）

《出三藏記集》卷二《新集撰出經律論錄第一》云：「《中阿含經》六十卷。晉隆安元年（397）十一月十日於東亭寺譯出，至二年六月二十五日訖。與曇摩難提所出本不同。……右六部，……晉孝武帝及安帝時，罽賓沙門僧伽提婆所譯出。」《梁傳》卷一《晉廬山僧伽提婆》云：「至隆安元年來遊京師，……時衛軍東亭侯瑯琊王珣，淵懿有深信，荷持正法，建立精舍，廣招學眾。……其冬，珣集京都義學沙門釋慧持等四十餘人，更請提婆重譯《中阿含》等，罽賓沙門僧伽羅又執梵本，提婆翻爲晉言，至來夏方訖。」兩書能相互照應，故可知王珣所建立的精舍就是東亭寺，其寺名就是源自王珣的爵位「東亭侯」。又《名僧傳抄》卷三目錄有《王衛軍寺僧伽提婆》〔註32〕，故東亭寺又名王衛軍寺。

13. 高座寺（甘露寺）

《梁傳》卷一《晉建康建初寺帛尸梨蜜》云：「帛尸梨蜜多羅，……時人呼爲高座」，「密常在石子岡東行頭陀，既卒，因葬於此。成帝懷其風，爲樹剎冢所。後有關右沙門來遊京師，乃於冢處起寺，陳郡謝琨〔三三〕贊成其業，追旌往事，仍曰高座寺也。」校注〔三三〕云：「三本、金陵本『琨』作『混』。」《世說新語・言語篇》第 39 條劉注引《塔寺記》曰：「帛尸梨密，宋曰高座。在石子岡，常行頭陀，卒於梅岡，即葬焉。晉成帝於冢邊立寺，因名高座。〔註33〕」關於帛尸梨密卒死之地，《塔寺記》記載較詳（卒於梅岡），應可信據。《佛寺志》卷上《晉》高座寺條據《京師塔寺記》云，高座寺「本

〔註31〕盧海鳴先生認爲新亭在今南京城西南江寧縣境內（見其《湮沒的城堡新亭》，《江蘇地方志》2000 年第 3 期），似不確。參見劉宋曠野寺條所辨。

〔註32〕梁釋寶唱撰《名僧傳》並序錄三十一卷，全書今已不存，幸得日本沙門宗性於文歷二年（1235）用東大寺藏三十卷鈔錄一卷，題曰《名僧傳抄》（詳參見《梁傳・緒論》），收入《大藏新纂卍續藏經》。《名僧傳抄》目錄見《大藏新纂卍續藏經》第 77 冊，河北省佛教協會印行，頁 346～350。

〔註33〕此段文字，楊勇《世說新語校箋》本較勝。「晉成帝」，宋本作「晉元帝」，誤。楊勇《世說新語校箋》、余嘉錫《世說新語箋疏》均有辯證。

名尸梨密寺」，無據，因爲其引《京師塔寺記》可能就是《世說新語》注引的《塔寺記》。

《景定志》卷四六《祠祀志三‧寺院》高座寺條云：「晉咸康中造，又名甘露寺。」《至正志》卷十一下《祠祀志‧寺院》高座寺條、《梵刹志》卷三四雨花臺高座寺條略同。《佛寺志》卷上《晉》高座寺條云：「以地有甘露井，故亦名甘露寺。」可從。又，梅岡，唐李白有詩《登梅岡望金陵贈族侄高座寺僧中孚》〔註34〕。《江南通志》卷十一《輿地志‧山川一》江寧府江寧縣聚寶山條云：「聚寶山在府南聚寶門外，……因名其東巔爲雨花臺，……山麓爲梅岡。」〔註35〕陳作霖認爲高座寺在「聚寶門外雨花山岡」（見《南朝寺考‧晉》高座寺條）。據上，清時的雨花臺只是一個山巔，其範圍比現在小，故梅岡位於今雨花臺。

綜上，高座寺乃爲懷念帛尸梨蜜而建，晉成帝開始樹刹，後關右沙門建立佛寺，謝混又加以擴建，亦名甘露寺，位於梅岡，即今雨花臺一帶。

14. 崇明寺

《梁傳》卷十三《興福‧宋京師崇明寺釋僧慧》云：「晉義熙中，共長安人行長生，立寺於京師破塢村中。……以燈移表瑞，因號崇明寺焉。」破塢村，陳作霖云：「當今之靖安鎮」（見《南朝寺考‧晉》崇明寺條）。《編類》卷三《城闕門》白下縣城條云：「《圖經》云：在西北十四里，今靖安鎮北，有白下城故基。父老傳云：即此地也。屬金陵鄉，去府城十八里。」明人顧起元《客座贅語》卷五金陵古城條云：「白下城，在江乘之白石壘靖安鎮」〔註36〕。《江南通志》卷二五《輿地志‧關津一》江寧府上元縣靖安鎮條云：「靖安鎮，上元縣西北十五里，本名龍安鎮，以鎮有龍灣也。宋曰靖安。建炎四年岳忠武邀敗金人於此。」〔註37〕據上，崇明寺位於清上元縣西北十五里，白下城故基南，其具體地點仍不詳。

〔註34〕見《李白集》卷二一，瞿蛻園、朱金城校注《李白集校注》本，上海古籍出版社，1980年。

〔註35〕〔清〕趙弘恩等監修、黃之雋等編纂《江南通志》，收入《景印文淵閣四庫全書》第507～512冊，臺灣商務印書館發行，第507冊387頁。

〔註36〕〔明〕顧起元撰，譚棣華、陳稼禾點校《客座贅語》，中華書局，2007年，頁152。

〔註37〕〔清〕趙弘恩等監修、黃之雋等編纂《江南通志》，收入《景印文淵閣四庫全書》第507～512冊，第507冊723頁。

15. 建福尼寺

《尼傳》卷一《建福寺康明感尼傳》云：「晉建元元年春，與慧湛等十人濟江，詣司空公何充。充一見甚敬重。於時京師未有尼寺，充以別宅爲之立寺。問感曰：『當何名之？』答曰：『大晉四部，今日始備。檀越所建，皆造福業，可名爲建福寺。』公從之矣。」《實錄》卷八《康皇帝》許注引《寺記》云：「帝時置兩寺，……中書令何充立建福寺，今廢也」。據此可知，建福寺乃何充於建元元年（343）捨宅立寺而成，是建康的第一座比丘尼寺院，唐時已廢。

16. 道場寺（闥場寺）

《出三藏記集》卷九《華嚴經記第一》云：「以晉義熙十四年（418），……於揚州司空謝石所立道場寺」。而《珠林》卷一百載晉明帝造道場寺（見東晉皇興寺條所引），可能是建成後遭毀壞（其原因可能與瓦官寺同），至義熙十四年才重建。《宋書》卷九七《夷蠻傳》云：「時闥場寺多禪僧，京師爲之曰：『闥場禪師窟，東安談義林。』」孫文川認爲闥場寺亦名道場寺、明安寺，見《佛寺志》卷上《晉》闥場寺條。此論稍誤。闥場寺亦名明安寺，主要依據《南齊書·祥瑞志》一語，可檢《南齊書》卷十八《祥瑞志》，永明九年「秣陵縣闥場里安明寺有古樹」〔註38〕，則「明安寺」爲「安明寺」之誤，且不能斷定安明寺就由道場寺更名而來。道場寺之別名闥場寺因位於闥場村而得名。《實錄》卷十《安皇帝》云：「是歲（義熙九年，公元413年），移秣陵縣於闥場桓社之地。」許嵩引《圖經》注：「在今縣東南八里，闥場，村名也。」陳作霖認爲闥場寺就在「聚寶門外赤石磯左近」（《南朝寺考·晉》闥場寺條），即今雨花門外養虎巷北、秦淮河南岸分佈有紫紅色石頭的區域一帶〔註39〕，符合《實錄》之說，可從。

17. 延興尼寺

《尼傳》卷一《延興寺僧基尼傳》云：「建元二年，皇后褚氏爲立寺於都亭里運巷內，名曰延興。」《實錄》卷二《太祖下》赤烏四年冬十一月許嵩注云，建康城西部的運瀆上原有六座橋梁，其一爲「高曄橋，建康西尉在此橋西，今延興寺北路東度此橋。」同書卷八《康皇帝》許注引《寺記》云：「帝

〔註38〕〔梁〕蕭子顯撰《南齊書》，中華書局，1974年，頁360。

〔註39〕王耆誠據明人吳應箕《留都見聞錄》推測，見其《赤石片磯小丹霞》，《南京日報》2010年9月12日。〔明〕吳應箕撰、吳小鐵點校《留都見聞錄》上卷《山川》赤石磯條云：「在聚寶門外西天寺下河干之南岸也。」南京出版社，2009年，頁12。

時置兩寺：褚皇后立延興寺，在今縣東南二里，運溝西岸」。文中的「今縣」乃指許嵩撰寫《實錄》期間的縣城。許嵩的生卒年已不可考，但可知他「生活在唐玄宗、肅宗朝時」〔註40〕。唐貞觀九年（635）至上元二年（761）轄有今南京市區的行政區劃是江寧縣，縣治在冶城東、西州城西，大概在今江蘇省委黨校一帶。上元二年江寧縣改為上元縣，縣治不變。〔註41〕關於延興寺的位置，《實錄·太祖下》所載頗為詳細，應可信據。陳作霖認為延興寺在「北乾道橋一帶」（《南朝寺考·晉》延興寺條）。陳氏《運瀆橋道小志》又云：「草橋者，北乾道橋之俗名。古有高曄橋跨運瀆上，疑當其地。……宋時有建興寺，年湮代遠，按牒難徵矣。」〔註42〕王志高、王光明先生認為陳說有誤，高曄橋應在紅土橋（又稱南乾道橋）一帶，即今安品街與鼎新路交匯處（可參《運瀆橋道小志·運瀆橋道圖》）。2002 年 3 月下旬，在今鼎新路與安品街交匯處西南方向的建鄴區國稅大廈工地中發現一處六朝佛教寺院遺址，王志高、王光明先生認為就是東晉延興寺。〔註43〕此處遺址的位置與《實錄》所載吻合，兩位先生所論極是。

18. 新林尼寺（波提寺）

《珠林》卷三一《妖怪篇第二四·感應緣》引《晉南京寺記》〔註44〕

〔註40〕參見中華書局版《建康實錄》的《點校說明》，頁 6。

〔註41〕參見〔後晉〕劉昫等撰《舊唐書》卷四十《地理志三》江南東道上元縣條，中華書局，1975 年，頁 1584；賀雲翱《六朝「西州城」史迹考》，《南京史志》1999 年第 3 期，又見其《六朝瓦當與六朝都城》第八章第二節《西州城》，文物出版社，2005 年；以及《實錄》卷一：「晉永嘉中，王敦始為建康，創立州城，今江寧縣城，所置在其西，偏其西即吳時冶城，東則運瀆，吳大帝所開，今西州橋水是也。」

〔註42〕陳作霖撰《運瀆橋道小志》，收入《金陵瑣志九種》，頁 17。按，文中的「宋時有建興寺」有誤。孫文川據《景定志》認為東晉有建興寺，見《佛寺志》卷上《晉》建興寺條。今檢《景定志》卷十六《疆域志二·橋梁》運瀆六橋條云：「按《實錄》云，……次南高曄橋，古建康西尉在此橋西。今建興寺北路東出度此橋，宜在今乾道橋左右」，參見上引《實錄》赤烏四年冬十一月條，可知「建興寺」為「延興寺」之誤。又，《景定志》卷二二《城闕志三·園苑》古南苑條云：「在瓦官寺東北，……梁改名建興苑，在秣陵建興里。」《佛寺志》卷上《晉》建興寺條據此認為「建興苑」為建興寺，誤。綜上，《佛寺志》卷上《晉》所收錄的建興寺不存在。

〔註43〕王志高、王光明《南京紅土橋出土的南朝泥塑像及相關問題研討》，《東南文化》2010 年第 3 期。

〔註44〕中華書局本標點為「晉《南京寺記》」（頁 989），疑誤。湯用彤先生作「《晉南京寺記》」，見其《漢魏兩晉南北朝佛教史》第十五章的《史地編著》第五條，

云：「波提寺在秣陵縣新林青陵。昔晉咸安二年，簡文皇帝起造，本名新林寺。」《尼傳》卷一《新林寺道容尼傳》略同。《實錄》卷八《太宗簡文皇帝》咸安二年許注：「簡文即位，自立僧寺一波提寺，今廢。」綜上，晉簡文帝於咸安二年（372）建造新林寺，後改爲僧寺，名稱也改爲波提寺，唐時已廢，其位置可能在今南京西南西善橋一帶〔註45〕。

19. 永安尼寺（何后寺或何皇后寺、北永安寺）

《尼傳》卷一《北永安寺曇備尼傳》載穆章皇后何氏於永和十年爲曇備尼「立寺於定陰里，名永安」。寶唱注：「今之何后寺是。」《實錄》卷二《太祖下》赤烏四年冬十一月許注運瀆上「有西州橋，今縣城東南角路東，出何后寺門」。同書卷八《孝宗穆皇帝》許注：「帝時置僧尼寺三所，何皇后寺，在縣東一里，南臨大道」。《尼傳》卷二《南安寺釋慧瓊尼傳》云：「元嘉十八年，宋江夏王世子母王氏以地施瓊，瓊修立爲寺，號曰南外（「外」衍，校注已出）永安寺。」

綜上，永安寺建於永和十年（354），可能因何皇后所居之永安宮而得名〔註46〕，故又名何后寺。宋元嘉十八年（441）分出南永安寺，原永安寺又稱北永安寺（如《尼傳》卷一目錄有《北永安寺曇備尼傳》）。陳作霖認爲永安寺在「倉巷橋左近」（《南朝寺考·晉》何皇后寺條），倉巷橋是道濟橋的俗稱〔註47〕，其名今仍存，即今建鄴路橫跨運瀆的橋梁〔註48〕。陳說稍誤。據

頁583，可從。
〔註45〕據劉宋曠野寺條所辨，新亭在今南京安德門地鐵站一帶。《讀史方輿紀要》卷二〇《南直二》應天府江寧縣新亭條引呂氏祉語：「自吳以來，石頭南上至查浦，查浦南上至新亭，新亭南上至新林，新林南上至板橋，板橋南上至洲洲，陸有城堡，水有舟楫，建康西南面之險也。」（〔清〕顧祖禹撰，賀次君、施和金點校，中華書局2005年版，頁969）則新林當在新亭的南面。又史爲樂主編《中國歷史地名大辭典》下冊新林鎮條云在今南京西南西善橋一帶（中國社會科學出版社2005年版，頁2732），恰在新亭的西南面，與文獻記載相符，可從。
〔註46〕參見《晉書》卷三二《后妃下·穆章何皇后傳》。
〔註47〕見陳作霖撰《運瀆橋道小志》頁24和《運瀆橋道圖》，收入《金陵瑣志九種》。
〔註48〕按，今南京城內從東水關西北沿致和街、建鄴路，經朝天宮南，過張公橋入外秦淮的水道可稱爲「秦淮中段」，因爲這條水道的東段爲六朝青溪下流、西段爲六朝運瀆，原本不相連，南唐時開鑿護龍河，始連成一脈。參見陳作霖撰《運瀆橋道小志》；陳詒紱撰、許耀華點校《鍾南淮北區域志》的《鍾南淮北區域圖》和《水瀆》，均收入《金陵瑣志九種》，頁17、361～362、371；以及石尚群、潘鳳英、繆本正《古代南京河道的變遷》，《歷史地理》第八輯，上海人民出版社，1990年。今暫稱內橋以東的河段爲青溪、內橋以西爲運瀆。

上，永安寺位於唐江寧縣縣治東南一里處的定陰里、運瀆西岸，可能在今建鄴路與鼎新路交匯處一帶。

20. 莊嚴寺（謝鎮西寺或謝寺、興嚴寺）

《實錄》卷八《孝宗穆皇帝》許嵩注云，謝尚「於永和四年捨宅造寺，名莊嚴寺。宋大明中，路太后於宣陽門外大社（按：《至正志》卷十一下《祠祀志·寺院》興嚴寺條引《實錄》作「太社」，從）西藥園造莊嚴寺，改此爲謝鎮西寺。至陳太建元年，寺爲延火所燒。至五年，豫州刺史程文季更加修復，孝宣帝降勅，改名興嚴寺至今也。」許注又引《塔寺記》云：「今興嚴寺，即謝尚宅也，南直竹格巷，臨秦淮，在今縣城東南一里二百步。」據上，不能確定莊嚴寺位於運瀆西岸還是東岸，但有一條史料似乎透露出這方面的信息。《實錄》卷八《孝宗穆皇帝》許注：「鎮西將軍謝尚造謝寺，今改名興嚴寺，即延興寺，東隔運溝東岸也。」這條史料有兩處錯誤：其一，文中的「東隔運溝東岸也」一語文意不通；其二，興嚴寺即延興寺的說法，除這條史料外，不見它載。據上文對東晉延興尼寺的考述，延興寺位於唐代江寧縣縣治東南二里的運瀆西岸，故上引文似可標點爲「鎮西將軍謝尚造謝寺，今改名興嚴寺，即延興寺東，隔運溝，東岸也。」〔註49〕這樣不僅文意通順，而且可知莊嚴寺與延興尼寺隔運溝相望，位於運溝東岸。《佛寺志》卷上《晉》莊嚴寺條據《實錄》許注引用的《塔寺》以及《梁傳》卷二《晉河西曇無讖》附《沮渠安陽侯》「南奔於宋……常遊塔寺」認爲，莊嚴寺又名塔寺，誤。《塔寺》爲書名，而「常遊塔寺」中的「塔寺」泛指寺院。

綜上，東晉永和四年（348）謝尚捨宅造莊嚴寺，宋大明中改名爲謝鎮西寺，又可簡稱爲謝寺（如上述延興寺所引《實錄》卷八《孝宗穆皇帝》許注的「謝寺」），陳太建元年（569）爲火所燒，太建五年豫州刺史程文季重修，陳宣帝敕名爲興嚴寺，唐時仍存。陳作霖認爲莊嚴寺在「今之竹竿巷。格竿，港巷，音之轉耳」（《南朝寺考·晉》莊嚴寺條），相當於今打釘巷、泥馬巷一帶〔註50〕。由於陳氏認爲草橋（今紅土橋巷與打釘巷交匯處的紅土橋垃圾中轉站一帶，可參《運瀆橋道小志·運瀆橋道圖》）就是高曄橋，導致許多地點

〔註49〕 王志高、王光明先生也持相同看法，見《南京紅土橋出土的南朝泥塑像及相關問題研討》注釋六，其標點爲「鎮西將軍謝尚造謝寺，今改名興嚴寺，即延興寺東隔運溝東岸也。」

〔註50〕 參見陳作霖撰《運瀆橋道小志》，收入《金陵瑣志九種》，頁17。

都北移，因此陳說有誤（參前文延興尼寺條所辯）。莊嚴寺與延興寺隔運瀆相望，故其大概位置可能在今評事街、彩霞街以西，千章巷以南，鼎新路、仙鶴街以東，內秦淮河以北的區域內。

21. 彭城寺

《實錄》卷八《孝宗穆皇帝》許注：「帝時置僧尼寺三所，……彭城敬王造彭城寺，在今縣東南三里，西大門臨古御街。」文中「彭城敬王」指司馬純之〔註51〕。據此可知，彭城敬王司馬純之於晉穆帝時造彭城寺，寺名也源自「彭城敬王」，位於唐江寧縣縣治東南三里處。陳作霖認爲彭城寺在「高井一帶」（《南朝寺考·晉》彭城寺條），可高井不詳所在。

22. 枳園寺

《梁傳》卷三《宋京師枳園寺釋智嚴》云：「嚴性愛虛靖，志避誼塵，（王）恢乃爲於東郊之際，更起精舍，即枳園寺也。」《廣弘明集》卷十六《佛德篇》梁沈約《南齊僕射王奐枳園寺刹下石記一首》云：「晉故車騎將軍琅耶王劭，玄悟獨曉，信解淵微，於承祖文獻公清廟之北造枳園精舍，其始則芳枳樹籬，故名因事立。」〔註52〕兩說不同。據內容之詳略及撰述之性質來判斷，沈約所記應當可信。《佛寺志》卷上《晉》枳園寺條云：「意者法匱建塔，適當奐爲尚書僕射之時，寺爲王氏家刹，故以興造歸之奐。」劉世珩按：「《高僧傳·法匱傳》云，琅邪王奐、王肅並共師焉，則奐因法匱建寺，似無可疑。」（《南朝寺考·晉》枳園寺條）枳園寺不可能晚至南齊時才興建，劉氏誤解了《梁傳》和《佛寺志》的文意，大誤。

據上，王劭在其父王導清廟的北面建造枳園寺，其位置應在建康東郊，陳作霖認爲在「明故宮之東南」（《南朝寺考·晉》枳園寺條），可從。

23. 中寺

《藝文類聚》卷七七《內典部下·寺碑》引梁王僧孺《中寺碑》曰：「中寺者，晉太元五年，會稽王司馬道子之所立也。斜出旗亭，事非湫隘，傍超壁水，望異狹斜。天監十五年，上座僧慈等，更樑曰褅架，赫然霞立」〔註53〕。據此，晉太元五年（380）司馬道子建立中寺，而其位置陳作霖云：「晉太學

〔註51〕 參見《晉書》卷三七《宗室·彭城穆王權》附《司馬俊傳》。
〔註52〕 〔唐〕釋道宣撰《廣弘明集》，收入《大正藏》第52冊，頁211。
〔註53〕 〔唐〕歐陽詢撰、汪紹楹校《藝文類聚》卷七七，上海古籍出版社，1985年，頁1313。

在秦淮水南，旗亭在大道側，當今南門鎮淮橋左近。」（《南朝寺考·晉》中寺條）即今中華門內鎮淮橋東側一帶，可從。

24. 招提寺（小招提寺）

《肇論疏》卷上《序》云：「招提寺則有大招提、小招提也。大招提是梁時造，小招提是晉時造。」〔註54〕《佛祖統紀》卷三六《法運通塞志》：「車騎范泰於宅西建祇洹寺，謝靈運於石壁山建招提寺。」〔註55〕《讀史方輿紀要》卷二〇《南直二》應天府江寧縣石頭城條云：「僧辯尋進軍於石頭城北招提寺」〔註56〕，《佛寺志》卷上《晉》招提寺條同。據上，謝靈運於石壁山建招提寺，因梁時有大招提寺，故石壁山之招提寺又名小招提寺，其位置可能在六朝石頭城北。

25. 護身寺

《實錄》卷九《烈宗孝武皇帝》太元十七年八月條許注：「地在今縣東五里護身寺西，在御街東也。」據此，護身寺位於唐江寧縣縣治東五里、建康城御道東面。

26. 龍宮寺

《珠林》卷一百《傳記篇第一百·興福部第五》云：「晉中宗元帝。江左造瓦官、龍宮二寺，度丹陽千僧。」據此可知有龍宮寺。

27. 皇興寺

《珠林》卷一百《傳記篇第一百·興福部第五》云：「晉肅宗明帝。造皇興、道場二寺〔三〕，集義學百僧。」校注〔三〕云：「『皇興』，《高麗藏》本作『興皇』。」無論是皇興寺還是興皇寺，應與宋明帝所造的位於建陽門外的興皇寺有別。

28. 中興寺、鹿野寺

《珠林》卷一百《傳記篇第一百·興福部第五》云：「晉顯宗成帝。造中興、鹿野二寺，集義學千僧。」晉成帝所造中興寺早於晉孝武時曇爽所立新亭寺（新亭寺至元嘉三十年（453）宋孝武帝改新亭寺爲中興寺，參東晉新亭寺條），故兩座中興寺應不同。

〔註54〕〔唐〕釋元康撰《肇論疏》，收入《大正藏》第45冊，頁161。

〔註55〕〔宋〕釋志磐撰《佛祖統紀》，收入《大正藏》第49冊，頁344。

〔註56〕〔清〕顧祖禹撰，賀次君、施和金點校《讀史方輿紀要》，頁933。

29. 皇太寺、本起寺

《珠林》卷一百《傳記篇第一百・興福部第五》云：「晉烈宗武帝。造皇太，初立本起寺。」按，晉孝武帝司馬曜廟號烈宗，文中脫「孝」字。

30. 大石寺

《珠林》卷一百《傳記篇第一百・興福部第五》云：「晉安帝。於育王塔立大石寺。」

31. 東安寺

《梁傳》卷四《晉剡沃洲山支遁》云：「至晉哀帝即位，頻遣兩使，徵請出都，止東安寺」。《宋書》卷九七《夷蠻傳》云：「時瓦場寺多禪僧，京師爲之日：『瓦場禪師窟，東安談義林。』」《南齊書》卷十九《五行志》云：「建武初，始安王搖光治廟，截東安寺屋以直廟垣，截梁，水出如淚。」據上，東安寺爲晉寺。

32. 越城寺

《梁傳》卷十二《誦經・晉越城寺釋法相》云：「後度江南止越城寺。」《佛寺志》卷上《晉》越城寺條推測在小長干東的越城一帶，暫從。

33. 太后尼寺

《實錄》卷十《安皇帝》元興三年春正月條許嵩注：「太元十五年（390），武帝（校作「孝武帝」，是）爲江陵沙門法新於中立寺，以冶城爲名。至是，桓玄盡移僧出居太后寺，以寺爲苑，在今縣城西牆西廢城也。」《尼傳》卷四《禪林寺僧念尼傳》載僧念尼「十歲出家，爲法護尼弟子，從師住太后寺」。據上，太后寺爲晉寺。

34. 天寶寺、長壽寺

《宋書》卷九七《夷蠻傳》載，前廢帝「尋又毀中興、天寶諸寺」，後明帝劉彧定亂，下令修復。《實錄》卷二《太祖下》赤烏四年冬十一月條許注：「潮溝亦帝所開，以引江潮，其舊迹在天寶寺後，長壽寺前。」《景定志》卷四六《祠祀志三・寺院》均慶院條云：「在城南門外。舊在金陵坊，晉天寶寺。唐開元十年，改爲天保寺。」綜上，天寶寺可能爲晉寺，位於潮溝南，長壽寺疑也爲晉寺，位於潮溝北。

35. 殿內精舍

賀雲翱先生檢出東晉有「宮內精舍」〔註57〕。《晉書》卷九《孝武帝本紀》

〔註57〕賀雲翱《六朝都城佛寺和佛塔的初步研究》中的《六朝都城各代佛寺一覽表》，

云：「（太元）六年（381）春正月，帝初奉佛法，立精舍於殿內，引諸沙門以居之。」〔註58〕賀說可從。今作殿內精舍。

36. 耆闍寺

《唐傳》卷七《陳鍾山耆闍寺釋安廩傳》云：「永定元年（557）春乃請入內殿……有勅住耆闍寺」。《唐傳》目錄一般為：朝代＋地點＋寺院＋僧名，而寺院前的地點往往是寺院所在之地，如《唐傳》卷五《梁鍾山宋熙寺沙門釋智欣傳》、《梁鍾山上定林寺沙門釋法令傳》、《梁鍾山開善寺沙門釋智藏傳》，以及卷七《陳攝山栖霞寺釋慧布傳》等，故耆闍寺位於鍾山。《佛寺志》卷上《晉》耆闍志條據《景定志》認為耆闍寺在雞籠山西，誤。又《梵剎志》卷二四普緣寺條云：「在都城西北神策門內北城地，南去所統天界寺十五里，晉名耆闍寺」。明普緣寺的地望與陳耆闍寺不符，但有提到「晉名耆闍寺」，故暫認定耆闍寺為晉寺。

37. 歸善寺（大歸善寺）

《實錄》卷二《太祖下》赤烏四年冬十一月條許注：潮溝「對今歸善寺西南角」；「其北又開一瀆，在歸善寺東，經棲玄寺門，北至後湖，以引湖水，至今俗為運瀆。其實古城西南行者是運瀆，自歸善寺門前東出至青溪者，名曰潮溝。」《景定志》卷十六《疆域志二・鎮市》古市條云：「宋武帝永初中立北市，在大夏門外歸善寺前」。同書卷二二《城闕志三・園苑》古上林苑條引《宮苑記》云：「雞籠山東、歸善寺後。」《宋史》卷二〇四《藝文志三・史類・地理類》載有「許嵩《六朝宮苑記》二卷」和不知撰者的「《南朝宮苑記》一卷」〔註59〕，可知二書應都為六朝後之人所撰，故《景定志》上引的《宮苑記》極可能就是《六朝宮苑記》。又，《唐傳》卷二五《感通上・隋蔣州大歸善寺釋慧侃傳》云：「以大業元年（605），終於蔣州大歸善寺，春秋八十有二。」可能就是歸善寺的全稱。

綜上，永初是劉宋的開國年號，共三年（420～422），雖然歸善寺首見於南朝宋代，但疑為晉寺，亦稱大歸善寺，其位置在潮溝與城北運瀆（非城西的運瀆）的交匯處、潮溝北面、城北運瀆西面。

《東南文化》2010 年第 3 期。

〔註58〕〔唐〕房玄齡等撰《晉書》，中華書局，1974 年，頁 231。

〔註59〕〔元〕脫脫等撰《宋史》，頁 5154、5161。

（三）劉宋寺院

1. 祇洹寺

《梁傳》卷七《宋京師祇洹寺釋慧義》云：「宋永初元年（420），車騎范泰立祇洹寺，以（慧）義德爲物宗，固請經始。義以泰清信之至，因爲指授儀則，時人以義方身子，泰比須達。故祇洹之稱，厥號存焉。」《宋書》卷六十、《南史》卷三三《范泰傳》云：「暮年事佛甚精，於宅西立祇洹精舍。」范泰卒於元嘉五年（428），時年七十四，故范泰永初元年立祇洹寺時已有六十五歲，可以謂爲「暮年」。

《佛寺志》卷上《晉》祇洹寺條載，祇洹寺乃建初寺之分刹，亦名白塔寺，位於鳳凰樓之西，即今花露崗一帶，大誤。《梁傳》卷三《宋京師祇洹寺求那跋摩》云：求那跋摩抵建康後，敕住祇洹寺，卒後，「即於南林戒壇前，依外國法闍毗之。……仍於其處起立白塔。」孫文川云：「祇洹改名白塔，即由於此。」（見《南朝寺考‧晉》祇洹寺條）孫氏誤。《梁傳》中的「南林」指南林寺（參劉宋南林寺條），故所起立之白塔應在南林寺內，與祇洹寺無涉，更得不出祇洹寺更名爲白塔寺的結論。又《梁傳》卷三《宋京師中興寺求那跋陀羅》云：求那跋陀羅初住祇洹寺，「及中興寺成，勅令移住」，「後於秣陵界鳳皇樓西起寺，……今陶後渚白塔寺，即其處也。」孫文川云：「此但云白塔寺即其處，並未言所起之寺即名白塔。蓋求那跋陀羅常住祇洹寺，寺本與鳳凰樓相近。其樓西起寺，乃是增廓寺域。後寺更名白塔，所起之屋仍在白塔寺中，故曰白塔寺即其處也。」（見《南朝寺考‧晉》祇洹寺條）孫說誤。求那跋陀羅初住祇洹寺，次住中興寺，再住後來的白塔寺，而中興寺在今南京安德門地鐵站一帶，距位於今集慶路以南花露崗一帶的白塔寺較遠（參東晉新亭寺條和劉宋白塔寺條），故不能得出白塔寺就在祇洹寺附近的結論。綜上，孫文川先把白塔認爲在祇洹寺內，再理所當然地推斷祇洹寺更名爲白塔寺，進而確定祇洹寺在鳳凰樓之西，因其地點與孫氏所考訂的建初寺的地點相近（參孫吳建初寺條），便認定祇洹寺乃建初寺之分刹。孫氏之推論及結論俱錯。祇洹寺所在的地點今已不詳。

2. 青園尼寺（西青園寺）、東青園尼寺

《尼傳》卷二《東青園寺業首尼傳》云：「元嘉二年，王景深母范氏，以王坦之故祠堂地施首，起立寺舍，名曰青園。」元嘉十五年，潘淑妃「爲

首更廣寺西，創立佛殿，復拓寺北，造立僧房，賑給所須」。《實錄》卷十二《太祖文皇帝》元嘉二年載：「置清園寺，東北去縣二里。」許嵩注引《塔寺記》云青園寺乃駙馬王景深為母范氏而立，與《尼傳・業首尼傳》異。兩說不知孰是？《實錄》所載「清園寺」即《尼傳》之「青園寺」。《尼傳》卷三《東青園寺法全尼傳》云：「（青園）寺既廣大，閱理為難，泰始三年，眾議欲分為二寺。……於是始分為東青園寺。」又同書卷四《西青園寺妙褘尼傳》云：「妙褘，……幼出家，住西青園寺。」綜上，青園寺乃王景深（或王景深母范氏）建於元嘉二年（425），元嘉十五年潘淑妃擴建，泰始三年（467）分出東青園寺，故原青園寺又名西青園寺，位於唐代江寧縣治（今省委黨校一帶）西南二里，估計在朝天宮南倉巷一帶。《佛寺志》卷上《宋》青園尼寺條認為在覆舟山下，無據，今不從。

3. 竹林寺、北竹林寺

《實錄》卷十二《太祖文皇帝》元嘉元年載：「是歲，大旱。置竹林寺。」許嵩注引《寺記》云：「元嘉元年，外國僧毗舍闍造。」據此，毗舍闍於元嘉元年（424）建竹林寺。《名僧傳抄》卷二四目錄有《宋北竹林寺惠盖》。按《名僧傳》的凡例，標目中寺院前面沒有郡縣地點的都是指京師建康的寺院，如卷二三的《宋南澗寺釋道固》、卷二五的《宋靈曜寺智玄》，南澗寺、靈曜寺都位於建康，因此北竹林寺也應位於建康。又根據寺名，北竹林寺可能位於竹林寺之北，而且很可能就是從竹林寺分出來的。這種類型例子甚多，如東晉永安寺、劉宋青園寺，等等。《宋書》卷七《前廢帝紀》景和元年十一月條云：「戊午夜，帝於華林園竹林堂射鬼。」《佛寺志》卷上《宋》竹林寺條據此認為竹林寺在華林園側、雞籠山旁，似無據，不從。

4. 竹園尼寺

《尼傳》卷二《竹園寺慧濬尼傳》曰：「不蓄私財，悉營寺舍，竹園成立，濬之功也。」《實錄》卷十二《太祖文皇帝》元嘉十一年冬十二月條云：「置竹園寺，西北去縣一里，在今建康東尉蔣陵里檀橋。」許嵩注引《寺記》云：「宋元嘉十一年，縣城東一里，宋臨川公主造。」綜上，竹園寺是宋文帝第六女臨川長公主劉英媛〔註60〕於元嘉十一年（434）所建，位於建康東尉蔣陵里檀橋，其今地不詳。

〔註60〕見《宋書》卷四一《后妃・孝武文穆王皇后傳》附《王藻傳》。

5. 定林寺（定林下寺）、定林上寺

　　《梁傳》卷三《宋上定林寺曇摩蜜多》曰：「曇摩密（按，原文如此）多，此云法秀」，「元嘉十年還都，止鍾山定林下寺。蜜多天性凝靖，雅愛山水，以爲鍾山鎮嶽，埒美嵩華，常歎下寺基構，臨澗底側。於是乘高相地，揆卜山勢，以元嘉十二年斬石刊木，營建上寺。」《實錄》卷十二《太祖文皇帝》元嘉元年許嵩注引《寺記》云：「元嘉元年，……又置下定林寺，東去縣城一十五里，僧監造，在蔣山陵里也。」《佛寺志》卷上《宋》定林寺條認爲「僧監」是「僧覽」之誤，即指高僧慧覽，其依據是《梁傳》卷十一《習禪‧宋京師中興寺釋慧覽》：「宋文（帝）請下都止鍾山定林寺。」可從。又《實錄》卷十二元嘉十六年冬十二月條曰：「置上定林寺，西南去縣十八里。」許嵩注引《寺記》云：「元嘉十六年，禪師竺法秀造，在下定林之後，法秀初止其祇洹寺，移居於此也。」關於定林上寺興建時間的記載，《梁傳》與《寺記》異，可能是元嘉十二年始建、至元嘉十六年建成。1999 年，在南京鍾山南麓海拔 266.45 米處的叢林深處陸續發現兩處石牆建築遺存，並於 2000 年進行了發掘。發掘者把其中的一號壇（NZJ1）的時代定爲「南朝早期的劉宋時期」，其性質定爲「南朝劉宋孝武帝大明三年（459）所建的國家北郊壇遺存」。〔註61〕一號壇爲劉宋北郊壇之說遭到了許多質疑〔註62〕，因爲一號壇位於南朝兩大名刹（即定林上寺、定林下寺）之間，且靠近定林上寺，怎麼可能不會是定林上寺域內的佛教遺存呢？爲了回覆這些質疑，一號壇發掘工作的主持者賀雲翱先生繼續在南朝祭壇遺存附近尋找定林上寺的線索，最後在「祭壇西面和西南面分別約 400 米和 500 米的地方各發現一座寺廟遺址」，經過勘探和試掘，二號寺廟遺址（NZS2）的時代被認定分爲三個時期，「第一期爲南朝時期，第二期爲隋唐時期，第三期爲清代」，賀先生通過比定其位置（定林下寺之北）、其時間（定林上寺可能延續到唐、五代時期，與二號寺廟遺址相符）、其規模，認定二號寺廟遺址就是劉宋定林上寺〔註63〕。但是，定林上寺在南宋乾道年間（1165

〔註61〕 南京市文物研究所、中山陵園管理局文物處、南京大學歷史系考古專業《南京鍾山南朝壇類建築遺存一號壇發掘簡報》，《文物》2003 年第 7 期。

〔註62〕 如張學鋒《論南京鍾山南朝壇類建築遺存的性質》，《文物》2006 年第 4 期；劉宗意《六朝京師上定林寺位置考》，《江蘇地方志》2001 年第 3 期。

〔註63〕 賀雲翱《南京鍾山二號寺遺址出土南朝瓦當及與南朝上定林寺關係研究》，《考古與文物》，2007 年第 1 期。

～1173）僧善鑒就移其額於方山重建〔註64〕，故二號寺的清代遺存該做出何種解釋，賀先生顯然是迴避了。又據成書於北宋初期的《太平寰宇記》卷九〇《江南東道二》昇州上元縣蔣山條：「自梁以前，立山寺七十所，即見在者一十三。」〔註65〕因此鍾山二號寺廟遺址是否就是劉宋定林上寺還缺乏有力的證據。張學鋒先生認為「鍾山南朝壇類建築遺存是定林上寺域內的佛教遺址」，並定其性質為「戒壇式土塔」〔註66〕，極是。又南宋乾道元年（乙酉，1165），陸游冒雨獨遊定林下寺，並題字「乾道乙酉七月四日笠澤陸務觀冒大雨獨遊定林」，後題字被寺僧刻在寺後的崖壁上。1975年，陸游題名石刻在鍾山紫霞湖北側的崖壁上被發現，〔註67〕故石刻南側應該就是定林下寺的所在地。

綜上，定林寺建於元嘉元年（424），可能為慧覽所造。定林上寺乃由曇摩蜜多（法秀）始建於元嘉十二年（435），至元嘉十六年建成。定林上寺建成之後，原定林寺又名定林下寺。定林上寺寺域在鍾山戒壇式土塔一帶，而定林下寺位於陸游題名石刻的南側。

6. 建元寺

《珠林》卷三九《伽藍篇第三六‧感應緣》云：「晉建元寺、建康太清里寺基，本宋北第，元徽二年宮人陳太妃造。」這條史料文意含糊，可能有脫訛，暫認定建元寺為宋明帝陳貴妃〔註68〕所造。《實錄》卷二《太祖下》赤烏四年冬十一月許嵩注：「北轉至後湖，其清溪北源，亦通後湖，出鍾山西，今建元寺東南角。」《佛寺志》卷下《齊》建元寺條云：「齊高帝踐阼時所置，故以建元名其寺」，即把建元寺與蕭齊開國年號「建元」聯繫起來，無據。綜上，建元寺建於宋元徽二年（474），位於青溪西岸，唐時仍存。

7. 莊嚴寺（大莊嚴寺）

據上面對東晉莊嚴寺的考述，宋大明中路太后在宣陽門外太社西藥園造莊嚴寺之後，東晉謝尚所造莊嚴寺更名為謝鎮西寺。《宋書》卷九《後廢帝本

〔註64〕 參見《景定志》卷四六《祠祀志三‧寺院》定林寺條。

〔註65〕 〔宋〕樂史撰、王文楚等點校《太平寰宇記》，中華書局，2007年，頁1783。

〔註66〕 張學鋒《論南京鍾山南朝壇類建築遺存的性質》。

〔註67〕 楊新華主編《金陵佛寺大觀》，方志出版社，2003年，頁227。

〔註68〕 《宋書》卷九《後廢帝本紀》云：「先是民間訛言，謂太宗不男，陳太妃本李道兒妾，道路之言，或云道兒子也。」其傳見《宋書》卷四一《后妃‧明帝陳貴妃傳》。

紀》元徽二年五月丙申條云：「張敬兒等破賊於宣陽門、莊嚴寺、小市，進平東府城，梟擒群賊。」《南齊書》卷五三《虞願傳》載齊明帝「以孝武莊嚴刹七層，帝欲起十層，不可立，分爲兩刹，各五層。」陳作霖認爲大莊嚴寺在「笪橋西」（《南朝寺考・宋》大莊嚴寺條），即今評事街橫跨運瀆的無名橋附近〔註69〕，可從。

綜上，大明中宋孝武昭路太后造莊嚴寺，又名大莊嚴寺〔註70〕，宋孝武帝在寺內立刹七層，齊明帝立了兩座五層刹，位於宣陽門外太社西藥園內，即今評事街橫跨運瀆的無名橋西一帶。1990年5月，建鄴路擴建，在東接絨莊街、西接評事街的這一段建鄴路的南側一帶發現一處六朝佛寺遺址。蔣贊初先生曾兩次前去調查並採集遺物，根據出土物品斷定「其年代上限爲孫吳，下限爲南朝初年」〔註71〕。根據年代與地望兩點，此佛寺遺址可能就是劉宋莊嚴寺的遺址。

8. 白塔寺

《梁傳》卷三《宋京師中興寺求那跋陀羅》云：「後於秣陵界鳳皇樓西起寺，……今陶後渚白塔寺，即其處也。」《珠林》卷三九《伽藍篇第三六・感應緣》云：「晉白塔寺在秣陵三井里。晉昇平中，有鳳凰集此地，因名其處爲鳳凰臺。至宋昇明二年，齊太祖起造。立寺之始，咸以山高難於谷汲。」既然白塔寺是齊太祖起造，則不能說成「晉白塔寺」。綜上，求那跋陀羅宋初就在鳳凰樓西造寺，這是白塔寺的前身，宋昇明二年（478）齊太祖蕭道成建造白塔寺，梁時仍存，位於建康三井里的鳳凰臺，相當於今集慶路以南、鳳遊寺路和鳴羊街之間的花露崗一帶（參孫吳建初寺條）。

9. 始興寺

據《梁傳》卷三《宋京師枳園寺釋智嚴》，王恢延請智嚴法師南下建康，「住始興寺」，頗疑始興寺就是王導家族的寺院。王導生前進封始興郡公，死後諡爲文獻，而上文東晉枳園寺條引《廣弘明集》有「文獻公清廟」之語。陳作霖云：「《高僧傳》所謂始興寺，蓋即文獻公廟也。文獻爲始興公，謂廟爲寺，六朝往往有之。」（《南朝寺考・晉》枳園寺條）王孺童先生也說：「文

〔註69〕可參見陳作霖撰《運瀆橋道小志・運瀆橋道圖》，收入《金陵瑣志九種》。
〔註70〕如《尼傳》云「大莊嚴寺釋寶唱撰」，而《唐傳》卷一《梁揚都莊嚴寺沙門釋寶唱傳》只見「莊嚴寺」，故莊嚴寺又名大莊嚴寺，應是相對小莊嚴寺而言（參見蕭梁小莊嚴寺條）。
〔註71〕蔣贊初《南京六處六朝佛寺遺址考》。

獻爲始興公，謂廟爲寺，六朝往往有之。」〔註72〕因此，「文獻公清廟」也可以稱爲「始興寺」。據此，始興寺是王導家族的寺院，位於枳園寺南面。

10. 王國尼寺

《尼傳》卷三《剡齊興寺德樂尼傳》云：「宋大將軍立王國寺」，寶唱注云：「在枳園寺路北也。」據此，王國寺位於枳園寺北面。

11. 景福尼寺（影福尼寺）

《尼傳》卷二《景福寺慧果尼傳》云：「宋青州刺史北地傅弘仁，雅相歡貴，厚加賑給。以永初三年，割宅東面，爲立精舍，名曰景福。」寶唱注：「曇宗云：『元嘉七年，寺主弘安尼，以起寺，借券書見示，是永初三年。』」據此，景福寺乃傅弘仁於永初三年（422）割宅造寺而成。

景福寺，《梁傳》卷三《宋京師祇洹寺求那跋摩》、《宋京師奉誠寺僧伽跋摩》又作「影福寺」，「景」、「影」，通用。《至正志》卷十一下《祠祀志·寺院》永福尼寺條引《乾道志》云：「本晉開福寺，後徙此，改景福寺。南唐避諱改額。」《佛寺志》卷上《晉》開福寺條同。《至正志》所載不符成書更早的、更接近原始資料的《尼傳》，是不從。

12. 平陸寺（奉誠寺）

《梁傳》卷三《宋京師奉誠寺僧伽跋摩》云：「初景平元年，平陸令許桑，捨宅建刹，因名平陸寺。後道場慧觀，以跋摩道行純備，請住此寺，崇其供養，以表厥德。跋摩共觀加塔三層，今之奉誠是也。」據此，許桑於景平元年（423）捨宅建造平陸寺，寺名因其官位「平陸令」而來，僧伽跋摩住此寺時加以擴建，梁慧皎時平陸寺已名爲奉誠寺。

13. 道林寺

《梁傳》卷三《宋京師道林寺畺良耶舍》云：「初止鍾山道林精舍」，故道林寺位於鍾山上。《讀史方輿紀要》卷二十《江南二》江寧府江寧縣靈谷寺條引《金陵記》云：「蔣山寺舊在山南，本名道林寺，梁曰開善寺，宋曰太平興國寺，後爲蔣山寺」，即蔣山寺爲趙宋之後的名稱。道林寺、開善寺沒有沿襲關係（參蕭梁開善寺條），「梁曰開善寺」一語有誤。《佛寺志》卷上《宋》道林寺條認爲道林寺在六朝時又名蔣山寺，誤〔註73〕。

〔註72〕〔梁〕釋寶唱著、王孺童校注《比丘尼傳校注》卷三《剡齊興寺德樂尼傳》校注五，頁161。

〔註73〕《佛寺志》的凡例四云：「寺名有改易者，在六朝時則用大字標於下，在六朝

14. 宋熙寺

《梁傳》卷三《宋京師道林寺畺良耶舍》附《僧伽羅多哆》云：「以元嘉十年卜居鍾阜之陽，剪棘開榛，造立精舍，即宋熙寺是也」。《名僧傳抄》卷十九《僧伽羅多哆傳》云：「以元嘉十年卜居鍾山之陽，剪開榛蕪，造立精舍，聳剎陵雲，高堂架日，鑿澗延流，傍巖列樹，當時之威德，故號曰宋熙。」〔註74〕《景定志》卷十八《山川志二・溪澗》東澗條云：「在鍾山寶公塔之西，宋熙寺基之東。」據上，僧伽羅多哆於元嘉十年（433）造宋熙寺，寺位於鍾山南坡，寶公塔所在的獨龍阜之西。

15. 南林寺

《梁傳》卷七《宋京師道場寺釋慧觀》云：「又有法業，……故晉陵公主為起南林寺，後遂居焉。」《實錄》卷十二《太祖文皇帝》元嘉四年十一月條許注：「畺置南林寺，建康城南三里，元嘉四年，司馬梁王妃捨宅為晉陵公主造，在中興里，陳亡廢」。文中司馬梁王不知何人，疑為司馬珍之的後代。晉末劉裕害死梁王司馬珍之，見《晉書》卷六四《武陵威王晞傳》附《司馬璹傳》，不過卻沒有說明「梁王」之爵位是否被沿襲。文中晉陵公主是謝混的妻子，見《晉書》卷七九《謝安傳》附《謝混傳》。《佛寺志》卷上《宋》南林寺條認為「與祇洹寺相近」，誤（見劉宋祇洹寺條）。綜上，元嘉四年（427）司馬梁王的妃子捨宅為晉陵公主起造南林寺，寺位於建康城南三里的中興里，陳時亡廢。

16. 靈味寺

《梁傳》卷七《宋京師靈味寺釋僧含》云：「元嘉七年，新興太守陶仲祖，立靈味寺。」《珠林》卷三九《伽藍篇第三六・感應緣》曰：「宋靈味寺，建康鍾山蔣林里，宋永初三年沙門法意起造」，其得名是因晉末有高逸沙門隱迹鍾山「唯見清泉湛然，因聚徒結宇，號曰靈味」。兩書所載不同。又《梁傳》卷十三《興福・宋京師延賢寺釋法意》載法意「好營福業，起五十三寺」，故《珠林》所載應當可信。至於《梁傳・釋僧含》所載，可能是陶仲祖對靈味寺有過捐助。據上，永初三年（422）法意起造靈味寺，位於鍾山蔣林里。

後則用小字注於旁。」「蔣山寺」是用大字。

〔註74〕〔日〕宗性抄錄《名僧傳抄》，收入《大藏新纂卍續藏經》第77冊，頁355。

17. 新安寺

《梁傳》卷八《齊上定林寺釋僧遠》云：「宋新安孝敬王子鸞，爲亡所生母殷貴妃造新安寺，勅選三州招延英哲。」《宋書》卷九七《夷蠻傳》云：「世祖寵姬殷貴妃薨，爲之立寺，貴妃子子鸞封新安王，故以新安爲寺號。」《南齊書》卷四一《張融傳》云：「孝武起新安寺，僚佐多儶錢帛，融獨儶百錢。」《實錄》卷二《太祖下》赤烏四年冬十一月許注云青溪上有七座橋，其中「有雞鳴橋，即《輿地志》所謂今新安寺南，東度開聖寺路度此橋」。綜上，宋孝武帝爲寵姬殷貴妃造新安寺，位於青溪西岸、雞鳴橋北邊，寺名源於殷貴妃子劉子鸞的爵位「新安王」。

18. 靈根寺、靈基寺

《梁傳》卷七《宋京師靈根寺釋僧瑾》云：「瑾性不蓄金，皆充福業，起靈根、靈基二寺，以爲禪慧栖止。」故靈根寺、靈基寺爲釋僧瑾所造，其地望不明。

19. 興皇寺

《梁傳》卷七《宋京師興皇寺釋道猛》云：「太（按，應作泰）始之初，帝創寺于建陽門外，勅猛爲綱領。帝曰：『夫人能弘道，道藉人弘。今得法師，非直道益蒼生，亦有光於世望，可目寺爲興皇。』由是成號。」據此，宋明帝於泰始初創立興皇寺，位於建陽門外。南京龍蟠中路和瑞金路交匯處東北方的金潤發工地曾出土了幾件小型陶質龕像，賀雲翱先生推斷是一處佛寺遺址，並推測其年代「在齊代以前」或「屬於齊、梁時代」〔註75〕。此地就在建陽門外（之東）〔註76〕，故疑所發現的遺址就是興皇寺的遺址。

20. 棲玄寺（栖玄寺）

《梁傳》卷八《齊上定林寺釋僧遠》云：「後宋建平王景素，謂栖玄寺是先王經始，既等是人外，欲請遠居之。」據《宋書》卷七二《建平宣簡王宏傳》，宏子劉景素。《實錄》卷二《太祖下》赤烏四年冬十一月條許注：「其北又開一瀆，在歸善寺東，經棲玄寺門，北至後湖，以引湖水，至今俗爲運瀆。」同書卷七《顯宗成皇帝》咸和五年春正月許注：「按，《吳書》：時諸將屯戍，並留任其子，爲立一館，名任子館。地在宋樂遊苑，西對今棲玄寺門平澤內。」

〔註75〕 參見賀雲翱《六朝都城佛寺和佛塔的初步研究》，和《南朝善業泥像鑒賞》，《收藏家》2001 年第 6 期。

〔註76〕 主要據張學鋒《六朝建康城的發掘與復原新思路》中的建康城復原圖推測。

《佛寺志》卷上《宋》作「棲元寺」，誤；又云「在雞籠山東北」、「今潮溝畔尚存遺址」，可從。「栖」、「棲」相同。綜上，棲玄寺為建平宣簡王劉宏所造，在城北運瀆（非城西的運瀆）旁邊、雞籠山東北。

21. 靈曜寺

《梁傳》卷十一《明律・齊鍾山靈曜寺釋志道》云：「十七出家，止靈曜寺。……以永明二年卒於湘土，春秋七十有三。」《景定志》卷十九《山川志三・井泉》道光泉條云：「在蔣山之西，梁靈曜寺之前。」據上，故可知靈曜寺為宋寺，位於鍾山。

22. 閑心寺

《梁傳》卷十一《明律・宋京師閑心寺釋道營》云：「（張）永後於京師婁胡〔三〕苑立閑心寺，復請還居。」校注〔三〕云：「三本、金陵本『胡』作『湖』；《律苑僧寶》亦作『湖』。」婁湖苑，陳作霖云：「今之門東老虎頭也。老虎者，婁湖之訛。」（此處綜合了《佛寺志》卷上《宋》和《南朝寺考・宋》閑心寺條）婁湖頭，俗稱「老虎頭」，在今雨花門東的明城牆東南角處〔註77〕。綜上，閑心寺的位置可從陳說。

23. 藥王寺

《梁傳》卷十二《亡身・宋京師竹林寺釋慧益》載，慧益在鍾山之南捨身，「誦《藥王品》」，「燒身之處，謂〔註78〕藥王寺，以擬本事也」。據此，藥王寺位於鍾山南坡，因《法華經・藥王品》而得名。

24. 湘宮寺

《梁傳》卷八《齊京師湘宮寺釋弘充》云：「明帝踐阼，起湘宮寺，請充為綱領，於是移居焉。」《南齊書》卷五三《良政・虞願傳》云：「帝以故宅起湘宮寺，費極奢侈。」《實錄》卷二《太祖下》赤烏四年冬十一月許注載，青溪上有七座橋，其中「有青溪中橋，今湘宮寺門前巷東出度溪」。同書卷七《顯宗成皇帝》咸和五年九月許注：「東南最南清明門，門三道，對今湘宮巷門，東出青溪港橋。」據上，宋明帝即位後建造湘宮寺，位於青溪西岸、青溪中橋（即青溪港橋）西面、東晉建康城東牆南部清明門南面。

〔註77〕參見陳作霖撰、陳濟民點校《東城志略》的《東城山水街道圖》和《志山》，收入《金陵瑣志九種》，頁110、111。

〔註78〕《珠林》卷九六《捨身篇第九十六・感應緣》引《高僧傳・釋慧益傳》作「造」。

《至正志》卷十一下《祠祀志·寺院》湘宮寺條引《慶元志》云：「近有人於上元縣治後軍營中掘出斷石，上有『湘宮寺』三字。」《慶元志》乃指《慶元建康續志》，《景定志》就是「取《乾道》、《慶元》二志合而爲一，增入慶元以後之事，正訛補闕，別編成書」〔註79〕，故《景定志》卷五《府城圖》中上元縣治的地點可反映《慶元志》上元縣治的地點，估計在今中央飯店一帶，而「上元縣治後」就是今總統府和梅園新村一帶，這個方位與《實錄》所載不同，因此，《慶元志》所載頗有疑義。《至正志》湘宮寺條又云：「舊在青溪中橋北，唐以後徒至清化寺北。」則湘宮寺在唐後位置有變。關於湘宮寺的位置，孫文川云：「中橋即今之四象橋。蓋中橋以在寺前，人呼爲湘宮寺橋，後倒轉爲寺湘，故今訛爲四象橋也。」（《南朝寺考·宋》湘宮寺條）四象橋之名沿用至今，即今太平南路橫跨青溪的橋梁。今暫從孫說，疑湘宮寺在四象橋附近。

25. 眾造寺

《梁書》卷三七《何敬容傳》云：「何氏自晉司空充、宋司空尚之，世奉佛法，並建立塔寺，至敬容又捨宅東爲伽藍，趨勢者因助材造構，敬容並不拒，故此寺堂宇校飾，頗爲宏麗，時輕薄者因呼爲『眾造寺』焉。」即可能在東晉、劉宋時期何氏家族就興建了塔寺，何敬容以宅東施寺，又得眾人資助，才名爲「眾造寺」。《梁傳》卷八《齊上定林寺釋僧遠》云：「瑯琊王僧達才貴當世，藉遠風素，延止眾造寺。」陳作霖云：「梁普通中置眾造寺，而王僧達則卒於齊時，是齊先有此寺名」（《南朝寺考·齊》齊眾造寺條）。陳說稍誤。檢《宋書》卷七五《王僧達傳》，王僧達卒於劉宋大明二年（458），故眾造寺應屬於宋寺，而非齊寺，故《佛寺志》卷下把眾造寺歸爲齊寺，誤。《梁傳·釋僧遠》云「眾造寺」，可能是撰者釋慧皎以後世寺名來記前世寺名，因爲「眾造寺」之名始於何敬容捨宅東爲寺，而何敬容歷經齊、梁兩朝（《梁書》卷三七《何敬容傳》），與《梁傳》述寫的時間段有重合〔註80〕，故有此可能性。

〔註79〕 參見〔清〕永瑢等撰《四庫全書總目》卷六八《史部二四·地理類一·景定建康志》，中華書局影印本，1965 年，頁 600。

〔註80〕 據《梁傳》卷十四《序錄》，《梁傳》「始於漢明帝永平十年（67），終於梁天監十八年（519）」，可卷十三《興福·齊上定林寺釋法獻》附了一件梁普通三年（522）佛牙丟失之事，應屬後人添加，故《高僧傳》成書於梁天監十八年。紀贇觀點相同，見其所著《慧皎〈高僧傳〉研究》第一章第三節，上海古籍出版社，2009 年。

26. 菩提尼寺

《尼傳》卷二《南安寺釋慧瓊尼傳》云：「瓊以元嘉十五年又造菩提寺，堂殿坊宇，皆悉嚴麗。」據此，菩提寺造於元嘉十五年（438）。

27. 普賢尼寺

《弘贊法華傳》卷一《圖像第一・宋路昭太后造普賢像》云：「宋崇憲路昭太后，……以大明四年，乃命白馬寺比丘曇標，造普賢菩薩像一軀，……到大明八年，又造普賢寺，壯麗之奇，將美莊嚴。」〔註81〕按，「路昭太后」應乙正作「昭路太后」，其本傳見《南史》卷十一《后妃上・孝武昭路太后傳》。《梁傳》卷七《宋京師中興寺釋道溫》載昭路太后造普賢像一事。據上，孝武昭路太后於大明八年（464）造普賢寺。

28. 法輪寺、北法輪寺

《梁傳》卷十一《明律・齊鍾山靈曜寺釋志道》云：「何尚之欽德致禮，請居所造法輪寺。」《梁書》卷五一《處士・何點傳》載，何尚之孫點常去法輪寺。《讀史方輿紀要》卷二十《南直二》應天府江寧縣愛敬寺條：「法輪寺，在府城北覆舟山下。齊崔慧景圍宮城，頓法輪寺，對客高談處也。」〔註82〕《佛寺志》卷上《宋》法輪寺條同。顧祖禹作出「法輪寺，在府城北覆舟山下」的依據是崔慧景曾留法輪寺高談。檢《南齊書》卷五一《崔慧景傳》，崔慧景在攻圍臺城期間「頓法輪寺，對客高談」，無法得出「法輪寺，在府城北覆舟山下」的結論，疑顧氏誤。綜上，何尚之造法輪寺，據竹林寺、北竹林寺之例，北法輪寺可能由法輪寺分出，因為《名僧傳抄》卷十八目錄有《宋北法輪寺道遠》。

29. 嚴林寺

《實錄》卷十二《太祖文皇帝》元嘉二年條許注：「置嚴林寺，西北去縣四十五里，元嘉二年，僧招賢二法師造。」據此，宋元嘉二年（425）招、賢二位法師建造嚴林寺，位於建康東南四十五里處。

30. 延壽寺

《實錄》卷十二《太祖文皇帝》元嘉二十二年條云：「置延壽寺，西北去縣八十里。」許注引《寺記》：「元嘉二年，義陽王昶母謝太妃造，隋末廢，

〔註81〕〔唐〕釋惠詳撰《弘贊法華傳》，收入《大正藏》第51冊，頁14。
〔註82〕〔清〕顧祖禹撰，賀次君、施和金點校《讀史方輿紀要》，頁976。

上元二年重置，又名延熙寺。」兩說有異。《寺記》所載較爲詳細，似乎更加可信。據上，宋元嘉二年（425）謝太妃造延壽寺，位於建康東南八十里，隋末廢，唐上元二年（675）重建，改名延熙寺。

31. 禪岡寺

《宋書》卷八七《蕭惠開傳》載，惠開爲他的父親蕭思話建造了四座寺院，其中之一在「南岸南岡下，名曰禪岡寺」。陳作霖認爲禪岡寺在「赤石磯」（《南朝寺考・宋》禪岡寺條），即今雨花門外養虎巷北、秦淮河南岸分佈有紫紅色石頭的區域一帶（參東晉道場寺條），可從。

32. 禪林尼寺

《尼傳》卷四《禪林寺淨秀尼傳》云：「宋南昌公主及黃脩儀，以大明七年八月共施宜知地以立精舍。……泰始三年，明帝勅以寺從其所集，宜名禪林。」《實錄》卷十七《高祖武皇帝》天監十八年條云：「置惠日寺。」許嵩在這裡有一段很長的辯證：「按，西南去縣二里，阮翻捨宅造之，在建西尉定陰里。舊說云，大同八年，丹楊尹王齡造，今在縣東二里。考其二跡不同。此惠日寺，是宋之禪林寺，王脩儀爲尼淨秀立精舍，新蔡公主〔註83〕爲佛殿。泰始三年，明帝助修，號曰禪林，濟（應爲「齊」，校已出）惠文（「惠文」應該乙正，作「文惠」）起房，如此之狀，歷歷明矣。隋末亂離，並從毀壞。皇初，杜伏威與輔公祏等共修殿內丈六金像，並左右來侍，始武德四年止六年正月十五，畢功。寺西廢禪林寺，亦併入禪林之域。其年公祏背畔，七年李孝恭來討，爲軍火所及。貞觀七年，始移乃『惠日』之名於此也。」

據上，大明七年（463）八月南昌公主和黃脩儀施予淨秀尼土地以立精舍（此從《尼傳》）。泰始三年（467）宋明帝助修，勅號禪林。後來齊文惠太子蕭子懋又起造房舍。隋末被毀。唐初，杜伏威與輔公祏建造佛像，武德六年（623）輔公祏叛亂，次年李孝恭來討伐，寺院再次被毀。貞觀七年（633），禪林寺更名惠日寺。因此惠日寺之名稱似乎始用於唐代，而非梁武帝時之原名〔註84〕。《實錄》云「置惠日寺」，疑許嵩把唐代之寺名誤用於梁武帝朝時。

〔註83〕據《宋書》卷四一《后妃・前廢帝何皇后傳》附《何邁傳》：「尚太祖第十女新蔡公主諱英媚」，新蔡公主是宋太祖文帝劉義隆的第十個女兒。

〔註84〕《實錄》卷二《太祖下》黃龍元年冬十月許注運瀆東曲折內池「今在惠日寺後，僧相傳呼爲果師墩」。同書卷九《烈宗孝武皇帝》太元十年夏四月條許注：

又《陳書》卷五《宣帝本紀》太建九年秋七月己丑條云：「震慧日寺刹及瓦官寺重門」，可確定陳朝時已有慧日寺。筆者懷疑慧日寺乃梁武帝天監十八年（519）所置，許嵩誤書爲「惠日寺」，並認定是唐朝之惠日寺（即劉宋禪林寺），導致混淆，致使上引辯證意思不明、頗爲晦澀。簡而言之，劉宋泰始三年建造的禪林寺到唐貞觀七年才更名爲惠日寺，不可與梁天監十八年所置的慧日寺相混淆。上引許注「寺西廢禪林寺，亦併入禪林之域」一語，上海古籍出版社點校本《建康實錄》標點爲「寺西廢，禪林寺亦併入禪林之域。」〔註85〕兩種標點都不通，筆者懷疑「寺西廢禪林寺」可能是「寺西廢慧日寺」之誤。慧日寺位於禪林寺的西部，而且又曾併入禪林寺，到唐貞觀七年，禪林寺又更名爲惠日寺，所以許嵩才會混淆二寺。上引《尼傳》的「泰始三年，明帝勑以寺從其所集，宜名禪林」一語也大有深意，說明「禪林」之得名是因爲附近寺院眾多，而據上所考，可知禪林寺附近就有東晉延興尼寺（在建康西尉附近）、永安尼寺（在定陰里），故慧日寺很可能就位於禪林寺之西。

根據對東晉永安尼寺的考證，永安尼寺位於唐江寧縣縣治東南一里處的定陰里、運瀆西岸，距建康西尉不遠（也可參東晉延興尼寺所考），故禪林寺所在的地點「建西尉定陰里」有脫字，應爲「建康西尉定陰里」。禪林寺的地望「西南去縣二里」也有誤，「西南去縣二里」即謂唐江寧縣治位於禪林寺的西南二里〔註86〕，這與「建康西尉定陰里」的地點不符，因爲定陰里位於唐江寧縣治東南。綜上，禪林寺位於唐江寧縣治東南二里的建康西尉定陰里，而蕭梁慧日寺在禪林寺西部，可能都在今倉巷以東、七家灣以南、鼎新路以西、升州路以北的區域內。

33. 龍淵寺

《梁傳》卷八《齊上定林寺釋僧遠》云：「昇明中，於小丹陽牛落山立精舍，名曰龍淵。」據此，龍淵寺位於小丹陽牛落山。小丹陽，即今安徽省當塗縣東北五十里的丹陽鎮。

「按，《地志》：西池，吳宣明（明爲衍字，校已出）太子孫登所創，謂之西苑。中宗即位，明帝爲太子，更加修之。多養武士於池內，築土爲臺，時人呼爲太子西池，今惠日寺後池也。」文中的「今」指唐人許嵩生活的時代。

〔註85〕〔唐〕許嵩撰，孟昭庚、孫述圻、伍貽業點校《建康實錄》卷十七《高祖武皇帝》，上海古籍出版社，1987年，頁476。

〔註86〕如竹園尼寺「西北去縣一里，在今建康東尉蔣陵里檀橋」；上定林寺「西南去縣十八里」。

34. 正勝寺

《梁傳》卷十三《唱導・齊正勝寺釋法願》云：「泰始六年，佼長生捨宅爲寺，名曰正勝，請願居之。」據此，正勝寺建於宋泰始六年（470）。

35. 南澗寺

《梁傳》卷十二《誦經・宋京師南澗寺釋道冏》云：「達都，止南澗寺」，「宋元嘉二十年。臨川康王義慶攜往廣陵，終於彼矣。」可知南澗寺爲宋寺。《南齊書》卷五四《高逸・何求傳》云：「乃除永嘉太守。求時寄住南澗寺，不肯詣臺，乞於寺拜受，見許。」《唐傳》卷六《梁大僧正南澗寺沙門釋慧超傳》云：「（梁武）帝又請於惠輪殿講《淨名經》。上臨聽覽，未啓莊嚴寺，園接連南澗，因構起重房，若鱗相及」。《景定志》卷四二《風土志一・第宅》何尚之宅條云：「南澗，今城南落馬澗是也。」《佛寺志》卷上《宋》南澗寺條同。陳作霖進一步認爲在「今南門外西街澗子橋」今暫從（《南朝寺考・宋》南澗寺條），估計相當於今中華門外的西街一帶。惠輪殿既然「接連南澗」，故南澗寺應去六朝宮城未遠。今不從《景定志》之說。

36. 閒居尼寺

《尼傳》卷四《閒居寺僧述尼傳》云：「到元徽二年九月一日，汝南王母吳充華啓勅即就，締構堂殿房宇五十餘間。率其同志二十人，以禪寂爲樂，名曰閒居。」據此，閒居寺建於劉宋元徽二年（474）。

37. 晉陵寺、南晉陵尼寺

《尼傳》卷四《南晉陵寺釋令玉尼傳》云：「宋邵陵王大相欽敬，請爲南晉陵寺主，固讓不當。」既然有南晉陵寺，疑也有晉陵寺，如《唐傳》卷七《陳楊都白馬寺釋警韶傳》載：「年二十三講《大品經》，味法當時，磨肩溢道，後還建元、晉陵等寺敷演經論，解冠群宗。」據上，南晉陵寺爲尼寺，晉陵寺可能是僧寺。

38. 樂安尼寺

《尼傳》卷四《樂安寺釋惠暉尼傳》載，惠暉尼「十八出家，住樂安寺」，後「所獲之財，追造經像，隨宜遠施。時有不泄者，改緝樂安寺，莫不新整」。惠暉尼梁天監十三年卒，年七十三，那她出家之年應爲劉宋大明三年（459），故樂安寺應爲劉宋時期的寺院。

39. 天保寺

《南史》卷七七《恩倖·戴法興傳》云：「（巢）尚之甚聰敏，時百姓欲爲孝武立寺，疑其名。尚之應聲曰：『宜名天保。《詩》云：「《天保》，下報上也。」』時服其機速。」《佛寺志》卷上《宋》天保寺條認爲以上內容出自《宋書》卷九四《恩倖·戴法興傳》，誤。據此，天保寺建於宋孝武帝劉駿時期。

40. 開聖寺

《實錄》卷二《太祖下》赤烏四年冬十一月許注云青溪上有七座橋，其中「有雞鳴橋，即《輿地志》所謂今新安寺南，東度開聖寺路度此橋」。據此，開聖寺在唐代仍存，可其始建年代不明，因新安寺爲宋寺，故暫定開聖寺也爲宋寺。開聖寺位於青溪上的雞鳴橋西面。

41. 興業寺

《實錄》卷二《太祖下》赤烏四年冬十一月許注云：「而于興業寺門前東度溪立橋，名曰金華橋」。同書卷七《顯宗成皇帝》咸和五年九月條：「正東面建春門，後改爲建陽門，門三道，尚書下舍在此門內，直東今興業寺後，東度青溪菰首橋。……而于興業寺門前開大道，造金華橋，橋渡青溪，通潤州驛。」同書卷九《烈宗孝武皇帝》附《謝安傳》許注引《地圖》云：「謂之城子墅，宋時屬檀道濟，謂之檀城，自興業寺過清溪東二里。」綜上，興業寺位於菰首橋和金華橋之間的青溪西岸、建康城東門建陽門之東。

42. 弘普中寺

《珠林》卷一百《傳記篇第一百·興福部第五》云：「宋太宗明帝。造丈八金像，解齋感佛舍利。造弘普中寺，召諸名僧。」今從。

43. 禪寂寺

《珠林》卷一百《傳記篇第一百·興福部第五》云：「宋太祖文帝。奉齋不殺，造禪寂寺，常供千僧。」今從。

44. 南永安尼寺

南永安寺於宋元嘉十八年（441）由永安寺分出，可參東晉永安尼寺所述。

45. 靈鷲寺

《梁傳》卷十《神異下·宋京師杯度》云：「二弟都還，云彼度已移靈鷲

寺」。又同書卷十一有《習禪‧齊京師靈鷲寺釋僧審》。據上，靈鷲寺爲宋寺。

46. 鐵索羅尼寺（翠靈寺、妙果寺）

　　成書於南宋紹興三十年（1160）〔註87〕的《編類》卷十一《寺院門》鐵索寺條云：「本東晉尼寺也。……後因鐵索羅國尼至，遂就此建寺，以鐵索羅爲名，中國尼自此始。」檢《梁傳》卷三《宋京師祇洹寺求那跋摩》、《宋京師奉誠寺僧伽跋摩》和《尼傳》卷二《景福寺慧果尼傳》，元嘉二年（425）「有師子國八尼至京」，元嘉八年（431）正月求那跋摩抵達建康，元嘉八年（431）九月求那跋摩卒，元嘉十年（433）僧伽跋摩到達建康，後來「師子國比丘尼鐵索羅等至都」，請僧伽跋摩爲戒師〔註88〕。因此，鐵索羅寺始建年份不早於元嘉十年。《編類》云「本東晉尼寺」、「鐵索羅國尼」，俱誤，「鐵索羅」爲比丘尼名，非國名；云「中國尼自此始」，又誤，因爲東晉建福尼寺更早（可參東晉建福尼寺條）。《至正志》卷十一下《祠祀志‧寺院》瑞相院條引《乾道志》云：「本晉尼寺。宋元嘉七年，西域梵尼七人至建業。十一年，尼鐵索羅等三人又至，因號鐵索羅寺。宋齊以來，或爲翠靈寺，或爲妙果寺。」《乾道志》即指《乾道建康志》，成書可能在南宋乾道年間（1165～1173），稍晚於張敦頤的《編類》。南宋《景定志》成書於主修者馬光祖第二次就任建康知府期間（1259～1261）〔註89〕，該書卷四四《祠祀志一‧諸廟》旌忠廟條云：「在城南鐵索寺之東南。」《至正志》瑞相院條、《佛寺志》卷上《宋》鐵索羅寺條同。《梵刹志》卷三五瑞相院條認爲該寺就是鐵索羅寺，「在都門外南城地，西北去所領永寧寺二里，去聚寶門三里」。朱偰先生認爲碧峰寺就是鐵索羅寺〔註90〕，與《梵刹志》卷三九碧峰寺條異，疑誤。因此，鐵索寺在建康城南，可其具體位置今已不詳。綜上，鐵索羅寺，可簡稱爲鐵索寺，其文獻記載較早的是南宋張敦頤的《編類》，較詳的是《乾道建康志》，可都距劉宋已遠。今暫從之。

〔註87〕　參見《六朝事迹編類‧導讀》（王能偉撰），南京出版社，2007 年，頁 3。

〔註88〕　《尼傳》卷二《景福寺慧果尼傳》載求那跋摩於元嘉六年抵達建康，元嘉九年時就從僧伽跋摩受戒。《梁傳》卷三《宋京師祇洹寺求那跋摩》載其於元嘉八年正月抵達建康，同書同卷《宋京師奉誠寺僧伽跋摩》載其於元嘉十年才到達建康，《出三藏記集》卷一四《僧伽跋摩傳》同，也爲元嘉十年。《尼傳》所載與他書不同，今不從。

〔註89〕　《景定建康志‧導讀》（吳福林撰），南京出版社，2009 年。

〔註90〕　朱偰著《金陵古迹圖考》第十二章第七節碧峰寺條，中華書局，2006 年，頁 233。

47. 祈澤寺

《編類》卷十一《寺院門》祈澤寺條引《寺記》云：「宋少帝景平元年建，去府城二十里。」同書卷六《山岡門》祈澤山條云，祈澤山「東連彭城山，北連青龍山。今去縣二十三里。」同書卷七《宅舍門》劉子珪宅條云：「檀橋在今縣東二十五里，青龍山之前。」《梵刹志》卷九祈澤寺條云：「在郭城高橋門外東城地」。《佛寺志》卷上《宋》祈澤寺條同。據上，祈澤寺建於劉宋景平元年（423），祈澤山在南宋江寧縣東南二十三里，祈澤寺在南宋建康府城東南二十里，即在今南京市江寧區上坊鎮東二里的一座小山（應該就是祈澤山）的西麓，今上坊鎮的祈澤街應該就是源於祈澤寺。

48. 烏衣寺

《梁傳》卷七《宋京師祇洹寺釋慧義》云：「宋元嘉二十一年終於烏衣寺」，可知烏衣寺為宋寺。《佛寺志》卷上《宋》烏衣寺條云：「烏衣寺在烏衣巷」，似無據，不從。

49. 多寶寺、北多寶寺

《梁傳》卷八《齊京師湘宮寺釋弘充》云：「大明末過江，初止多寶寺。」同書卷七《宋京師北多寶寺釋道亮》云：「釋道亮，不知何許人，住京師北多寶寺。……宋太始（按：應為『泰始』）中卒」，可知多寶寺、北多寶寺都為宋寺。北多寶寺可能就從多寶寺分出，且位於多寶寺北面。

50. 何園寺

《梁傳》卷八《齊京師何園寺釋慧隆》云：「宋太始（按：應為『泰始』）中出都，止何園寺。」可知何園寺為宋寺。

51. 長樂寺

《梁傳》卷十一《明律‧宋京師長樂寺釋慧詢》云：「於是移止長樂寺。大明二年卒於所住」，可知長樂寺為宋寺。《讀史方輿紀要》卷二〇《南直二》應天府江寧縣禪靈寺條云：「長樂寺，在臺城南。梁紹泰二年齊兵至倪塘，遊騎至臺城門外，陳霸先總禁兵出頓長樂寺是也。」〔註91〕《佛寺志》卷上《宋》長樂寺條同。檢《陳書》卷一《高祖本紀上》，齊兵從方山進至倪塘，遊騎至臺，後陳高祖派沈泰渡江偷襲齊兵於瓜步，獲船糧許多，「爾日天子總羽林禁

〔註91〕〔清〕顧祖禹撰，賀次君、施和金點校《讀史方輿紀要》，頁976。

兵，頓于長樂寺。」據此，不能得出「長樂寺，在臺城南」的結論，疑顧氏誤。長樂寺今不詳其所在。

52. 天竺寺

《名僧傳抄》卷十四目錄有《宋天竺寺釋弘稱》。《梁傳》卷八《齊京師太昌寺釋僧宗》有：「天竺寺僧賢」，故有天竺寺，可能屬於宋寺。孫文川據中天竺人求那跋陀羅在建康譯經之事云：「天竺寺當立於是時，名曰天竺，以其本天竺人也。」劉世珩駁云：「案陀羅傳無立天竺寺事，不知孫氏何據。後云天竺寺當立於此時，亦想當然爾之語。」（《南朝寺考·宋》天竺寺條）今檢《梁傳》卷三《宋京師中興寺求那跋陀羅》，不見有立天竺寺之事。劉說是。

53. 龍華寺

《梁傳》卷十一《習禪·齊錢塘靈隱山釋曇超》云：「初止上都龍華寺。元嘉末，南遊始興」，可知龍華寺為宋寺。

54. 高臺寺

《至正志》卷十一下《祠祀志·寺院》高公臺院條引《乾道志》云：「在城南八十里。宋景平元年（423）置，古臺猶存。」《梵刹志》卷四七高臺寺條、《佛寺志》卷上《宋》高臺寺條從。陳作霖認為高臺寺「當今之朱門鄉」（《南朝寺考·宋》高臺寺條），即今南京江寧區陸郎鎮朱門村。今暫從。

55. 報恩寺

《景定志》卷四六《祠祀志三·寺院》能仁禪寺條引南宋慶元年間游九言撰的《佛殿記》云：「初名報恩。宋元嘉，文帝為高祖創建。」《至正志》卷十一下《祠祀志·寺院》能仁寺條同。今從。

56. 南園寺

《廣弘明集》卷二三《僧行篇》收錄沈約的《南齊禪林寺尼淨秀行狀》云：「又於南園就穎律師受戒」〔註92〕。《佛寺志》卷上《宋》據此認為有南園寺，可從。

57. 崇福寺

《至正志》卷十一下《祠祀志·寺院》崇佛院條引《乾道志》云：「在城南門外。宋元嘉十年（433），因僧楚雲所居，號崇福。」《佛寺志》卷上《宋》崇福寺條同。可從。

〔註92〕〔唐〕釋道宣撰《廣弘明集》，收入《大正藏》第52冊，頁271。

58. 善居寺（雲居下寺）

《唐傳》卷二一《梁鍾山雲居寺釋道禪傳》云：「乃以永明之初，遊歷京室，住鍾山雲居下寺」。《至正志》卷十一下《祠祀志・寺院》上雲居下雲居二院條云：「下雲居，在上雲居之右，宋元嘉中置。初爲善居寺，後改今額。」《佛寺志》卷上《宋》善居寺條從。據上，善居寺建於宋元嘉中，至齊朝已改名爲雲居下寺，位於鍾山西側（參蕭齊雲居上寺條）。

59. 司徒寺

《徐陵集》卷九有《碑・齊國宋司徒寺碑》〔註93〕。《梁書》卷三七《何敬容傳》云：「何氏自晉司空充、宋司空尚之，世奉佛法，並建立塔寺」。據以上兩點，《佛寺志》卷上《宋》司徒寺條云：「司徒寺，宋司徒何尚之所造，故以其官名其寺焉。」大誤。《梁書・何敬容傳》所載的是「宋司空尚之」，而非「司徒」。《宋書》卷六六《何尚之傳》云：「元兇弑立，進位司空，領尚書令。」即劉劭弑其父宋文帝劉義隆之後，何尚之才進位司空，並沒有擔任司徒一職。據劉宋眾造寺條所考，何氏家族所建立的塔寺應是眾造寺的前身，故司徒寺並非何尚之所造。又《南史》卷七五《隱逸上・顧歡傳》載其排佛論調，而「宋司徒袁粲託爲道人通公駁之」，故疑《徐陵集》卷九的「宋司徒」指袁粲，司徒寺也疑爲袁粲所起。

60. 幽棲寺（幽栖寺）

《唐傳》卷二十《習禪六之餘・潤州牛頭沙門釋法融傳》云：「貞觀十七年，於牛頭山幽栖寺北巖下別立茅茨禪室。」又云：「初融住幽栖寺，去佛窟十五里」。《至正志》卷十一下《祠祀志・寺院》延壽院條引《乾道志》云：「本幽棲寺，在城南四十里祖堂山南。」《景定志》卷十七《山川志一・山阜》祖堂山條云：「宋大明三年，於山南建幽棲寺，因名幽棲山。」《佛寺志》卷上《宋》幽棲寺條略同。「栖」、「棲」相同。綜上，幽棲寺建於大明三年（459），位於今祖堂山南。朱偰先生曾去祖堂山探訪了清同治光緒間重建的幽棲寺並拍攝了一些照片〔註94〕。

〔註93〕〔陳〕徐陵撰《徐陵集》卷九，許逸民校箋《徐陵集校箋》本，中華書局，2008年。

〔註94〕參見朱偰著《金陵古蹟圖考》第十二章，頁237；以及《金陵古蹟名勝影集》圖二六六～二六八，中華書局，2006年，頁222～224。

61. 外國寺

《南史》卷五《齊本紀下・廢帝東昏侯》云：「莊嚴寺有玉九子玲，外國寺佛面有光相，禪靈寺塔諸寶珥，皆剝取以施潘妃殿飾。」《佛寺志》卷上《宋》據此認為有外國寺，可從。《宋書》卷九七《夷蠻傳》云：「大明中，外國沙門摩訶衍苦節有精理，於京都多出新經，《勝鬘經》尤見重內學。」《佛寺志》外國寺條認為上引《宋書・夷蠻傳》內容出自《建康實錄》，誤；又據此認為「外國寺疑建於是時」（《南朝寺考・宋》外國寺條），無據，因為據《梁傳》卷三《宋京師中興寺求那跋陀羅》，求那跋陀羅就是摩訶衍，為中天竺人，並無建外國寺一事。

62. 永安寺

《至正志》卷十一下《祠祀志・寺院》歸寂塔院條引《乾道志》云：「在城南七里。宋泰始二年建，初號永安寺。」《佛寺志》卷上《宋》永安寺條從。今從。

63. 延祚寺

《廣弘明集》卷二三《僧行篇・南齊安樂寺律師智稱法師行狀》云：「營延祚於建業，今不待嚴，房櫳肅靜，役不加迅，棟宇駢羅。」〔註95〕據上下文判斷，時為劉宋泰始年間。《梁書》卷五六《侯景傳》載，侯景與王僧辯隔淮對峙，王僧辯渡淮後在石頭城西連營立柵，「景大恐，自率侯子鑒、于慶、史安和、王僧貴等，於石頭東北立柵拒守。使王偉、索超世、呂季略守臺城，宋長貴守延祚寺。」《景定志》卷四六《祠祀志三・寺院》正覺禪寺條云：「在城內西北冶城後崗上」，「本大（疑為「宋泰」之訛）始中，邦人舍地建精舍，號延祚寺」。《至正志》卷十一下《祠祀志・寺院》正覺禪寺條、《佛寺志》卷上《宋》延祚寺條同。陳作霖云：「（冶）山麓舊有鐵塔寺，劉宋之延祚寺也。」〔註96〕可從。綜上，智稱於泰始中建延祚寺，位於今朝天宮一帶。

〔註95〕〔唐〕釋道宣撰《廣弘明集》，收入《大正藏》第52冊，頁269。

〔註96〕見陳作霖撰《運瀆橋道小志》，收入《金陵瑣志九種》，頁26。又陳作霖長子陳詒紱撰的《石城山志・山南路》云：「經羅寺轉灣」，自注：「寺係劉宋泰始中建，本名延祚。唐僧靈智生無目，號羅睺和尚，……故曰羅寺。」（收入《金陵瑣志九種》，頁400）參見《石城山志・石城諸山圖》，羅寺大概位於今新街口西金輪大廈一帶。與《梁書》、《景定志》所載不符，故不從。

64. 正覺寺

《珠林》卷十六《敬佛篇第六・彌勒部第五・感應緣》云：「齊高帝起正覺寺，欲以勝妙靈像鎮撫法殿，乃奉移此像。」《至正志》卷十一下《祠祀志・寺院》正覺寺條引《乾道志》云：「本在城南新亭壘側。宋昇明元年，蕭道成頓兵新亭。及沈攸之敗後，乃以軍幕之地置正覺寺。尚書令王儉爲碑。」兩則史料可相互照應。檢《宋書》卷七四《沈攸之傳》，攸之敗死於劉宋昇明二年（478），故正覺寺應屬於宋寺。又《南史》卷七七《恩倖・徐爰傳》云：「爰子希秀，甚有學解，亦閒篆隸，正覺、禪靈二寺碑，即希秀書也。」綜上，正覺寺爲齊高帝蕭道成造於昇明二年，位於新亭壘，可能在今南京安德門地鐵站一帶（參劉宋曠野寺條）。

65. 天王寺

《至正志》卷十一下《祠祀志・寺院》普光寺條云：「在城南門外。《乾道志》宋置爲天王寺。至梁，爲昭明太子果園。」《梵剎志》卷三四寶光寺條略同，並進一步提到：「在都門外南城梅岡，北去所領高座寺半里、聚寶門二里。」《佛寺志》卷上《宋》天王寺條從。綜上，天王寺爲宋寺，在梅岡一帶，即今雨花臺一帶（參東晉高座寺條）。

66. 曠野寺

《梁傳》卷八《梁京師靈味寺釋寶亮》提到「曠野寺僧寶」。《藝文類聚》卷七六《內典部上・寺碑》有「又曠野寺碑曰」。《至正志》卷十一下《祠祀志・寺院》崇因寺條引舊《圖經》云：「本宋曠野寺。齊廢，梁大同中復。」《梵剎志》卷四十新亭崇因寺條云：「在郭外南城安德鄉，北去所統報恩寺十里、聚寶門十里，……此地舊爲新亭」。《佛寺志》卷上《宋》曠野寺條同。據上引《梵剎志》內容，六朝時期的新亭就位於明代安德鄉一帶。1990 年，南京雨花臺鐵心橋附近發現了一座明代永樂十四年（1416）的夫妻合葬墓，墓主人是跟隨朱元璋打江山的功臣蕭敬之子蕭遜。2009 年，在南京郊區的土場發現了一對墓誌銘，經研究，墓主人是蕭敬的孫媳婦袁妙眞，銘文上記載，蕭遜葬在應天府江寧縣安德鄉花園村。﹝註 97﹞因此，明代安德鄉就在今安德門大街一帶，而六朝新亭的位置可能就在今安德門地鐵站一帶。綜上，曠野寺爲宋寺，蕭齊一度廢棄，梁大同中復立，可能位於今安德門大街一帶。

﹝註97﹞ 袁氏墓誌銘文不見刊出。相關報導可參見《南京發現袁氏墓誌歷史考證價值很高》，《揚子晚報》2009 年 12 月 11 日。

67. 晉興寺

《尼傳》卷二《普賢寺寶賢尼傳》云：「元徽二年（474），法穎律師於晉興寺開《十誦律》題」。據此，晉興寺應爲宋寺。

68. 建安尼寺

《尼傳》卷二《普賢寺寶賢尼傳》云：「十九出家，住建安寺，操行精修，博通禪律。宋文皇帝深加禮遇，供以衣食。」同書卷三《崇聖寺僧敬尼傳》云：「可與建安寺白尼作弟子」。《珠林》卷一百《傳記篇第一百·雜集部》云：「右十四部七十二卷，至梁朝揚州建安寺沙門釋僧祐撰」，「右梁朝建安寺沙門釋慧朗注」，文中的「建安寺」可能爲建初寺之誤（參《梁傳》卷十一《明律·齊京師建初寺釋僧祐》）。綜上，建安寺先爲劉宋時期的尼寺。

69. 南建興寺、建興寺

《尼傳》卷二《建福寺道瑗尼傳》云：「以元嘉八年（431）大造形象，處處安置。……南建興寺金像二軀，雜事幡蓋。」《唐傳》卷一《陳揚都金陵沙門釋法泰傳》云：「太建三年，（菩薩戒弟子曹）毗請建興寺僧正明勇法師，續講《攝論》」。據上，南建興寺的命名應該與建興寺有關，建興寺雖然晚至陳太建三年（571）才見於文獻，可由於南建興寺是宋寺，故建興寺也可能是宋寺。又，建興寺是僧寺，故南建興寺可能也是僧寺。

70. 齊昌寺

《名僧傳抄》卷二六目錄有《宋齊昌寺法盛》，依《名僧傳》的凡例（參劉宋竹林寺條），齊昌寺應該位於建康，爲宋寺。

71. 塵外精舍

《珠林》卷十八《敬法篇第七·感應緣·宋沙門釋慧嚴》云：「塵外精舍釋道儼具所諳聞也。」據此，塵外精舍應爲宋寺。

72. 崇聖尼寺

《尼傳》卷三《崇聖寺僧敬尼傳》云：「宋明帝聞之，遠遣徵迎，……還都，勅住崇聖寺」。《佛寺志》卷下把崇聖寺列爲齊寺，疑誤。據上，崇聖尼寺爲宋寺。

73. 妙相尼寺

《尼傳》卷三《禪基寺僧蓋尼傳》云：「元徽元年（473），索虜侵州，與同學法進南遊京室，住妙相尼寺。」據此，妙相尼寺爲宋寺。

74. 隱靜寺

明人朱胤昌《洗影樓集》注中提到隱靜寺創自劉宋，殿前碑碣猶存，《佛寺志》卷上《宋》隱靜寺條據此認定隱靜寺爲宋寺。《梵剎志》卷十三隱靜寺條云：「在郭城滄波門外東城地，北去所領廣惠院二十五里，西去正陽門三十里。唐時建，古碑剝落，苔蘚間字蝕其半。」與《洗影樓集》異。又《至正志》卷十一下《祠祀志·寺院》隱靜院條錄乾德四年（966）石刻云：「唐上都左街雁門隱靜院始建於宋元嘉，廢於唐會昌。乾德二載（964），耆艾詣南唐主請重建焉。」故隱靜寺爲南朝宋寺無疑。《至正志》隱靜院條引《乾道志》云：「在城東，今雁門山，去城四十里。」與《梵剎志》所載方位相符。綜上，隱靜寺見於元嘉期間，位於城東的雁門山，大概相當於今南京城東滬寧高速兩側的陽山（孔山）、黃龍山一帶〔註98〕。

75. 宣業尼寺、弘光尼寺

《出三藏記集》卷五《小乘迷學竺法度造異儀記》云：「唯宋故丹陽尹顏竣女宣業寺尼法弘，交州刺史張牧女弘光寺尼普明等信受其教，以爲眞實。」《梁傳》卷一《晉江陵辛寺曇摩耶舍》附《竺法度傳》云：「唯宋故丹陽尹顏竣女法弘尼、交州刺史張牧女普明尼，初受其法。今都下宣業、弘光諸尼，習其遺風，東土尼眾，亦時傳其法。」《金樓子》卷二《后妃篇》云：「每大官供進，並以準取錢，纖毫已上，皆施宣業寺」〔註99〕。綜上，宣業寺、弘光寺均爲尼寺。又，顏竣於宋大明三年（459）被誅（《資治通鑑》卷一二九《宋紀十一》），故疑顏竣女法弘尼也經歷過宋世，那宣業寺、弘光寺也可能是宋寺。《佛寺志》卷下《梁》把宣業寺列爲梁寺，疑誤。

76. 平樂寺

《出三藏記集》卷二《新集撰出經律論錄》云：「《摩得勒伽經》十卷。宋元嘉十二年乙亥歲正月於秣陵平樂寺譯出，至九月二十二日訖。」同書卷十一《摩得勒伽後記》云：「宋元嘉十二年，歲在乙亥，揚州聚落丹陽郡秣陵縣平樂寺三藏與弟子共出此律」。據上可知有平樂寺。

77. 弘普寺

《釋氏稽古略》卷二《宋·太宗明帝》云：「宋明帝嘗造佛丈六金像，且

〔註98〕　參見趙慕明《雁門山考辨》，《江蘇地方志》2001年第6期。
〔註99〕　〔梁〕梁元帝蕭繹撰《金樓子》，收入《仲長統論及其他三種》，《叢書集成初編》本，商務印書館，1939年，頁27。

食常齋，日誦般若，爰感舍利，造弘普寺。」〔註100〕可從。

78. 法言精舍

《出三藏記集》卷七錄有釋弘充《新出首楞嚴經序》云：「太宰江夏王該綜群籍，討論淵敏，每覽茲卷，特深遠情。充以管昧，嘗廁玄肆，預遭先匠，啓訓音軌，參聽儒緯，髣髴文意。以皇宋大明二年，歲次奄茂，於法言精舍略爲注解，庶勉不習之傳，敢慕我聞之義。」檢《梁傳》卷八《齊京師湘宮寺釋弘充》：「大明末過江，初止多寶寺。……宋太宰江夏文獻王義恭雅重之。」與《出三藏記集》異。據《出三藏記集》，釋弘充先與太宰劉義恭清談往復，然後才在大明二年（458）於法言精舍注解《首楞嚴經》，故弘充過江必在大明二年之前。《梁傳》云「大明末過江」，誤。

79. 永福尼寺

《尼傳》卷二《普賢寺法淨尼傳》云：「法淨，江北人也。年二十值亂，隨父避地秣陵，門修釋教。淨少出家，住永福寺。」據此，永福寺爲尼寺。

80. 六合山寺

六合山寺見於《出三藏記集》卷十五《寶雲法師傳》、《梁傳》卷三《宋六合山釋寶雲》。根據考古資料顯示，今南京市浦口區頂山街道頂山上的趙宋定山寺遺址很可能就與劉宋六合山寺有關聯〔註101〕。

（四）蕭齊寺院

1. 棲霞寺（攝山寺）

《梁傳》卷八《齊琅琊嶇山釋法度》載，高士齊郡明僧紹隱居瑯琊攝山，及亡，「捨所居山爲栖霞精舍，請度居之」。《珠林》卷三六《華香篇第三三·感應緣》云：「齊棲霞寺在南徐州瑯琊郡江乘北鄉頻佳里攝山之中，齊高士平原明僧紹以宋泰始中起造，嘗聞法鐘自響。」《尼傳》卷三《建福寺智勝尼傳》云：「（智）勝捨衣鉢，爲宋、齊七帝造攝山寺石像」。據上，明僧紹曾隱居攝山，臨死時捨宅爲棲霞精舍，並延請釋法度住錫，因寺在攝山，故又名攝山寺，在南徐州瑯琊郡江乘北鄉頻佳里攝山之中，即今棲霞山的棲霞寺。程章燦先生認爲，建元元年（479）明僧紹從鬱洲回到建康，並定居攝山，修築棲

〔註100〕〔明〕覺岸撰《釋氏稽古略》，收入《大正藏》第49冊，頁792。
〔註101〕參見祁海寧、王宏《南京浦口定山寺遺址考古發掘取得重要階段性成果》，《中國文物報》2009年7月24日第四版；王宏《六合山方位考》，《江蘇地方志》2010年第4期。

霞精舍，永明二年（484）明僧紹去世後，其子明仲璋捨宅爲寺，永明七年，
釋法度以棲霞精舍爲基礎，創立了棲霞寺〔註102〕。今從。

2. 興福寺

《梁傳》卷十三《唱導・齊興福寺釋慧芬》云：「以齊永明三年卒于興福
寺，年七十九。」據此，興福寺可能是齊寺。

3. 孔子寺

《實錄》卷九《烈宗孝武皇帝》太元十一年八月庚午條云：「立宣尼廟，
在故丹楊郡城前隔路東南。」許注引《地志》曰：「齊移廟過淮水，北將山
置之，以其舊處立孔子寺，亦呼其巷爲孔子巷，在今縣東南五里二百步，長
樂橋東一里。」據此可知，孔子寺立於蕭齊時期，位於唐江寧縣縣治東南五
里二百步、長樂橋東一里處。陳作霖認爲孔子寺「當今之馬道街一帶」（《南
朝寺考・齊》孔子寺條），即相當於今中華門東北處的馬道街一帶〔註103〕，
可從。

4. 正觀寺

《梁傳》卷三《齊建康正觀寺求那毗地》載求那毗地「於建鄴淮側，造
正觀寺居之，重閣層門，殿堂整飾」。《佛寺志》卷下《齊》正觀寺條同。據
上，正觀寺位於淮水旁邊。

5. 草堂寺（山茨寺）

《梁傳》卷八《齊上定林寺釋僧柔》云：「時鍾山山茨精舍，又有僧拔、
慧熙，皆弱年英邁，幼著高名。」《唐傳》卷六《梁國師草堂寺智者釋慧約傳》
云：「齊中書郎汝南周顒爲剡令，欽服道素，側席加禮，於鍾山雷次宗舊館造
草堂寺，亦號山茨。」《景定志》卷四六《祠祀志三・寺院》隆報寶乘禪院條、
《至正志》卷十一下《祠祀志・寺院》降（疑誤抄，應爲「隆」）報寶乘禪院
條同。《肇域志》南直隸應天府：「草堂寺，在太平門外二十七里唐家渡。本
齊周顒捨宅，與慧約法師爲草堂寺，在鍾山。一名寶乘寺。洪武七年，以其
地爲開平忠武王墓，撥楊府莊田易之。」〔註104〕《佛寺志》卷下《齊》草堂

〔註102〕程章燦《明僧紹與棲霞立寺史實考：重讀〈攝山棲霞寺碑〉與〈明徵君碑〉》，
　　　　　《南京理工大學學報（社會科學版）》2003年第2期。
〔註103〕參見陳作霖撰《東城志略》的《東城山水街道圖》和《志街道》，收入《金陵
　　　　　瑣志九種》，頁110、117。
〔註104〕〔清〕顧炎武撰，譚其驤、王文楚、朱惠榮等點校《肇域志》，上海古籍出版
　　　　　社，2004年，頁140。

寺條同。綜上，周顒改雷次宗舊館爲草堂寺，又名山茨寺，位於今鍾山常遇春墓一帶。

6. 太昌寺

《梁傳》卷八《齊京師太昌寺釋僧宗》云：「以從來信施造太昌寺以居之。」《佛寺志》卷下《齊》太昌寺條從。今從。

7. 法音尼寺

《尼傳》卷三《法音寺曇簡尼傳》云：「以齊建元四年，立法音精舍，禪思靜默，通達三昧，德聲遐布，功化自遠。」《梁傳》卷十一《明律·齊京師建初寺釋僧祐》云：「開善智藏、法音慧廓，皆崇其德素，請事師禮。」綜上，法音寺建於齊建元四年（482），初爲尼寺，至梁時可能成爲了僧寺。

8. 石室寺

《梁傳》卷十二《誦經·齊京師後岡釋僧侯》云：「後（蕭）惠開協同義嘉，負罪歸闕，（僧）侯乃還都，於後岡創立石室，以爲安禪之所。」《佛寺志》卷下《齊》石室寺條云：「在鍾山之後岡」。暫從。

9. 齊福寺

《梁傳》卷十三《唱導·齊齊福寺釋道儒》云：「長沙王請爲戒師，盧丞相、伯仲孫等共買張敬兒故廟，爲儒立寺，今齊福寺是也。」據此，齊福寺爲齊寺。

10. 齊隆寺（宣武寺）

《梁傳》卷十三《唱導·齊齊隆寺釋法鏡》云，齊竟陵文宣王於「建武初，以其信施立齊隆寺以居之」，「今上爲長沙宣武王治鏡所住寺，因改曰宣武也」。《梁書》卷二五《徐勉傳》載其誡子書：「慧日、十住等，既應營婚，又須住止，吾清明門宅，無相容處。所以爾者，亦復有以，前割西邊施宣武寺，既失西廂，不復方幅，意亦謂此逆旅舍耳，何事須華？」據上，齊竟陵文宣王蕭子良於建武之初建造齊隆寺，後梁武帝爲其兄長沙宣武王蕭懿修整齊隆寺，並改名宣武寺，位於建康城東清明門附近。陳作霖認爲齊隆寺「當今之復成倉一帶」（參《南朝寺考·齊》齊隆寺條），相當於今復成里、二條巷一帶〔註105〕。可從。

〔註105〕參見陳詒紱撰《鍾南淮北區域志·鍾南淮北區域圖》，收入《金陵瑣志九種》。

11. 福田尼寺

《尼傳》卷三《集善寺慧緒尼傳》云：「蕭王（豫章王蕭嶷）要共還都，為起精舍，在第東田之東，名曰福田寺，常入第行道。」據此，豫章王蕭嶷在宅第東田的東邊建造福田寺，延請慧緒尼入住，後為僧寺（見集善尼寺所述）。

12. 集善尼寺

《尼傳》卷三《集善寺慧緒尼傳》云：「武皇帝以東田郊迥，更起集善寺，悉移諸尼還集善，而以福田寺別安外國道人阿梨，第中還復供養，善讀誦咒。」《南齊書》卷二二《豫章文獻王傳》載文獻王蕭嶷「薨後，第庫無見錢，世祖敕貨雜物服飾得數百萬，起集善寺，月給第見錢百萬，至上崩乃省。」《至正志》卷十一下《祠祀志·寺院》法雲寺條引《圖經》云：「本齊集善寺」，又引《慶元志》云：「舊在蔣山寺西門，前有章義橋」。《佛寺志》卷下《齊》集善寺條云：「在鍾山之西」。綜上，齊武帝蕭賾以福田寺過於狹小，另造集善寺，位於鍾山西的青溪沿岸一帶。

13. 安明寺

《南齊書》卷十八《祥瑞志》云：永明九年「秣陵縣鬭場裏安明寺有古樹，眾僧改架屋宇，伐以為薪，剖樹木裏，自然有『法大德』三字」。據此，安明寺位於秣陵縣鬭場裏，可能相當於今雨花門外養虎巷北、秦淮河南岸分佈有紫紅色石頭的區域一帶（參東晉道場寺）。

14. 蓮華寺

《南齊書》卷二七《王玄載傳》附《王玄邈傳》云：永明十一年「建康蓮華寺道人釋法智與州民周盤龍等作亂，四百人夜攻州城西門，登梯上城，射殺城局參軍唐穎，遂入城內」。據此，蓮華寺為齊寺。

15. 禪靈寺

《南齊書》卷四三《謝瀹傳》云：「上（齊武帝）起禪靈寺，勅謝瀹撰碑文。」《梁書》卷五六《侯景傳》云：「及曉，景方覺，乃登禪靈寺門樓望之，見韋粲營壘未合，先渡兵擊之。」又云：「僧辯焚景水柵，入淮，至禪靈寺渚，景大驚，乃緣淮立柵，自石頭至朱雀航。」《實錄》卷二《太祖下》赤烏四年冬十一月條許注，運瀆上有六座橋梁，其中「運瀆臨淮有一新橋，對禪靈渚渡，今之過淮水橋，名新橋，本名萬歲橋」。綜上，齊武帝建造禪靈寺，位於運瀆入淮處、淮水北面。陳作霖認為禪靈寺在「今之范家塘」（《南朝寺考·

齊》禪靈寺條）,「在倉巷西,道光中猶存」〔註106〕。可從。

16. 頂山尼寺

《尼傳》卷四《頂山寺釋道貴尼傳》云:「齊竟陵文宣王蕭子良善相推敬,為造頂山寺,以聚禪眾。」據此,頂山尼寺為齊寺。

17. 勝善寺（雲居上寺）

《至正志》卷十一下《祠祀志·寺院》上雲居下雲居二院條云:「上雲居院,在鍾山之右,去城十二里。舊圖經云:本齊勝善寺。建武二年（495）,南海王蕭子罕造。梁時尼所居,後復為僧院。」《佛寺志》卷下《齊》勝善寺略同。今從。

18. 安國寺

《珠林》卷六三《祈雨篇第七一·感應緣》引《梁京寺記》云:「梁安國寺在秣陵縣都鄉同下里,以永明九年（491）起造。」據此,安國寺為尼寺。

19. 止觀寺、陟岯寺

《珠林》卷一百《傳記篇第一百·興福部第五》云:「齊太祖高帝。手寫《法華》,口誦《般若》。四月八日常鑄金像。七月十五日普寺造盆,供僧三百,造陟岯、正觀二寺。〔四〕」校注〔四〕云:「『正』字,《高麗藏》本作『止』。」正觀寺位於淮水邊,是求那毗地所造（參蕭齊正觀寺所述）,故此處應從《高麗藏》本,作「止觀寺」。《唐傳》卷七《陳攝山栖霞寺釋慧布傳》云:「承攝山止觀寺僧詮法師大乘海嶽、聲譽遠聞,乃往從之聽開《三論》。」綜上,齊太祖蕭道成造止觀寺、陟岯寺,其中止觀寺位於攝山,即今棲霞山。

20. 招玄寺、遊賢寺

《珠林》卷一百《傳記篇第一百·興福部第五》云:「齊世祖武帝。造招玄、遊賢二寺,〔五〕三百名僧,三教格量,四年教定。」校注〔五〕云:「『招』字,《高麗藏》本作『昭』。」據此,招玄寺、遊賢寺為齊寺。

21. 歸依寺

《珠林》卷一百《傳記篇第一百·興福部第五》云:「齊高宗明帝。寫一切經,造千佛像,口誦《般若》,常持《法華》,造歸依寺,召集禪僧,常持六齋。」據此,歸依寺為齊寺。

〔註106〕參見陳作霖撰《運瀆橋道小志》頁12及《運瀆橋道圖》,收入《金陵瑣志九種》。

22. 罽賓寺

《梁傳》卷十《神異下‧梁京師釋保誌》云：「時僧正法獻，欲以一衣遺（保）誌，遣使於龍光、罽賓二寺求之」。檢同書卷十三《興福‧齊上定林寺釋法獻》：「獻以永明之中，被勅與長干玄暢同為僧主，分任南北兩岸」，「獻以建武末年卒」，永明、建武都是蕭齊的年號，故罽賓寺可能為齊寺。《佛寺志》卷上把罽賓寺列入宋寺，疑誤。孫文川據罽賓人佛馱什在建康譯經一事認為罽賓寺立於此間。陳作霖從。劉世珩云：「陳氏遂據為立罽賓寺在此時，非是，今並削去。」（《南朝寺考‧宋》罽賓寺條）今檢《梁傳》卷三《宋建康龍光寺佛馱什》，並無立罽賓寺一事。劉說是。

23. 毗耶離寺

《梁傳》卷三《齊建康正觀寺求那毗地》云：「齊建元初，來至京師，止毗耶離寺。」《佛寺志》卷下《齊》毗耶離寺同。據此，毗耶離寺為齊寺。

24. 普弘寺（竟陵王邸寺）

《梁傳》卷十一《明律‧齊京師安樂寺釋智稱》云：「頃之（智稱）反都，文宣（蕭子良）請於普弘講律，僧眾數百，皆執卷承旨。」同書卷八《梁京師靈味寺釋寶亮》云：「文宣圖其（寶亮）形象於普弘寺焉」。《佛寺志》卷下《齊》作「普宏寺」，誤。又《廣弘明集》卷二三《僧行篇‧南齊安樂寺律師智稱法師行狀》云：「齊竟陵文宣王顧輕千乘，虛心入解，嘗請法師講於邸寺。」〔註107〕可與《梁傳‧釋智稱》相照應，故疑普弘寺就在竟陵王邸內，也稱邸寺。

25. 西尼寺

《尼傳》卷三《崇聖寺僧敬尼傳》云：「僧敬在孕，家人設會，請瓦官寺僧超、西寺曇芝尼，使二人指腹，呼胎中兒為弟子，母代兒喚二人為師，約不問男女，必令出家。」據此，西寺為蕭齊尼寺。

26. 禪基尼寺

《尼傳》卷三《禪基寺僧蓋尼傳》云：「齊永明中，移止禪基寺，欲廣弘觀道。」據此，禪基尼寺為齊寺。

27. 彌陀寺

《名僧傳抄》卷十七目錄有《齊彌陀寺僧顯》。據《名僧傳》的凡例（參劉宋竹林寺條），彌陀寺應在建康。

〔註107〕〔唐〕釋道宣撰《廣弘明集》，收入《大正藏》第52冊，頁269。

28. 棲靜寺

《名僧傳抄》卷二十目錄有《齊栖靜寺僧審》。《唐傳》卷五《梁鍾山宋熙寺沙門釋智欣傳》云：「丹陽建康人也。……年七八歲，……曾入栖靜寺，正值上講，聞《十二因緣義》」。綜上，棲靜寺應為齊寺。

29. 西安寺

《名僧傳抄》卷二二目錄有《齊西安寺僧侯》。據《名僧傳》的凡例（參劉宋竹林寺條），西安寺應在建康。

30. 金剛寺

《名僧傳抄》卷二四目錄有《齊金剛寺法紆》。據《名僧傳》的凡例（參劉宋竹林寺條），金剛寺應在建康。

31. 國安寺

《至正志》卷十一下《祠祀志·寺院》國安寺條云：「城東南六十里，齊永明元年賜額。僧法珍立石，可考。」今從。

32. 隱靈寺

《金樓子》卷一《箴戒篇》云：「齊武帝時，隱靈寺雕飾炫麗」〔註108〕。《佛寺志》卷下據此認為隱靈寺為齊寺，可從；但又認為上引內容出自《興王篇》，誤。

33. 法雲寺

《廣弘明集》卷十九《法義篇》收錄沈約《齊竟陵王發講疏並頌》云：「乃以永明元年（483）二月八日，……同集於邸內之法雲精廬」〔註109〕。《唐傳》卷五《梁楊都建元寺沙門釋法護傳》云：「齊竟陵王總校玄釋，定其虛實，仍於法雲寺建暨義齋，以護為標領」。《陳書》卷三三《儒林·張譏傳》云：「吳郡陸元朗、朱孟博、一乘寺沙門法才、法雲寺沙門慧休、至真觀道士姚綏，皆傳其業。」《佛寺志》卷下《齊》法雲寺條略同，又云「在雞籠山旁」，似無據。綜上，法雲寺在齊竟陵王蕭子良邸內，可能就是蕭子良所建。

34. 齊熙寺

《梁傳》卷十二《誦經·梁富陽齊堅寺釋道琳》云：「至梁初，琳出居齊

〔註108〕〔梁〕梁元帝蕭繹撰《金樓子》，收入《仲長統論及其他三種》，《叢書集成初編》本，頁19。

〔註109〕〔唐〕釋道宣撰《廣弘明集》，收入《大正藏》第52冊，頁232。

熙寺。」《佛寺志》卷下《齊》齊熙寺條據此認爲：「齊熙寺，有頌本朝之義，必齊時之所建也。」可從。

35.「齊古寺」

《至正志》卷十一下《祠祀志‧寺院》樂林院條引《乾道志》云：「在城東南六十里，因齊古寺基。」按，「齊古寺基」意爲「蕭齊的古寺基」，如同書同卷崇因寺條的「本宋曠野寺」（參劉宋曠野寺條）、方樂院的「本梁方樂寺基」（參蕭梁方樂寺條），故此處的「齊古寺」加上引號。《佛寺志》卷下《齊》齊古寺條同。今從。

36. 華嚴寺

《尼傳》卷三目錄有《華嚴寺妙智尼傳》，並云：妙智「建武二年（495）卒」，故可知華嚴寺爲齊寺。《陳書》卷三二《孝行‧謝貞傳》云：「從父洽、族兄暠乃共往華嚴寺，請長爪禪師爲貞說法」。《南史》卷七四《孝義下‧謝藺傳》附《謝貞傳》同。《佛寺志》卷下把華嚴寺列爲梁寺，誤。《梵刹志》卷三二華嚴寺條云：「在負郭小安德門外南城地，北去聚寶門五里、所領能仁寺三里。寺係古迹，久廢」，故頗疑就是蕭齊的華嚴寺。若上疑成立，則華嚴寺位於今安德門地鐵站西側一帶，即今安德門外小行的華嚴村。

37. 樂林尼寺

《廣弘明集》卷十六《佛德篇‧繡像題贊並序》云：「維齊永明四年（486）歲次丙寅秋八月己未朔二日庚申，第三皇孫所生陳夫人，……敬因樂林寺主比丘尼釋寶願，造繡無量壽尊像一軀」〔註110〕。據此，樂林尼寺屬齊寺。

38. 遠精舍

《梁傳》卷八《齊京師莊嚴寺釋道慧》云：「慧以母年老，欲存資奉，乃移憩莊嚴寺，母憐其志，復出家爲道，捨宅爲福。建遠精舍。」據此，遠精舍可能屬齊寺。

（五）蕭梁寺院

1. 開善寺

《梁傳》卷十《神異下‧梁京師釋保誌》載天監十三年（514）保誌死後，梁武帝「因厚加殯送，葬於鍾山獨龍之阜，仍於墓所立開善精舍」。《梁京寺記》興國禪寺條云：「梁武帝天監十三年，以錢二十萬，易定林前前岡獨龍阜，

〔註110〕〔唐〕釋道宣撰《廣弘明集》，收入《大正藏》第52冊，頁212。

以葬誌公。永定公主以湯沐之資，造浮圖五級於其上。十四年，即塔前建開
善寺。」〔註111〕《佛寺志》卷下《梁》開善寺條略同。綜上，開善寺建於天
監十四年（515），位於鍾山獨龍阜〔註112〕。北宋太平興國五年（980）改名興
國寺（見《編類》卷十一《寺院門》蔣山太平興國禪寺條）。

2. 華林寺

《梁傳》卷十《神異下・梁京師釋保誌》云：「後法雲於華林寺〔十六〕
講《法華》，至假使黑風。」校注〔十六〕：「三本、金陵本『寺』作『殿』。」
同書卷十三《唱導・齊正勝寺釋法願》載宋孝武帝敕法願罷道，「作廣武將軍，
直華林佛殿。」據此，劉宋時期華林殿又有華林佛殿之稱，蕭梁時期可能又
名華林寺。

3. 招提寺（大招提寺）

可參見東晉招提寺條所述。

4. 光宅寺

《梁書》卷四九《文學上・周興嗣傳》云：「是時，高祖以三橋舊宅爲
光宅寺，敕興嗣與陸倕各製寺碑，及成俱奏，高祖用興嗣所製者。」《實錄》
卷十七《高祖武皇帝》天監六年（507）條云：「置光宅寺，西去縣十里。」
《梁書》卷一《武帝本紀上》云：「高祖以宋孝武大明八年甲辰歲生于秣陵
縣同夏里三橋宅。」《佛寺志》卷下《梁》光宅寺條略同。陳作霖認爲光宅
寺「當今之赤石磯一帶」（《南朝寺考・齊》光宅寺條），相當於今雨花門內
一帶〔註113〕。可從。

〔註111〕闕名《梁京寺記》，收入《大正藏》第 51 冊，頁 1024。

〔註112〕獨龍阜東側曾發現一塊南朝殘石塔，可能是開善寺域內的寶誌和尚舍利塔或
慧約婁禪師舍利塔，見賀雲翱《南京獨龍阜東出土南朝石塔構件的初步研
究》，《華夏考古》2010 年第 4 期。

〔註113〕參見陳作霖撰《東城志略》的《東城山水街道圖》和《志山》，收入《金陵瑣
志九種》，頁 110、111。又《志山》云：「稍東爲同夏里，梁武帝生於斯。大
同三年置爲縣，因捨三橋舊宅爲光宅寺，亦名蕭帝寺。……南唐更名法光，
宋曰鹿苑，皆取內典以錫號焉。……（南）岡脊有周孝侯處讀書臺，……臺
下爲古柏庵，……門外嵌宋管仲姬畫大士石刻，後又就山鑿像，故謂之石觀
音院。」（頁 111）按，光宅寺與蕭帝寺別爲二寺，見蕭梁蕭帝寺條，故此處
誤。朱偰先生引用《東城志略・志山》時作「石觀音寺在城東隅蟒蛇倉，當
周孝侯處讀書臺下。梁爲蕭帝寺，武帝所立也」（見《金陵古迹圖考》第十二
章第五節石觀音寺條，頁 223），又把石觀音院和蕭帝寺混爲一處，誤。

5. 小莊嚴寺

《梁京寺記》小莊嚴寺條云：「梁小莊嚴寺，在建業定陰里，本是晉零陵王廟地。天監六年度禪師起造。」〔註114〕《梁傳》卷十三《興福・梁京師正覺寺釋法悅》云：「欲改造丈八無量壽像，……以梁天監八年五月三日於小莊嚴寺營鑄。」《佛寺志》卷下《梁》小莊嚴寺條同。根據對東晉永安尼寺和劉宋禪林寺的考述，定陰里位於唐江寧縣治東南二里的建康西尉附近、運瀆西岸，故小莊嚴寺就在這裡，相當於在今倉巷以東、升州路以北、鼎新路以西、七家灣路以南的範圍內。

6. 大愛敬寺（愛敬寺）

《梁書》卷三《武帝本紀下》云：「高祖生知淳孝。……及居帝位，即於鍾山造大愛敬寺」。同書卷七《太宗王皇后傳》云：「時高祖於鍾山造大愛敬寺，（王）騫舊墅在寺側，有良田八十餘頃，即晉丞相王導賜田也。高祖遣主書宣旨就騫求市，欲以施寺。騫答旨云：『此田不賣，若是敕取，所不敢言。』」《梁京寺記》云：「梁武帝普通元年造，在蔣山之北高峯上。」〔註115〕《實錄》卷十七《高祖武皇帝》普通元年條云：「置大愛敬寺，西南去縣十八里，武帝為太祖文皇帝造。」《唐傳》卷一《梁揚都莊嚴寺沙門釋寶唱傳》云：「為太祖文皇於鍾山北（原注：北＝竹）澗，建大愛敬寺。」《文苑英華》卷七八五梁簡文帝撰的《大愛敬寺剎下銘》云：「乃於鍾山竹澗奉為皇考太祖文皇帝造大愛敬寺焉」〔註116〕。《佛寺志》卷下《齊》大愛敬寺條略同。關於大愛敬寺的位置，有三種說法，即「蔣山之北高峰」、「鍾山北澗」和「鍾山竹澗」。梁高祖蕭衍的第六子邵陵王蕭綸於太清三年（549）率兵討伐侯景。蕭綸從京口（今鎮江）出發，聽從趙伯超的建議，沒走黃城大道〔註117〕，而是抄小路直至鍾山，大敗侯景於愛敬寺下。〔註118〕據此，蕭綸達到的應該是鍾山的北坡。今鍾山西北坡仍分佈許多竹子，故疑「鍾山北澗」和「鍾山竹澗」實指一地。又《至正志》卷十一下《祠祀志・寺院》普濟寺條云：「寺西有梁昭明太子讀

〔註114〕闕名《梁京寺記》，收入《大正藏》第 51 冊，頁 1024。

〔註115〕闕名《梁京寺記》，收入《大正藏》第 51 冊，頁 1024。

〔註116〕〔宋〕李昉等編《文苑英華》，中華書局影印本，1982 年，頁 4149。

〔註117〕黃城大道指從今鎮江出發，經堯化門附近至南京城的道路，參見郭黎安《試論六朝建康的水陸交通》，《江蘇社會科學》1999 年第 5 期。

〔註118〕參見《梁書》卷二九《邵陵王綸傳》、卷五六《侯景傳》，《南史》卷八十《賊臣・侯景傳》。

書臺，即普通元年所置大愛敬寺基也」，普濟寺在頭陀寺東北，是頭陀寺的孑遺，而今鍾山西北坡的竹林恰在頭陀嶺的西面（參蕭梁頭陀寺條）。綜上，梁武帝於普通元年（520）為其父蕭順之造大愛敬寺，可簡稱為愛敬寺（參《實錄》卷十七《高祖武皇帝》太清二年十一月條、卷十八《后妃傳略‧太宗簡皇后傳》），位於南京鍾山西北坡。

大愛敬寺建的非常富麗堂皇。《唐傳》卷一《梁揚都莊嚴寺沙門釋寶唱傳》有很詳細的描述：「紜紛協日，臨睨百丈。翠微峻極，流泉灌注。鍾鯨遍嶺，鈇鳳乘空。創塔包巖壑之奇，宴坐盡林泉之邃。結構伽藍，同尊園寢；經營彫麗，奄若天宮。中院之去大門，延袤七里，廊廡相架，簷霤臨屬。旁置三十六院，皆設池臺，周宇環遶，千有餘僧，四事供給。中院正殿，有栴檀像，舉高丈八，匠人約量，晨作夕停。每夜恒聞作聲，旦視輒覺功大。及終成後，乃高二丈有二。相好端嚴，色相超挺，殆由神造，屢感徵迹。」

7. 大智度尼寺（智度寺）

《梁書》卷三《武帝本紀下》云：「高祖生知淳孝。……及居帝位，即於……青溪邊造智度寺」。《唐傳》卷一《梁揚都莊嚴寺金陵沙門釋寶唱傳》云：「又為獻太后於青溪西岸建陽城門路東，起大智度寺。」《佛寺志》卷下《梁》智度寺條略同。

大智度寺也建的頗為壯麗。《唐傳》卷一《梁揚都莊嚴寺沙門釋寶唱傳》云：「京師甲里，爽塏通博。朝市之中途，川陸之顯要。殿堂宏壯，寶塔七層；房廊周接，華果間發。正殿亦造丈八金像，以申追福。五百諸尼，四時講誦。」

綜上，梁武帝即為後為其母獻皇后張氏建立大智度寺（可簡稱為智度寺），由「五百諸尼，四時講誦」一語，可知為尼寺，位於建康建陽門之東、青溪西岸。

8. 同泰寺

《唐傳》卷一《梁揚都莊嚴寺金陵沙門釋寶唱傳》云：「又以大通元年，於臺城北開大通門，立同泰寺。樓閣臺殿，擬則宸宮。九級浮圖，迴張雲表。山樹園池，沃蕩煩積。」《實錄》卷十七《高祖武皇帝》大通元年條云：「帝創同泰寺，寺在宮後，別開一門，名大通門，對寺之南門，取返語以協同泰為名，帝晨夕講議，多遊此門，寺在縣東六里。」《佛寺志》卷下《梁》同泰寺條略同。2001 年 11 月至 2002 年 1 月，考古工作者在今玄武區政府西側小

貴山一帶發掘出大量遺物，其中有精美的蓮花紋瓦當，張學鋒先生據此懷疑同泰寺就在今玄武區政府西側一帶〔註119〕。此說甚是。這裡稍加補充。唐江寧縣縣治位於今江蘇省委黨校一帶（參東晉延興尼寺所述），到今玄武區政府的直線距離約2700米，幾乎相當於唐代的六里（約2700米），故《實錄》載同泰寺「在縣東六里」，其「東」是一個大概方向，包括正東、東南、東北。綜上，大通元年（527）梁武帝建立同泰寺，位於臺城北、唐江寧縣縣治東北六里處，在今玄武區政府西側一帶。

9. 蕭寺（蕭帝寺）

唐人蘇鶚《杜陽雜編》云：「梁武帝好佛，造浮屠，命蕭子雲飛白大書曰蕭寺，至今一字猶存。」〔註120〕《南史》卷七二《文學·任孝恭傳》云：「少從蕭寺雲法師讀經論」。《梁京寺記》法光寺條云：「即梁之蕭帝寺。舊傳，天監十三年造。元絳寺記云，不知從昔之名，故後人以帝氏目之。」〔註121〕《佛寺志》卷下《梁》蕭帝寺同。綜上，梁武帝於天監十三年（514）建蕭寺，後人又稱之爲蕭帝寺。

10. 同行寺（聖遊寺）

《梁京寺記》寶林寺條云：「梁天監中，武帝與寶公，同遊此山，見林巒殊勝，命建精藍。」《編類》卷十一《寺院門》寶林寺條云：「舊經云：本同行寺。梁天監中，武帝與寶公同遊此山。見林巒殊勝，命建精藍，因以『同行』爲額，亦名聖遊寺。……本朝嘉祐中改賜今額」。《至正志》卷十一下《祠祀志·寺院》寶林寺條云：「在城西北二十五里。」《梵剎志》卷二七幕府寺條云：「在都城西北，……北城地幕府山，……《圖經》云：梁天監中武帝與寶公來遊，始建爲寺，名同行，一名聖遊，後改秀岩院，嘉祐中又改寶林寺，國朝如今名」。《佛寺志》卷下《梁》認爲同行寺與幕府山別爲二寺，誤。綜上，梁天監中，梁武帝與寶誌遊幕府山時建造同行寺，亦名聖遊寺，北宋嘉祐中，改稱寶林寺，明朝又改名爲幕府寺。朱偰先生探尋此寺時，「惟深山從蕪中，殿基重重，階礎尚在，猶可見其殘址焉」〔註122〕。

〔註119〕參見張學鋒《六朝建康城的發掘與復原新思路》第四節，《南京曉莊學院學報》2006年第2期。

〔註120〕見明朝曾益原注唐人溫庭筠《送淮陰孫令之官》「蕭寺通淮戍」句所引《杜陽雜編》，劉學鍇校注《溫庭筠全集校注》本，中華書局，2007年，頁684、685。

〔註121〕闕名《梁京寺記》，收入《大正藏》第51冊，頁1024。

〔註122〕朱偰著《金陵古迹圖考》第十二章第八節，頁249。

11. 佛窟寺

《唐傳》卷二十《習禪六之餘‧潤州牛頭沙門釋法融傳》云：「又往丹陽南牛頭山佛窟寺。現有辟支佛窟，因得名焉。」《實錄》卷十七《高祖武皇帝》天監二年條云：「置佛窟寺，北去縣三十里，僧明慶造。」《景定志》卷四六《祠祀志三‧寺院》佛窟寺條云：「梁天監二年，司空徐度造寺，因名佛窟寺。」與《實錄》異。檢《南史》卷六七《徐度傳》，陳廢帝即位後徐度才進位司空，故疑徐度造佛窟寺一說有誤。《梵刹志》卷三三牛首山弘覺寺條云：「國朝初仍名佛窟，正統間改弘覺。」《佛寺志》卷下《梁》佛窟寺條略同。綜上，梁天監二年（503）僧明慶起造佛窟寺，位於建康南三十里的牛頭山，即今牛首山弘覺寺。

12. 法雲寺

《唐傳》卷五《梁楊都光宅寺沙門釋法雲傳》曰：「雲以天監末年，欲報施主之恩，於秣陵縣同下里中造寺一所。勅以法師建造，可仍以法師為名，即禪崗之西山也。郊郭內地，實為爽塏，結宇孤巖，北面城市，懷澗隱嶺，窮人野之致，終日論談，曾無休廢。」文中「勅以法師建造，可仍以法師為名」似指用法師之法名為寺名，即可稱之為法雲寺。按同卷《梁楊都建元寺沙門釋法護傳》，法護卒於梁天監六年（507），其活動期間就出現過法雲寺（可參蕭齊法雲寺條），故釋法雲所立之寺應與法雲寺不同。綜上，梁天監末年，釋法雲造立寺院一所，亦名法雲寺，位於建康南部同下里（按，即同夏里）禪崗的西山之上，疑距光宅寺未遠（見蕭梁光宅寺條）。

13. 南冥真寺

《珠林》卷三六《華香篇第三三‧感應緣》載：「梁南冥真寺在秣陵縣中興里，普通五年（524），沙門惠釗起造。」今從。

14. 仙窟寺

《實錄》卷七《顯宗成皇帝》附《王導傳》許注，牛首山六朝時名天闕山，唐天寶初改名為仙窟山，又「梁武帝于窟穴下置寺，名曰仙窟寺」。《佛寺志》卷下《梁》仙窟寺條同。據上，仙窟寺位於今牛首山。

15. 法王寺

《實錄》卷十七《高祖武皇帝》天監二年條：「置法王寺，北去縣二十里。」許嵩引《塔寺記》云：「武帝造。其地本號新林，前代苑也。梁武義軍至，首祚王業，故以『法王』為名。」《佛寺志》卷下《梁》新林法王寺條略同。據

上，梁武帝於天監二年（503）造法王寺，位於建康城南二十里的新林，大概相當於今南京西南西善橋一帶（參東晉新林尼寺條）。

16. 永建寺

《實錄》卷十七《高祖武皇帝》天監二年條：「置永建寺，北去縣六十里，李師利建造。」《至正志》卷十一下《祠祀志·寺院》隱靜院條引《乾道志》云：「在城東，近雁門山，去城四十里。梁天監二年建，初名永建寺。」按位於雁門山的隱靜寺爲宋寺（參劉宋隱靜寺條），《至正志》把永建寺和隱靜寺混淆，誤。據上，永建寺建於梁天監二年（503），位於建康城南六十里。

17. 敬業寺

《實錄》卷十七《高祖武皇帝》天監四年十二月條：「置敬業寺，禮部侍郎盧法震造。」《佛寺志》卷下《梁》敬業寺條同。今從。

18. 淨居寺

《實錄》卷十七《高祖武皇帝》天監五年條：「置淨居寺，北去縣六十二里，潁州刺史劉威造。」《佛寺志》卷下《梁》引爲「六十里」，誤。據上，淨居寺位於建康城南六十二里。

19. 明慶寺

《陳書》卷二七《姚察傳》云：「察幼年嘗就鍾山明慶寺尙禪師受菩薩戒」。《實錄》卷七《顯宗成皇帝》咸和三年二月庚戌條許注引《陳圖》云：「蘇峻戰場，在鍾山明慶寺前，晉所謂王師敗於陵西，即吳大帝時陵也。」同書卷十七《高祖武皇帝》天監六年九月條：「置明慶寺，後閤舍人王曡明造，去縣十八里。」《佛寺志》卷下《梁》明慶寺條略同。綜上，天監六年（507）王曡明造明慶寺，位於今鍾山。

20. 涅槃寺、翠微寺

《實錄》卷十七《高祖武皇帝》天監七年條：「置涅槃寺，在縣北二十里，沙門僧寵造。峰頂又有翠微寺，天晴日暖，望見廣陵城在目前，水路之遠，蓋二百里。」《佛寺志》卷下《梁》涅槃寺、翠微寺條同。據上，涅槃寺、翠微寺都在建康城北二十里，疑在今幕府山一帶。

21. 本業寺

《實錄》卷十七《高祖武皇帝》天監九年條：「是歲，置本業寺，西去縣五十里，比丘淨潔造，在蔣山里。」《至正志》卷十一下《祠祀志·寺院》本

業寺條云：「在上元縣宣義鄉。《乾道志》在城東北四十里。」《梵刹志》卷十三本業寺條云：「在郭城麒麟門外東城地，西去所領廣惠院七里、朝陽門二十五里。」《佛寺志》卷下《梁》本業寺條略同。綜上，淨潔於天監九年（510）造本業寺，位於蔣山里，即今麒麟門一帶。又朱偰先生云：「本業寺在京湯路南近陽山一帶（凳子山與陶家山間）。今雖荒廢，然遺蹟數年前猶可見，且其下猶有和尚墳，碑記宣德年號，並重修本業寺事，可證其地爲本業寺遺址也。」〔註123〕甚是。

22. 解脫寺

《實錄》卷十七《高祖武皇帝》天監十年條：「置解脫寺，在縣西南六里，武帝爲德皇后造太清里內。」《景定志》卷四六《祠祀志三·寺院》百福院條云：「在城南五里，本梁解脫院」。《至正志》卷十一下《祠祀志·寺院》百福院條、《佛寺志》卷下《梁》解脫寺條同。綜上，梁武帝於天監十年（511）爲德皇后郗徽造，位於城南太清里。

23. 勸善寺

《實錄》卷十七《高祖武皇帝》天監十三年條：「置勸善寺，去縣西北十八里，帝爲賢志造。」《佛寺志》卷下《梁》勸善寺條云：「武帝爲釋寶誌造」，誤；又云：「當今冶城山左近」，可從。綜上，梁武帝於天監十三年（514）爲賢志造勸善寺，在今朝天宮一帶。

24. 慧日寺（惠日寺）

慧日寺建於天監十八（519）年，在建康西尉的定陰里，大概相當於今倉巷以東、七家灣以南、鼎新路以西、升州路以北的區域內（參劉宋禪林尼寺所辦）。

25. 永明寺

《實錄》卷十七《高祖武皇帝》普通元年條：「置永明寺，西北去縣五十里。」許嵩引《寺記》云：「南平襄王造，大唐武德六年廢，上元二年五月奉勑重造。」按，「南平襄王」有脫字，應爲「南平元襄王」，是梁太祖蕭順之的第八子，梁武帝的弟弟，見《梁書》卷二二《南平王偉傳》。《佛寺志》卷下《梁》永明寺條同。據上，南平元襄王蕭偉於普通元年（520）建造永明寺，位於建康城東南五十里，唐武德六年（622）廢，上元二年（675）重造。

〔註123〕朱偰著《金陵古蹟圖考》第十二章第八節，頁249。

26. 果願尼寺、須陁寺

《實錄》卷十七《高祖武皇帝》普通元年（520）條：「置果願尼寺，西南去縣五十里，東陽太守王均造。須陁寺，去縣十七里。」《佛寺志》卷下《梁》果願尼寺、須陀寺條同。《佛寺志》作「須陀寺」，誤。據上，果願尼寺位於建康城東北五十里。

27. 猛信尼寺

《實錄》卷十七《高祖武皇帝》普通三年（522）十一月條：「造猛信尼寺，西北去縣五十里，後閣主書高僧猛造，在鍾山西北，梁紹泰二年廢，上元二年勅令重造。」《佛寺志》卷下《梁》猛信尼寺條引作「鋪山西北」，疑誤。綜上，猛信尼寺位於建康城鍾山西北。

28. 福靜寺

《實錄》卷十七《高祖武皇帝》普通三年（522）十一月條：「福靜寺，西北去縣六里，定修義造。」《至正志》卷十一下《祠祀志·寺院》了緣塔院條引《乾道志》云：「在鍾山後，梁普通中置。初爲福靜寺，南唐保大九年改今額。」《佛寺志》卷下《梁》福靜寺條同。今從。福靜寺位於建康城鍾山後。

29. 善覺尼寺

《實錄》卷十七《高祖武皇帝》普通五年條：「置善覺尼寺，在縣東七里，穆貴妃造，其殿宇房廊，剎置奇絕，元帝繹爲寺碑。」《藝文類聚》卷七六《內典上·寺碑》梁簡文帝《善覺寺碑銘》曰：「乃於建康之太清里，建善覺寺焉」〔註124〕。《佛寺志》卷下《梁》善覺寺條云：「昭明太子爲母丁貴妃造」，誤。穆貴妃是梁簡文帝的生母，見《梁書》卷四《簡文帝本紀》。太清里位於建康城南一帶（見蕭梁解脫寺條），《實錄》載「在縣東七里」，不如《善覺寺碑銘》所記的方位準確。綜上，穆貴妃於普通五年（524）造善覺尼寺，位於建康城南太清里。

30. 園居尼寺

《實錄》卷十七《高祖武皇帝》大通元年條：「置園居尼寺，北去縣四十三里，大通四年，舍人袁顗造。」按，大通只有三年，故無「大通四年」。據上，大通元年（527）舍人袁顗造園居尼寺，位於建康城南十三里處。

〔註124〕〔唐〕歐陽詢撰《藝文類聚》，頁 1303。

31. 禪巖寺

《實錄》卷十七《高祖武皇帝》中大通元年（529）條：「置禪巖寺，西北去縣三十五里。大通元年，嚴祛之造，貞觀六年（632）廢，上元二年（761）敕重造。」文中「大通元年」可能脫「中」字。

32. 法苑寺（廣化寺）

《實錄》卷十七《高祖武皇帝》中大通五年（533）條：「置法苑寺，北去縣五十里。」許注引《寺記》云：「大通五年，張文達造，一名廣化寺。貞觀六年（632）廢，上元二年（761）敕重造。」《寺記》的「大通五年」可能脫「中」字，許嵩把此條列於中大通五年條下，說明他也有這種懷疑。

33. 頭陁寺（頭陀寺）

《實錄》卷十七《高祖武皇帝》大同元年條：「置頭陁寺，東北去縣二十二里。」許注引《寺記》：「舍人石興造，其寺在蔣山頂第一峰。殿後有泉井，與江、淮水通，隨潮水增減，非常靈異，累世仍舊。」《至正志》卷十一下《祠祀志‧寺院》普濟寺條引《實錄》云：「梁大同元年置，頭陀寺東北，去縣二十二里。舍人石興造，在蔣山頂第一峰。」這裡把《實錄》內容置於普濟寺下，誤。普濟寺可能是頭陁寺的孑遺，而並非同時存在的兩所寺院〔註125〕。綜上，大同元年（535）石興造頭陁寺，可能位於今鍾山頭陀嶺。

34. 頭陀寺

《至正志》卷十一下《祠祀志‧寺院》天王院條云：「在上元縣靖安鎮，去城十七里。梁普通二年（521）建，初名頭陀寺。建隆四年（963），改今額。」《佛寺志》卷下《梁》頭陀寺條同。據上，頭陀寺位於清上元縣西北十五里處（參東晉崇明寺條）。

35. 萬福尼寺

《實錄》卷十七《高祖武皇帝》大同元年（535）條：「萬福尼寺，北去縣十八里，吳僧暢造。」今從。

36. 本願尼寺

《實錄》卷十七《高祖武皇帝》大同元年（535）條：「本願尼寺，湘州刺史蕭環造。」今從。

〔註125〕《梵剎志》卷一三普濟寺條就說：「按《金陵新志》載，《實錄》梁頭陀寺在蔣山頂，後徙置山下，治平中改額普濟寺。」可為旁證。

37. 慈恩寺

《實錄》卷十七《高祖武皇帝》大同二年（536）條：「置慈恩寺，東南去縣二十五里，邵陵王綸造。」上世紀七十年代，考古工作者在今清涼山發現大量南朝遺物，並推測是南朝晚期的一座佛寺遺址，蔣贊初先生懷疑可能是慈恩寺〔註126〕。今暫從。

38. 普光寺

《實錄》卷十七《高祖武皇帝》大同二年（536）條：「普光寺，東南去縣八十里，安豐縣令張延造。」今從。

39. 化成寺

《實錄》卷十七《高祖武皇帝》大同二年（536）條：「化成寺，東北去縣七十里，江寧縣令陶道宗造。」陳作霖云：「梁時無江寧縣，當是秣陵。」（《南朝寺考・梁》化成寺條）誤。檢《梁書》卷七《高祖阮脩容傳》：「其年（大同六年）十一月，歸葬江寧縣通望山。」故梁有江寧縣。

40. 福興寺

《實錄》卷十七《高祖武皇帝》大同二年（536）條：「福興寺，東北去縣一百里，袁平造。」《景定志》卷四六《祠祀志三・寺院》殊勝寺條云：「在城南門外，本宋（陳作霖云：『福興梁置，此云宋，疑誤。』是）福興寺」。《至正志》卷十一下《祠祀志・寺院》福興寺條引《乾道志》云：「在城西南七十五里天竺山下。」陳作霖認爲福興寺的位置「當今之銅井鎮」（《南朝寺考・梁》福興寺條），即今南京江寧區銅井鎮一帶，可從。

41. 善業尼寺

《實錄》卷十七《高祖武皇帝》大同二年（536）條：「善業尼寺，東北去縣五十里，蕭恪造。」今從。

42. 寒林寺

《實錄》卷十七《高祖武皇帝》大同二年（536）條：「寒林寺，西北去縣三十五里，常侍陳景造。」今從。

43. 一乘寺（凹凸寺）

《實錄》卷十七《高祖武皇帝》大同三年（537）條：「置一乘寺，西北去縣六里，邵陵王綸造，在丹楊縣之左，隔邸，舊開東門，門對寺。梁末賊

〔註126〕蔣贊初《南京六處六朝佛寺遺址考》。

起，遂延燒至，陳尙書令江總捨書堂於寺，今之堂是也。寺門遍畫凹凸花，……遠望眼暈如凹凸，就視如平，世咸異之，乃名凹凸寺。」《佛寺志》卷下《梁》一乘寺條略同。據上，一乘寺在建康東南六里處，丹楊縣城東門的對面，梁末侯景之亂被燒，陳尙書令江總又把書堂施予一乘寺。

44. 履道寺

《實錄》卷十七《高祖武皇帝》大同十一年（545）條：「置履道寺，西北去縣二十五里。」許嵩引《注宣集》：「貞威將軍、給事、後閣舍人章法護造。」今從。

45. 渴寒寺

《實錄》卷十七《高祖武皇帝》大同十一年（545）條：「置渴寒寺，西北去縣二十五里。」今從。

46. 幽巖寺、青山幽巖寺

《實錄》卷十七《高祖武皇帝》太清元年條：「置幽巖寺，北去縣四十里，永康公主造。」許嵩注引《釋法論集》：「《牛頭山佛窟寺大毗曇師傅傳》云：承聖二年，法師入秣陵青山始創，舍名曰『幽巖』，與佛窟相去十里，毗曇所立，不云永康矣。」正文與許注異。陳作霖云：「建造之人與建造之年俱不同，當別有一寺，不必強合爲一。」（《南朝寺考·梁》青山幽巖寺條）是。綜上，幽巖寺有兩座，一座爲梁武帝女永康公主蕭玉嬛（見《梁書》卷七《高祖郗皇后傳》）於太清元年（547）所建，在今牛首山一帶，一座爲毗曇於承聖二年（553）所建，距牛首山上的佛窟寺十里。

47. 儀香尼寺

《實錄》卷十七《高祖武皇帝》太清元年（547）條：「立儀香尼寺，西北去縣五十里，宮獲造。」今從。

48. 靈隱寺

《實錄》卷十七《高祖武皇帝》太清二年（548）條：「置靈隱寺，西北去縣五十里，炅待公所造。」今從。

49. 慧眼寺

《梁書》卷四七《孝行·江紑傳》載江紑父蒨患眼疾，紑得一夢說「飲慧眼水必差」，後訪草堂寺智者法師而解夢，蒨眼疾愈，江蒨「乃因智者啓捨同夏縣界牛屯里舍爲寺，乞賜嘉名」，智者法師說「可以慧眼爲名」。《佛寺志》

卷下把慧眼寺列爲齊寺，誤。陳作霖認爲慧眼寺「當今之赤石磯南」（《南朝寺考‧齊》慧眼寺條），相當於今雨花門西側一帶〔註127〕。可從。

50. 普明寺

《唐傳》卷十六《陳鍾山開善寺釋智遠傳》云：「梁建安侯蕭正立，務兼內外，兼弘孔釋，造普明寺請遠居之，以伸供養之志也。」據《梁書》卷二二《臨川王宏傳》，宏爲梁太祖蕭順之第六子，而正立爲宏第五子。

51. 慶雲寺

《陳書》卷二《高祖本紀下》永定元年十月庚辰條載：「初，齊故僧統法獻於烏纏國得之（佛牙），常在定林上寺，梁天監末，爲攝山慶雲寺沙門慧興保藏」。據此，慶雲寺位於攝山，即今棲霞山。

52. 慈敬寺、報恩寺

《珠林》卷一百《傳記篇第一百‧興福部第五》云：「梁太宗簡文帝。造慈敬、報恩二寺，刺血自寫《般若》十部，願忌日不食而齋，撰《集記》二百餘卷，《法寶連璧》亦二百餘卷。」今從。

53. 眾造寺

《實錄》卷十七《高祖武皇帝》普通五年（524）載：「置眾造寺，西南去縣五十里，後閣舍人吳慶之造。」今從。

54. 淨名寺（資福寺）

《梁傳》卷十《神異下‧梁京師釋保誌》云：「誌多去來興皇、淨名兩寺。」《唐傳》卷十六《梁鍾山延賢寺釋慧勝傳》云：「時淨名寺有慧初禪師者，魏天水人。……晚遊梁國，住興皇寺，……武帝爲立禪房於淨名寺，以處之」。《編類》卷十三《墳陵門》宋謝濤墓條：「按土山淨名寺新得古碑云：宋散騎常侍謝濤，元嘉十七年，葬於揚州丹陽郡建康縣東鄉土山里。」《梵刹志》卷九東山翼善寺條云：「在郭城東南，北去所統靈谷寺三十里、正陽門十七里，東城地。……梁資福院，武帝建淨名院。……宋元改淨名寺。」文中的「資福院」、「淨名院」可能是沿襲趙宋人的說法，蕭梁時期原名可能稱「寺」。《佛寺志》卷下《梁》淨名寺條略同。綜上，淨名寺位於六朝建康縣東鄉土山里、明郭城東南東山，大概在今南京江寧區東山鎮一帶。

〔註127〕參見陳作霖撰《東城志略》的《東城山水街道圖》和《志山》，收入《金陵瑣志九種》，頁 110、111。

55. 大寺

《唐傳》卷一《陳揚都金陵沙門釋法泰傳》云：「住揚都大寺，與慧愷、僧宗、法忍等，知名梁代」。「揚都大寺」可能是泛指，可檢《梁傳》卷六《晉長安大寺釋僧碧》云：「以弘始之末，卒於長安大寺，春秋七十矣。」中華書局本分別在「長安」、「大寺」下標了專名號，故大寺應是一座寺院。

56. 楊都寺

《唐傳》卷一《陳揚都金陵沙門釋法泰傳》云：「智愷，俗姓曹氏，住楊都寺，初與法泰等前後異發，同往嶺表奉祈眞諦。」前文講眞諦逢侯景之亂，避地嶺南，法泰等人便南下廣州「筆受文意，垂二十年」，「至陳太建三年」，才返回建康，故可推算法泰南下廣州是在梁承聖元年（552）。據此，楊都寺應爲梁寺。《佛寺志》卷下把楊都寺列爲陳寺，誤。

57. 妙音寺

《唐傳》卷五《梁楊都光宅寺沙門釋法雲傳》云：「及年登三十，建武四年（497）夏，初於妙音寺開《法華》、《淨名》二經」。據此，妙音寺應爲梁寺。

58. 無垢寺

《梵刹志》卷十二無垢寺條云：「在郭城鳳臺門外道德鄉東城。……原先朝天喜寺，梁天監二年改無垢寺，《乾道志》又名無垢院。」《佛寺志》卷下《梁》據此認爲有無垢寺。今從。其位置大概在今花神大道與紫荊花路交匯處以南一帶。

59. 虎窟寺

《廣弘明集》卷三十《統歸篇》錄有梁簡文帝的《往虎窟山寺詩》和王冏、陸罩、孔燾、王臺卿、鮑至的和詩〔註128〕。《佛寺志》卷下《梁》據此認爲有虎窟寺，且位於今牛首山伏虎洞一帶。可從。

60. 常樂寺

《至正志》卷十一下《祠祀志‧寺院》福昌院條云：「《乾道志》院本資善院，在城南四十里牛頭山前古常樂寺基，與延壽院相鄰。唐天祐中置。南唐後主改今額。」〔註129〕據此，唐天祐中所置的是資善院，故常樂寺應比資

〔註128〕〔唐〕釋道宣撰《廣弘明集》，收入《大正藏》第52冊，頁357～358。原作「《陳江令往虎窟山寺》」，校注云：「詩並和五首詩紀，考藝文，此詩簡文帝作，載玉問諸臣和詩可證，言此集作江令詩，蓋有脫簡紊誤爾。」是。

〔註129〕本句標點乃筆者愚意，與四川大學出版社本不同。

善院更古。《佛寺志》卷下《梁》認爲常樂寺是梁寺。可從。

61. 皇宅寺

《廣弘明集》卷二八《啓福篇》收錄沈約《捨身願疏》云：「以大梁天監之八年，年次玄枵日殷鳥度夾鍾紀月十八日，在於新所創蔣陵皇宅，請佛及僧髴髵祇樹，息心上士凡一百人」〔註130〕。《佛寺志》卷下《梁》據此認爲有皇宅寺。可從。據上，皇宅寺位於今鍾山。

62. 法清寺

《梵刹志》卷十四法清院條云：「在郭城東湖塾地，西去所統靈谷寺七十里、正陽門七十里，東城地。梁天監間建，名法清院。」《佛寺志》卷下《梁》據此認爲有法清寺。可從。

63. 永慶寺

《梵刹志》卷二十永慶寺條云：「在都城內北門橋虎賁右衛中城地，南去所統天界寺十二里。梁天監間永慶公主香火因名，寺有塔，又名白塔寺。」《景定志》卷十九《山川志三・諸水》烏龍潭條云：「在城北鍾山鄉永慶寺之前。」《佛寺志》卷下《梁》永慶寺條云：「在冶城北」。《石城山志・山東路》云：「（五臺）山阿有永慶寺」〔註131〕，甚是。永慶寺毀於太平天國時期，朱偰先生曾拍攝了永慶寺銅佛〔註132〕。綜上，永慶寺在今五臺山東南麓，此處的永慶巷即因此得名。

64. 觀音寺

《至正志》卷十一下《祠祀志・寺院》觀音院條引《乾道志》云：「在城東六十里黃干村。梁天監中置，至開寶八年廢。後復建於本院之蔬圃。」《佛寺志》卷下《梁》據此認爲有觀音寺。可從。

65. 資聖寺

《至正志》卷十一下《祠祀志・寺院》資聖院條引《乾道志》云：「在城西南六十里。梁武帝置，在白都山側，俗呼白都院。」《佛寺志》卷下《梁》據此認爲有資聖寺。可從。

〔註130〕〔唐〕釋道宣撰《廣弘明集》，收入《大正藏》第52冊，頁323。
〔註131〕〔民國〕陳詒紱撰、朱明點校《石城山志》，收入《金陵瑣志九種》，頁402。
〔註132〕參見朱偰著《金陵古迹圖考》第十二章第三節，頁217；以及《金陵古迹名勝影集》圖一八六，頁150。

66. 佛壇寺

《至正志》卷十一下《祠祀志·寺院》佛龕院條引《乾道志》云：「在城西南六十里上公山，梁佛壇寺基。」《佛寺志》卷下《梁》據此認為有佛壇寺。可從。

67. 永泰寺

《至正志》卷十一下《祠祀志·寺院》淨果院條引《乾道志》云：「在城南五十里吉山南，本梁永泰寺基。南唐葬淨果大師，起塔，因名淨果塔院。」《佛寺志》卷下《梁》據此認為有永泰寺。可從。朱偰先生云：「吉山永泰寺在祖唐（按應為「堂」）山之南」〔註133〕。甚是。

68. 天光寺

《藝文類聚》卷七六《內典上·寺碑》錄有梁陸倕《天光寺碑》〔註134〕。《佛寺志》卷下《梁》據此認為有天光寺。可從。

69. 建陵寺

《梁書》卷五十《文學下·任孝恭傳》云：「敕遣製《建陵寺剎下銘》」。《佛寺志》卷下《梁》認為有建陵寺。可從。朱偰先生認為「建陵寺或在丹陽，猶皇業寺之於修陵，未必在金陵也」〔註135〕。檢《梁書》卷三《武帝本紀下》大同十年（544）三月甲午條云：「輿駕幸蘭陵，謁建陵。」建陵即梁武帝生母張尚柔的陵墓，位於今鎮江丹陽境內，可建陵寺是否就在建陵附近，尚待進一步論證。今暫從《佛寺志》。

70. 栖隱寺

《藝文類聚》卷七七《內典下·寺碑》錄有梁劉孝綽《栖隱寺碑》〔註136〕。《佛寺志》卷下《梁》據此認為有栖隱寺。可從。

71. 神山寺

《藝文類聚》卷七六《內典上·寺碑》收錄的梁簡文帝《神山寺碑序》云：「自非莊嚴妙土，吉祥福地，何以標茲淨域，置此伽藍。皇太子殿下，幾圓上聖，智周物外」〔註137〕。《佛寺志》卷下《梁》神山寺條云：「梁昭明太

〔註133〕朱偰著《金陵古迹圖考》第十二章第八節，頁252。
〔註134〕〔唐〕歐陽詢撰《藝文類聚》，頁1306。
〔註135〕朱偰著《金陵古迹圖考》第六章，頁137。
〔註136〕〔唐〕歐陽詢撰《藝文類聚》，頁1314。
〔註137〕〔唐〕歐陽詢撰《藝文類聚》，頁1303。

子所造也」，可從。

72. 靜福寺

《至正志》卷十一下《祠祀志‧寺院》延福禪寺條引《乾道志》云：「在城東南六十里。梁普通中，爲靜福院。南唐時修改今額」《佛寺志》卷下《梁》據此認爲有靜福寺。可從。

73. 建業寺

《廣弘明集》卷二一《法義篇》收錄《令旨解二諦義並答問》有「建業寺僧愍諮曰」〔註138〕。《佛寺志》卷下《梁》據此認爲有建業寺。可從。

74. 慈覺寺

《藝文類聚》卷七六《內典下‧寺碑》錄有梁簡文帝《慈覺寺碑序》，卷七七《內典下‧啓》錄有《東宮上掘得慈覺寺鍾啓》〔註139〕。據上，慈覺寺應爲梁寺。《佛寺志》卷下《梁》慈覺寺條云：「梁昭明太子爲母丁貴嬪造」，無據。

75. 北寺

《文苑英華》卷一六五《詩‧地部七‧池》錄有王筠《北寺寅上人房望遠岫玩前池》〔註140〕。《至正志》卷十一下《祠祀志‧寺院》同泰寺條引《實錄》云：「梁大通元年，創此寺〔三九〕。」校注〔三九〕云：「此：原作『北』，據《景定建康志》卷四六改。」同泰寺建於大通元年（527），校注是。《佛寺志》信從《至正志》的「北寺」，誤。今據《文苑英華》暫把北寺列爲建康寺院。

76. 清玄寺

《至正志》卷十一下《祠祀志‧寺院》清眞寺條引《乾道志》云：「舊名清玄寺。在城北二十五里。梁大通元年置，後廢。」又引《慶元志》：「舊有梁時佛像，建炎兵焚。《陳軒集》載梁立曦《次韻周橦清眞寺》詩有云『遺像梁朝佛』。」〔註141〕《佛寺志》卷下《梁》清玄寺條云：「清玄寺在城北二十五里」，陳作霖認爲清玄寺在「今觀音門外鍾山鄉」（《南朝寺考‧梁》清玄寺條）。觀音門在今南京和燕路北端的門坡公交車站一帶，故清玄寺可能也在此附近。

〔註138〕〔唐〕釋道宣撰《廣弘明集》，收入《大正藏》第 52 冊，頁 250。
〔註139〕〔唐〕歐陽詢撰《藝文類聚》，頁 1303、1323。
〔註140〕〔宋〕李昉等編《文苑英華》，頁 790。
〔註141〕本句標點乃筆者愚意，與四川大學出版社本不同。

77. 天心寺

《梁書》卷五十《文學下·伏挺傳》云：「因事納賄，當被推劾，挺懼罪，遂變服為道人，久之藏匿，後遇赦，乃出天心寺〔一八〕」。校注〔一八〕云：「乃出天心寺。各本訛『大心寺』，據《冊府元龜》九四九改。」《南史》卷七一《儒林·伏曼容傳》附《伏挺傳》也作「天心寺」，其校注同。今從。《實錄》卷二十《後主長城公叔寶傳》附《傅縡傳》云：「初，有大心寺暠法師著《無諍論》以詆之，縡乃為《明道論》，用釋其難。」文中的「大心寺」應就是《伏挺傳》中的「天心寺」。《佛寺志》卷下《梁》作「大心寺」，誤。

78. 方樂寺

《至正志》卷十一下《祠祀志·寺院》方樂院引《乾道志》云：「在城東北六十里神泉鄉。本梁方樂寺基。南唐昇元元年重建。今亦名常樂院。」《佛寺志》卷下《梁》據此認為有方樂寺。今從。

79. 平等寺

《廣弘明集》卷二七《戒功篇》收錄梁簡文帝《答湘東王書》云：「昨且平等寺法會，中後無礙受持，天儀臨席，睟容親證，拜伏雖多，疲勞頓遣」〔註142〕。《藝文類聚》卷七七《內典下·銘》錄有梁劉孝儀（潛）《平等剎下銘》〔註143〕。《佛寺志》卷下《梁》據此認為有平等寺。可從。

80. 金口寺

《至正志》卷十一下《祠祀志·寺院》隆教院條引《乾道志》云：「在城東南八十五里。梁大同二年（536）建。初名金口寺，蓋里名也。」《佛寺志》卷下《梁》據此認為有金口寺。可從。

81. 天中天寺

《廣弘明集》卷十六《佛德篇》收錄梁簡文帝《謝勅賚伯剎柱並銅萬斤啓》云：「賚臣柏剎柱一口、銅一萬斤，供起天中天寺」。《廣弘明集》卷三十《統歸篇》收錄陳朝沈炯的《從遊天中天寺應令》〔註144〕。《佛寺志》卷下《梁》作天中寺。誤。

〔註142〕〔唐〕釋道宣撰《廣弘明集》，收入《大正藏》第52冊，頁304。
〔註143〕〔唐〕歐陽詢撰《藝文類聚》，頁1318。
〔註144〕〔唐〕釋道宣撰《廣弘明集》，收入《大正藏》第52冊，頁209、358。

82. 歸來寺

《藝文類聚》卷七六《內典下・寺碑》錄有《歸來寺碑》〔註145〕。《佛寺志》卷下《梁》據此認爲有歸來寺。可從。

83. 飛流寺

《藝文類聚》卷七六《內典下・寺碑》錄有《鍾山飛流寺碑》〔註146〕。《佛寺志》卷下《梁》據此認爲有飛流寺。可從。據上，飛流寺位於今鍾山。

84. 甘露鼓寺

《藝文類聚》卷七七《內典下・墓誌》錄有《甘露鼓寺敬脫法師墓誌銘》〔註147〕。《唐傳》卷九《隋江表徐方中寺釋慧暅傳》云：「尋出都住甘露鼓寺，進具已後，從靜眾（寺）峯師受《十誦律》」。《佛寺志》卷下《梁》認爲有甘露鼓寺。可從。

85. 梁安寺

《金樓子》卷二《后妃篇》云：梁元帝蕭繹母阮脩容「又躬自禮千佛，無隔多夏，人不堪其苦，而不改其德，常無蓄積，必行信捨，京師起梁安寺，上虞起等福寺」〔註148〕。《藝文類聚》卷七六《內典上・寺碑》錄有《揚州梁安寺碑序》，卷七七《內典下・銘》錄有《梁安寺釋迦文佛像銘》〔註149〕。《佛寺志》卷下《梁》據此認爲有梁安寺。可從。

86. 福成寺、定果寺、靈光寺

《金樓子》卷二《后妃篇》云：「大同九年大（《知不足齋叢書》本作「太」，是）歲癸亥六月二日庚申，薨於江州之內寢，春秋六十七。……詔曰能施盛德曰宣，可諡宣。信至京都，梁安、宣業、福成、定果、靈光、正覺等寺，同皆號哭，如喪親戚焉。」〔註150〕《佛寺志》卷下《梁》據此認爲有福成寺、定果寺、靈光寺。可從。

〔註145〕〔唐〕歐陽詢撰《藝文類聚》，頁 1305。
〔註146〕〔唐〕歐陽詢撰《藝文類聚》，頁 1304。
〔註147〕〔唐〕歐陽詢撰《藝文類聚》，頁 1321。
〔註148〕〔梁〕梁元帝蕭繹撰《金樓子》，收入《仲長統論及其他三種》，《叢書集成初編》本，頁 26。
〔註149〕〔唐〕歐陽詢撰《藝文類聚》，頁 1305、1317。
〔註150〕〔梁〕梁元帝蕭繹撰《金樓子》，收入《仲長統論及其他三種》，《叢書集成初編》本，頁 26～27。《梁書》卷七《高祖阮脩容傳》作「大同六年六月，薨於江州內寢，時年六十七。」《金樓子》卷二《后妃篇》云：「以昇明元年丁巳六月十一日生」（頁 24），與大同九年薨，年六十七吻合。《梁書》誤。

87. 山齋寺

《南史》卷二十《謝弘微傳》附《謝舉傳》云：「舉宅內山齋捨以為寺，泉石之美，殆若自然。」《佛寺志》卷下《梁》據此認為有山齋寺。可從。

88. 到公寺

《南史》卷二五《到彥之傳》附《到漑傳》云：「家門雍睦，兄弟特相友愛，初與弟洽恒共居一齋，洽卒後，便捨為寺。蔣山有延賢寺，漑家世所立。漑得祿俸，皆充二寺。因斷腥膻，終身蔬食。別營小室，朝夕從僧徒禮誦。」〔註151〕《佛寺志》卷下《梁》據此認為有到公寺。可從。

89. 景公寺

《貞觀公私畫史》云：「梁景公寺。江僧寶畫，在江寧。」〔註152〕《佛寺志》卷下《梁》據此認為有景公寺。可從。

90. 宣明寺

《陳書》卷三二《孝行·謝貞傳》云：「太清之亂，親屬散亡，貞於江陵陷沒，（族兄）暠逃難番禺，貞母出家於宣明寺。」《佛寺志》卷下《梁》據此認為有宣明寺。可從。

91. 天皇寺

《景定志》卷五十《拾遺》云：「又天皇寺，明帝所置也，內有柏堂，僧繇畫盧舍那佛及仲尼十哲。」孫文川辯云：「南朝惟晉、宋、齊有明帝，而皆與張僧繇不同時，此蓋侯景弒簡文帝，初諡曰明帝也。」（《佛寺志》卷下《梁》天皇寺條）檢《梁書》卷四《簡文帝本紀》：「賊偽諡曰明皇帝，廟稱高宗。」孫說甚是。

92. 大明寺、竹澗寺

《唐傳》卷七《陳楊都興皇寺釋法朗傳》云：「以梁大通二年（528）二月二日，於青州入道。遊學楊都，就大明寺寶誌禪師受諸禪法，兼聽此寺象律師講律本文，又受業南澗寺仙師《成論》、竹澗寺靖公《毗曇》」。據此，大明寺、竹澗寺均為梁寺。

〔註151〕《南史·到漑傳》比《梁書》卷四十《到漑傳》稍詳，故引之。
〔註152〕〔唐〕裴孝源撰《貞觀公私畫史》，收入《景印文淵閣四庫全書》第812冊，頁28。

93. 光業寺

《唐傳》卷二一《陳楊都奉誠寺大律都釋智文傳》云：「以梁大同七年（541），靈味、凡（原注：凡＝瓦）官諸寺啓勑，請文於光業寺，首開律藏。」據此，光業寺爲梁寺。

94. 靜眾寺

《唐傳》卷七《陳楊都不（案，應作「大」）禪眾寺釋慧勇傳》云：「初出楊都，依止靈曜寺則師爲和上，……年登具戒，從靜眾寺峰律師遊學《十誦》。……至年三十法輪便轉。……以至德元年（583）五月二十八日遘疾，少時平旦神逝，春秋六十有九。」據此推算，靜眾寺應爲梁寺。

95. 吉山寺

《梵剎志》卷四四吉山寺條云：「在京郭鳳臺門外南城泰北鄉，北去所領祖堂寺伍里，去聚寶門三十五里。梁天監年創。今圮。」據此，吉山寺爲梁寺，位於城南。

96. 龍樓寺

《藝文類聚》卷七六《內典上‧寺碑》錄有梁張綰《龍樓寺碑》〔註153〕。按該卷書法，位於建康的寺院，寺名前要麼不書地點，要麼標明揚州或山名，而位於建康之外的寺院，寺名前均書有地點，如同卷的梁陸倕《天光寺碑》，梁王筠《開善寺碑》，梁元帝《鍾山飛流寺碑》、《揚州梁安寺碑》和《郢州晉安寺碑》，其中的天光寺、開善寺、飛流寺、梁安寺都位於建康，而晉安寺位於郢州。因此，龍樓寺應該也位於建康。

97. 宋姬寺

《藝文類聚》卷七七《內典下‧墓誌》錄有梁簡文帝《宋姬寺慧念法師墓誌銘》〔註154〕。按該卷書法（參蕭梁龍樓寺條），宋姬寺可能在建康

98. 棲賢寺

《廣弘明集》卷二八《啓福篇》收錄梁蕭綸《設無礙福會教》云：「剋今月十日，於西（原注：西＝栖）賢寺設無礙會」〔註155〕。「棲」、「栖」同。據此，棲賢寺屬梁寺。

〔註153〕〔唐〕歐陽詢撰《藝文類聚》，頁 1307。
〔註154〕〔唐〕歐陽詢撰《藝文類聚》，頁 1321。
〔註155〕〔唐〕釋道宣撰《廣弘明集》，收入《大正藏》第 52 冊，頁 325。

99. 重雲精舍

《全梁文》卷十據《廣弘明集》錄有簡文帝的《請幸重雲寺開講啓》〔註156〕。檢《廣弘明集》卷十九《法義篇》，作梁皇太子綱（原注：皇太子綱＝簡文帝等）撰《重啓請御講並勅答》。輯錄者嚴可均擅自添加「重雲寺」三字。又同卷梁武帝《重答御講啓敕》云：「曰汝等必欲爾者，自可令諸僧於重雲中講道義也。越勅。」同卷收錄的《御講般若經序一》云：「爰以大同七年（541）三月十二日，講《金字波若波羅蜜三慧經》於華林園之重雲殿。」〔註157〕綜上，「重雲」即指華林園的重雲殿，應稱重雲精舍較妥。

100. 孝敬寺

《全梁文》卷六七輯錄宗士標《孝敬寺刹下銘並序》云：「孝敬寺者，公上瓘爲亡母楊叔女之所立也。……寺主蕭法師夢人謂之曰」〔註158〕。文中的「蕭法師」可能就是智蕭法師，《藝文類聚》卷七七《內典下‧墓誌》錄有梁簡文帝《湘宮寺智蕭法師墓誌銘》〔註159〕。一位高僧通常會在幾所寺院住錫，故智蕭法師曾在孝敬寺和湘宮寺住錫也不足爲怪。湘宮寺在建康（參劉宋湘宮寺條），若上述推測不誤，孝敬寺也在建康。

（六）陳朝寺院

1. 至敬寺

《梁書》卷三《武帝本紀下》云：「高祖生知淳孝。……及居帝位，……又於臺內立至敬等殿。又立七廟堂，月中再過，設淨饌。」《唐傳》卷一《梁揚都莊嚴寺沙門釋寶唱傳》云：「雅愜時望，遂勅掌華林園寶雲經藏」，「（梁武帝）復於中宮起至敬殿景陽臺，立七廟室，崇宇嚴肅，鬱若卿雲，粉壁珠柱，交映相耀」。同卷《陳南海郡西天竺沙門拘那羅陀傳》云：「時又有扶南國僧須菩提，陳言善吉，於揚都城內至敬寺，爲陳主譯《大乘寶雲經》八卷。」綜上，梁武帝在華林園藏寶雲經藏，又在臺城內建立至敬殿，至陳時至敬殿已成爲至敬寺。

〔註156〕〔清〕嚴可均校輯《全梁文》，收入其校輯《全上古三代秦漢三國六朝文》，中華書局影印本，1985年，頁3005。

〔註157〕〔唐〕釋道宣撰《廣弘明集》，收入《大正藏》第52冊，頁234、235。

〔註158〕〔清〕嚴可均校輯《全梁文》，收入其校輯《全上古三代秦漢三國六朝文》，頁3354。

〔註159〕〔唐〕歐陽詢撰《藝文類聚》，頁1321。

2. 大禪眾寺（禪眾寺）

《唐傳》卷七《陳揚都大禪眾寺釋慧勇傳》云：「住大禪眾寺十有八載」。《實錄》卷三《景皇帝》永安五年條許注引《吳錄》：「察戰是吳時官號，舊陽（按：應作「揚」）都有察戰巷，在今縣城南二里禪眾寺前。」又同書卷五《中宗元皇帝》太興三年秋七月條許注：「時人號其所居爲聖火巷，在今縣東南三里禪眾寺直南出小街。」關於禪眾寺的方位，兩處記載有異。關於察戰巷的地點，陳作霖云：「在今評事街旁佳兆巷。佳兆，察戰之轉音也。」（《南朝寺考‧晉》禪眾寺條）佳兆巷在今評事街西、千章巷南、鼎新路東、升州路北的區域內〔註160〕。蔣贊初先生說：「在評事街中段的南市樓西北有佳兆巷」〔註161〕。甚是。據上，大禪眾寺到唐時可能就名爲禪眾寺，位於唐江寧縣縣治東南方向，其今地暫從陳說。

3. 泰皇寺

《唐傳》卷二九《唐楊州長樂寺釋住力傳》云：「陳中宗宣帝，於京城之左造泰（原注：泰＝秦。按，「泰」是）皇寺，宏壯之極，罄竭泉府，迺勑專監百工，故得揆測指撝，面勢嚴淨。」據此，泰皇寺爲陳寺。

4. 大皇寺、崇皇寺

《陳書》卷五《宣帝本紀》太建十年六月丁卯條：「大雨，震大皇寺剎」。《實錄》卷二十《後主長城公叔寶傳》禎明二年條：「又於郭內大皇寺造七層塔，未畢功，而火從中起，飛向石頭城，燒人家無數。」《珠林》卷一百《傳記篇第一百‧興福部第五》云：「陳高宗宣皇帝。揚州禁中造太皇寺七級木塔。又造崇皇寺剎，高十五丈，下安佛爪。造金像二萬餘軀，治故寺五十所，故像一百三十萬軀。寫十二藏經，度一萬人。」文中「太皇寺」應該就是大皇寺。綜上，大皇寺可能距石頭城不遠。

5. 天居寺

《辯正論》卷三《十代奉佛上篇》云：陳武帝「永定二年（558）於楊州造東安寺，復爲家國爰逮群生，於楊都治下造興皇、天居等四寺，……寫一切經一十二藏，造金銅等身像一百萬軀，度僧尼七千人，修治故寺三十二所。」〔註

〔註160〕參見陳作霖撰《運瀆橋道小志》的《運瀆橋道圖》及頁 12，作「嘉兆巷」，收入《金陵瑣志九種》。

〔註161〕蔣贊初《南京六處六朝佛寺遺址考》。

〔註162〕〔唐〕釋法琳撰《辯正論》，收入《大正藏》第 52 冊，頁 503。

162〕《珠林》卷一百《傳記篇第一百・興福部第五》抄作：「陳高祖武皇帝。揚州造東安、興皇、天居四寺，寫一切經一十二藏，造金銅像一百萬軀，度二萬人，治故寺三十二所。」東安寺在東晉時就出現了，見東晉東安寺條，而興皇寺造於劉宋時期，故東安、興皇二寺應屬於高祖陳霸先「治故寺」之列。又《辯正論》云「於楊都治下造興皇、天居等四寺」，故可確定天居寺位於建康。

6. 懷安寺

《藝文類聚》卷七七《內典下・銘》錄有陳江總《懷安寺剎下銘》〔註163〕。《佛寺志》卷下《陳》懷安寺條據此云：「在臺城之側」，「蓋侯景亂後之所創立云」。暫從。

7. 慧福尼寺

《寶刻叢編》卷十五《江南東路・建康府》陳尼慧仙銘條引歐陽棐《集古錄目》〔註164〕云：「碑前稱前安東諮議參軍而其下缺滅，不見撰者姓名。……慧仙，姓石氏，譙人也，為尼居福慧寺。碑以天嘉元年（560）立。」〔註165〕《佛寺志》卷下《陳》據此認為有慧福尼寺。可從。

8. 國勝寺

《至正志》卷十一下《祠祀志・寺院》國勝寺條云：「在南門外落馬澗，去城二里餘。《乾道志》舊在橫山北。陳天嘉元年（560），章后捨宅為寺。」章后即陳高祖章皇后，見《陳書》卷七《高祖章皇后傳》。《佛寺志》卷下《陳》據此認為有國勝寺。可從。

9. 寶田寺

《陳書》卷六《後主本紀》云：「後主遣驃騎大將軍、司徒豫章王叔英屯朝堂，蕭摩訶屯樂遊苑，樊毅屯耆闍寺，魯廣達屯白土岡，忠武將軍孔范屯寶田寺。」《唐傳》卷三十《隋西京日嚴道場釋善權傳》云：「釋善權，楊都人，住寶田寺，聽採《成論》，深有義能」。《佛寺志》卷下《陳》據《陳書・後主本紀》認為有寶田寺。可從。

〔註163〕〔唐〕歐陽詢撰《藝文類聚》，頁1320。

〔註164〕歐陽修編《集古錄》收其家藏金石拓本有限，為彌補此遺憾，就命其季子歐陽棐編著了《集古錄目》。參見〔清〕永瑢等撰《四庫全書總目》卷八六《史部四二・目錄類二・集古錄》，頁733。

〔註165〕〔宋〕陳思撰《寶刻叢編》，收入《景印文淵閣四庫全書》第682冊，頁440。

10. 證聖寺

《景定志》卷四六《祠祀志三・寺院》證聖寺條引王安石詩云：「證聖南朝寺，三年到百回。不知牆下路，今有幾荷開？」《佛寺志》卷下《陳》據此認爲有證聖寺。可從。

11. 寶城寺

《至正志》卷十一下《祠祀志・寺院》衡陽寺條云：「在上元縣清風鄉。《乾道志》衡陽資福禪院，去城東北四十里，即古寶城寺基。唐天祐三年（906），徐溫重建，賜今額。」又引《慶元志》中保大七年（949）題的詩刻有：「只應雲鶴知前事，爲問齊梁舊住僧。」陳作霖云：「《志》稱古者，必南朝寺也。」（《南朝寺考・陳》寶城寺條）《佛寺志》卷下《陳》據此認爲有寶城寺。可從。又朱偰先生云：「衡陽寺在棲霞山西南清風鄉衡陽山」，並拍攝了一些照片〔註166〕。

12. 義和寺

《景定志》卷三三《文籍志一・石刻》云：「義和寺額。梁昭明太子書。」《佛寺志》卷下《陳》據此認爲有義和寺。可從。

13. 四無畏寺

《藝文類聚》卷七七《內典下・銘》錄有陳朝徐陵《四元畏寺刹下銘》〔註167〕。《佛寺志》卷下《陳》據此認爲有四無畏寺。可從。

14. 天宮寺

《唐傳》卷十七《隋國師智者天台山國清寺釋智顗傳》云：「（慧）思既遊南岳，顗便詣金陵，與法喜等三十餘人在瓦官寺創弘禪法，僕射徐陵、尚書毛喜等，明時貴望，學統釋儒，並稟禪慧，俱傳香法，欣重頂戴，時所榮仰。長干寺大德智辯，延入宋熙，天宮寺僧晃，請居佛窟」。據此，天宮寺爲陳寺。

15. 光曜寺

《唐傳》卷十七《隋國師智者天台山國清寺釋智顗傳》云：「然則江表法

〔註166〕朱偰著《金陵古迹圖考》（頁250）和《金陵古迹名勝影集》圖二一一～二一五（頁173～175）。

〔註167〕〔唐〕歐陽詢撰《藝文類聚》，頁1319。按，「四元畏寺」之「元」，原校云：「《全陳文》十作無」。作「無」，是。

會，由來諍兢不足，及顗之御法即坐，肅穆有餘，遂使千支花錠，七夜恬耀，舉事驗心，顗之力也。晚出住光曜，禪慧雙弘，動郭奔隨，傾意清耳。陳主於廣德殿下勑謝云」。據此，光曜寺應爲陳寺。

16. 惠殿寺、紹隆寺

《唐傳》卷九《隋常州安國寺釋慧弼傳》云：「永定二年（558），躬行（原注：行＝紆）衰晃，爲剪周羅，三衣什物，一時通給，乃伏業於惠殿寺領法師爲弟子，領東南竹箭，震澤風聲，王族望僧，塗香是屬。弼親受雅訓，聽受《成實》，年登弱冠，握錐淮海，置寶梁明上盛弘新實，天宮晃公又敷心論，遂窮神追討，務盡教源，……天嘉元年（560），遊諸講肆，……聽紹隆哲公弘持《四論》，纔經一悟，功倍常徒」。文中的「天宮晃公」指天宮寺僧晃，見天宮寺條引《唐傳》內容，故「紹隆哲公」可能指紹隆寺哲公，而「哲公」可能是慧哲，參《唐傳》卷九《隋襄州龍泉寺釋慧哲傳》。綜上，惠殿寺、紹隆寺爲陳寺。

17. 福緣寺、栖禪寺

《唐傳》卷九《隋荊州龍泉寺釋羅雲傳》云：「承金陵道王索隱者若林，遂輕千里，遠追勝侶，會楊都道朗盛業興皇，……又從福緣寺互法師探酌遺逸，……有栖禪寺陟禪師，定慧兼修，注心開剖」。按，「栖禪寺」，《磧砂藏》作「棲禪寺」，是。據此，福緣寺、栖禪寺爲陳寺。

18. 開泰寺

《唐傳》卷二四《唐京師聖光寺釋慧乘傳》云：「強（按，指慧乘叔祖智強）從之，便下楊都，……陳主於莊嚴寺總令義集，乘當時曁佛果出二諦外義，有一法師英俠自居，擅名江左，舊住開泰，後入祇洹」。文中的「祇洹」就是祇洹寺（參劉宋祇洹寺條），故「開泰」應是開泰寺。據此，開泰寺爲陳寺。

19. 願力寺

《唐傳》卷三十《唐京師玄法寺釋法琰傳》云：「釋法琰，俗姓嚴，江表金陵人，本名法藏，住願力寺，……陳國齋會有執卷者，若不陳聲，齋福不濟」。據此，願力寺爲陳寺。

20. 孝義寺

《藝文類聚》卷七七《內典下・寺碑》錄有陳朝徐陵《孝義寺碑》〔註168〕。

〔註168〕〔唐〕歐陽詢撰《藝文類聚》，頁1315。

據該卷書法（參蕭梁龍樓寺條），孝義寺可能在建康。

21. 報德寺

《藝文類聚》卷七七《內典下·銘》錄有陳朝徐陵《報德寺剎下銘》〔註169〕。據該卷書法（參蕭梁龍樓寺條），報德寺可能在建康。

三、綜論

六朝建康寺院的數目如此之多、規模如此之盛，可由於相關圖籍的散佚，其研究狀況與北魏的洛陽相比就顯得頗為遜色。檢索古籍，可以發現也有幾種關於六朝建康寺院的論著，有的著作甚至多達二十卷，遠遠超過北魏楊衒之的《洛陽伽藍記》五卷，可惜的是未能流傳下來。例如，南朝宋高僧曇宗撰《京師塔寺記》二卷，梁劉璆奉敕撰《京師塔寺記》一部二十卷，不知撰者的《晉南京寺記》和《梁京寺記》，唐代高僧清徹撰《金陵塔寺記》三十六卷〔註170〕。明人葛寅亮撰《金陵梵剎志》，對明朝南京的寺院做了詳盡式的編錄，可此書是以明朝南京現存寺院為主，僅是稍稍涉及到了六朝建康的寺院。六朝建康寺院研究的高峰是在清末，其集大成者是上元縣（治今南京市區）孫文川。清同治初年，孫文川客居京師（北京）期間，通過對史料的勾稽、考訂，檢出六朝建康寺院224座，並名其書為《金陵六朝古寺考》，惜書未及排葺而病亡。1885年（乙酉年）夏，劉世珩隨父移居江寧（治今南京市區），每逢春秋佳節便遊覽金陵古迹，遂有勾檢六朝建康寺院之志。1891年（辛卯年）秋，劉世珩收得孫文川遺稿，可「偶一翻閱，散亂如絲」，於是在1892、1893年（壬辰、癸巳年）期間據《梁傳》、南朝諸史、《實錄》、《編類》、《景定志》、《至正志》和《梵剎志》諸書來校對孫氏的《金陵六朝古寺考》。此間，劉世珩曾拿孫稿以視陳作霖，陳氏見而好之，遂為補葺，補錄了2座寺院（義和寺、四無畏寺），即總共226座寺院，並刊諸棗梨，名為《南朝佛寺志》。劉氏官居北京期間得知孫氏已刻出《南朝佛寺志》，便

〔註169〕　〔唐〕歐陽詢撰《藝文類聚》，頁1319。

〔註170〕　《梁京寺記》收入《大正新修大藏經》第51冊。其他分別見《梁傳》卷十三《唱導·宋靈味寺釋曇宗》，《珠林》卷一〇〇《傳記篇·雜集部》和卷三一《妖怪篇·感應緣》引《〈晉南京寺記〉鳥巢殿怪》，《新唐書》卷五九《藝文志三》（〔宋〕歐陽修、宋祁撰《新唐書》，中華書局，1975年）。按劉璆《京師塔寺記》，《隋書》卷三三《經籍志二》作：「《京師塔寺記》十卷，錄一卷。劉璆撰。」清徹傳見《宋高僧傳》卷十六《唐鍾陵龍興寺清徹傳》。

索來閱覽，見陳氏校本「重牾駝繆」，「復以按語闌入孫氏題解之下」，就重加校錄，如把「孫氏原案改為原注，陳氏之言則名陳雲，不相雜廁」，還把自己原先所校錄的內容一一附上，並名其書為《南朝寺考》。劉氏校本又補錄了 1 座寺院（齊福寺），即共有寺院 227 座。關於三種本子的優劣，劉世珩評曰：「夫孫氏筆輅初開，有首事之功。伯雨（陳作霖字）熟悉鄉故，略有諟正。余則批卻導竅，因其故然而遊刃有間，恢恢乎謋然易解。雖不敢於孫丈為功臣，然持比伯雨所刻，則固欲效齊人之矜先登而屈伯雨之笑也。」字裏行間，無不顯露出劉氏的得意。平心而論，劉校本最大的貢獻是把孫氏原案與陳氏補注不相雜廁、各歸其位，而其校注並不見得有多高明，孫校本的校注則頗多卓見，尤其是地理注方面，此非熟悉鄉故者所能為也。三種本子中，陳氏校本名氣最大，劉氏校本次之，而原作者孫文川的《金陵六朝古寺考》則陷入被湮沒的窘境。順帶提一下，陳校本《南朝佛寺志》署名為「上元孫文川伯澂葺述，江寧陳作霖伯雨編纂」，頗為公允，而劉校本《南朝寺考》署名為「清貴池劉世珩蔥石」，則有掠美之嫌。〔註171〕近人朱偰先生著《金陵古迹圖考》，其第六章《南朝四百八十寺》沿襲《佛寺志》之舊，仍為 226 座寺院。盧海鳴先生著的《六朝都城》第十章第一節，主要據《佛寺志》收錄了 226 座寺院。賀雲翔先生的《六朝都城佛寺和佛塔的初步研究》檢出 299 座寺院，可謂空前，但僅僅是勾檢出寺院的名目，而且其中的訛誤也不少。下面便分朝代論述六朝建康寺院，主要檢討孫文川的 224 座寺院和賀先生的 299 座寺院之說，其錯誤者加以考訂予以排除，其新添加者指出誰人檢出，以免有掠美之嫌。

1. 孫吳寺院

表 2-1

孫說	建初寺
賀說補錄	長干寺

按，長干寺雖可追溯到孫吳，可到東晉才初具規模，今依《佛寺志》歸入晉寺。

〔註171〕以上相關論述參考了《南朝寺考·自序》。另，還可參閱許延長《三種南朝佛寺志書的編印源流及比較》，《江蘇地方志》2007 年第 3 期。

2. 東晉寺院

表 2-2

孫　說	長干寺（阿育王寺）、高座寺（甘露寺、尸梨密寺）、白馬寺、延興寺、建福寺、莊嚴寺（塔寺、謝鎮西寺、興嚴寺）、棲禪寺、何皇后寺、建興、彭城寺、東安寺、祇洹寺（白塔寺）、瓦官寺、波提寺、臨秦寺、安樂寺、新亭寺（中興寺、天安寺）、中寺、冶城寺、太后寺、法王寺、白塔寺、枳園寺、越城寺、開福寺（景福尼寺）、歸善寺、鬪場寺（道場、明安寺）、崇明寺、延賢寺、青園寺（龍光寺）、禪眾寺、護身寺、耆闍寺、招提寺、簡靖寺、天寶寺、長壽寺（37 座）
賀先生補錄	鹿野寺、北永安寺、東亭寺、龍宮寺、皇興寺、中興寺、本起寺、大石寺、宮內精舍（9 座）
筆者補錄	大長干寺、皇太寺（2 座）

名稱錯誤的寺院：高座寺不見有「尸梨密寺」之稱，莊嚴寺不見有「塔寺」之稱。

朝代錯誤的寺院：祇洹寺為宋寺，且與白塔寺無關；白塔寺為宋寺；景福尼寺為宋寺，其別稱「開福寺」可能有誤；禪眾寺可能為陳寺。

不存在而誤錄的寺院：棲禪寺、建興寺（考辨見東晉延興尼寺條）、法王寺，考辨見下。

（1）棲禪寺

《廣弘明集》卷十六《佛德篇》收錄沈約《栖禪精舍銘》云：「此寺征西蔡公所立，……故為此銘，以傳芳迹。在郢州永徽三年歲次某時某月某朔某日爾」〔註172〕。《佛寺志》卷上《晉》棲禪寺條據此認為棲禪寺乃晉征北將軍蔡謨所立，且在建康，大誤。上引文中「征西將軍蔡公」乃劉宋時期的蔡興宗，且寺在郢州〔註173〕。

（2）法王寺

《至正志》卷十一下《祠祀志・寺院》法王寺條云：「晉使再三徵請（鳩摩羅什），既至，帝躬出朱雀門迎之。歷試神驗，待之加禮，施地建寺，賜法王之額，請什居焉」。《佛寺志》卷上《晉》法王寺條同。檢《梁傳》卷二《晉

〔註172〕〔唐〕釋道宣撰《廣弘明集》，收入《大正藏》第 52 冊，頁 212～213。
〔註173〕參見《宋書》卷五七《蔡廓傳》附《蔡興宗傳》。〔日〕吉川忠夫著、王啓發譯《六朝精神史研究》第三部分《沈約研究》第七章第三節也有提到，鳳凰出版社，2010 年，頁 163。

長安鳩摩羅什》，鳩摩羅什從未到過建康，則《至正志》誤。東晉法王寺不存在。

綜上，孫文川檢出的寺院還剩 30 座，賀先生補錄 9 座、筆者補錄 2 座寺院，共計 41 座寺院。

3. 劉宋寺院

表 2-3

孫　說	祈澤寺、平陸寺（奉誠寺）、高臺寺、罽賓寺、道林寺（蔣山寺）、竹林寺、迦毗羅寺、定林寺、嚴林寺、宋興寺（興教寺）、報恩寺、青園尼寺、南園寺、龍華寺、南林寺、永豐寺（長安寺）、崇佛寺、宋熙寺、善居寺（下雲居寺）、竹園寺、鐵索羅寺（翠靈寺、妙果寺）、上定林寺、靈鷲寺、王國寺、延壽寺、烏衣寺、天竺寺、禪岡寺、司徒寺、法輪寺、南澗寺、大莊嚴寺、幽棲寺、何園寺、靈曜寺、多寶寺、北多寶寺、長樂寺、藥王寺、樓元寺、新安寺、外國寺、禪林寺、湘宮寺、興業寺、永安寺、天保寺、正勝寺、興皇寺、靈根寺、靈基寺、延祚寺、閒心寺、正覺寺、龍淵寺、靈味寺、天王寺、曠野寺、隱靜寺（59 座）
劉世珩補錄	齊福寺
賀先生補錄	南永安寺、平樂寺、南建興寺、西寺、崇聖寺、建安寺、晉興寺、永福寺、普賢寺、禪寂寺、弘普寺、始興寺、法言精舍、閒居寺、習善寺、東青園寺、波茗寺、景福寺、菩提寺（19 座）。齊朝：妙相寺，梁朝：南晉陵寺、樂安寺，陳朝：晉陵寺。
筆者補錄	北竹林寺、北法輪寺、開聖寺、弘普中寺、建興寺、齊昌寺、塵外精舍、弘光尼寺、六合山寺（9 座）

名稱錯誤的寺院：道林寺在六朝時不見有「蔣山寺」之稱，樓元寺應作「樓玄寺」。

朝代錯誤的寺院：罽賓寺、西寺為齊寺。賀先生補錄的梁寺南晉陵寺、樂安寺，和陳寺晉陵寺應屬宋寺。

重錄的寺院：景福寺為尼寺，《佛寺志》早已檢出，其卷上誤把景福寺列入晉寺（見開福寺條），賀先生重錄。

存疑的寺院：賀先生補錄的習善寺、波茗寺不知出自何處，暫不收錄。

不存在而誤錄的寺院：迦毗羅寺、宋興寺、永豐寺、齊福寺，其考辨如下。

（1）迦毗羅寺

《景定志》卷四六《祠祀志三‧寺院》寶戒寺條云：「今在轉運衙西，本

迦毗羅寺。南唐改眞際寺。國朝開寶二年，改今額。」《至正志》卷十一下《祠祀志·寺院》寶戒寺條同。《佛寺志》卷上《宋》迦毗羅寺條據此認爲是六朝寺院，無據。今不從。

（2）宋興寺

《編類》卷十《神仙門》春澗條云：「鍾山宋興寺東」。《至正志》卷十一下《祠祀志·寺院》宋興寺條引《慶元志》云：「興教院即宋興寺，故基在蔣山寶公塔西二里，有誌公洗鉢池。……乾道間，徒長干寺南，亦名宋興。」《景定志》卷四六《祠祀志三·寺院》宋興寺條云：「一名興教院，今在南門外。寺基即劉裕故居。」《至正志》宋興寺條略同。據上，首先出現「鍾山宋興寺」之說，後來落實到「蔣山寶公塔二里」，南宋乾道年間宋興寺遷至長干寺南，寺名不變，《景定志》直接說宋興寺「今在南門外」，說明撰者察覺到鍾山寶公塔附近的宋興寺應該宋熙寺之誤，故不取宋興寺在鍾山上之說。據宋興寺和宋熙寺的方位，「鍾山宋興寺」的「宋興寺」可以確認就是「宋熙寺」之誤，而南宋乾道年間徒至長干寺南的宋興寺不能確認就是六朝寺院，故《佛寺志》卷上把宋興寺列入宋寺有誤。

（3）永豐寺（長樂寺）

《實錄》卷十二《太祖文皇帝》元嘉四年：「置永豐寺，去縣七十里。」許注引《塔寺記》：「元嘉四年，謝方明造。本名長樂寺，爲同郡延陵有之，改焉。」據此可知，永豐寺本名長樂寺，且位於延陵。檢《宋書》卷三五《州郡志一》，延陵縣隸屬南徐州晉陵郡，而建康縣、秣陵縣、丹楊縣和江寧縣均隸屬揚州丹陽郡，故位於延陵縣的永豐寺不屬於建康的寺院。《佛寺志》卷上把永豐寺列入宋寺，又將其原誤爲長安寺，再認爲《實錄》內容是出自《景定志》，俱誤。

（4）齊福寺

《佛寺志》卷上《宋》齊福寺條據《實錄》「宋元嘉三十年置齊福寺」一語認爲存在齊福寺。今遍檢《實錄》，不見此語，疑《佛寺志》誤。

綜上，孫文川檢出的寺院還剩 55 座，《佛寺志》誤列入其它朝代的宋寺 6 座（即東晉白塔寺、景福尼寺，齊朝建元寺、眾造寺、崇聖寺，梁朝宣業寺），賀先生補錄的寺院還剩 19 座寺院（包括誤錄入其他朝代的 4 座），筆者補錄 9 座寺院，共計 89 座寺院。

4. 蕭齊寺院

表 2-4

孫　說	建元寺、毗耶離寺、正觀寺、齊眾造寺、崇聖寺、孔子寺、大仁寺、興福寺、洞玄寺、山茨寺、太昌寺、隱靈寺、齊安寺、普宏寺、禪靈寺、集善寺、法雲寺、石室寺、棲霞寺、草堂寺、齊隆寺（宣武寺）、齊熙寺、齊古寺、勝善寺（上雲居寺）、法音寺、慧眼寺（26 座）
賀先生補錄	蓮花寺、禪基寺、妙相寺、安國寺、底山寺、樂林寺、陟屺寺、招玄寺、遊賢寺、歸依寺、妙音寺、益州寺、遠精舍、福田寺、竟陵王邸寺（15 座）。劉宋：西寺，梁朝：棲靜寺，陳朝：止觀寺。
筆者補錄	齊福寺、安明寺、彌陀寺、西安寺、金剛寺、國安寺、頂山尼寺（7 座）

名稱錯誤的寺院：普宏寺應作普弘寺，蓮花寺應作蓮華寺。

朝代錯誤的寺院：建元寺、齊眾造寺、崇聖寺、妙相寺為宋寺，慧眼寺、妙音寺為梁寺。

一座誤分二座的寺院：竟陵王邸寺可能就是普弘寺。

存疑的寺院：賀先生補錄的底山寺、益州寺不知出自何處，暫不收錄。

不存在而誤錄的寺院：大仁寺、洞玄寺、山茨寺、齊安寺，其考辨如下。

（1）大仁寺

《景定志》卷十六《疆域志二・街巷》孔子巷條云：「在清溪側大仁寺前西南，古長樂橋東一里。」孔子巷雖然因孔子寺而得名（參蕭齊孔子寺條），但並不能確認大仁寺就是六朝寺院。《佛寺志》卷下《齊》從《景定志》說，把大仁寺列為齊寺，疑誤。

（2）洞玄寺

《佛寺志》卷下《齊》洞玄寺條引《至正志》：「洞玄寺在城東南三十里，齊永明元年賜額，僧法可立石可考。」今檢《至正志》，並無此語，疑是國安寺之誤（參蕭齊國安寺條）。

（3）山茨寺

《梁傳》卷八《齊上定林寺釋僧柔》有「時鐘山山茨精舍」。《唐傳》卷六《梁國師草堂寺智者釋慧約傳》云：「齊中書郎汝南周顒為剡令，欽服道素，側席加禮，於鍾山雷次宗舊館造草堂寺，亦號山茨。」據上，山茨精舍就是草堂寺。《佛寺志》卷下《齊》分別收入草堂寺和山茨寺，誤。

（4）齊安寺

《編類》卷十一《寺院門》淨妙寺條云：「南唐昇元中建，額曰齊安。本朝政和五年（1115）正月，改賜淨妙。」《至正志》卷十一下《祠祀志・寺院》淨妙寺條從，又云：「王荊公有《齊安寺》詩云……李壁注謂寺是齊武帝宅。按《實錄》齊武帝生建康青溪宅，後稱青溪舊宮，未見改爲寺也。」綜上，齊安寺建於南唐，與齊武帝無涉。《佛寺志》卷下把齊安寺列爲齊寺，乃斷章取義，誤。

綜上，孫文川檢出的寺院還剩 18 座，《佛寺志》誤列入其它朝代的齊寺 2 座（即宋朝罽賓寺，梁朝華嚴寺），賀先生補錄的寺院還剩 13 座（包括誤錄入其他朝代的 3 座），筆者補錄 7 座寺院，共計 40 座寺院。

5. 蕭梁寺院

表 2-5

孫　說	智度寺、新林法王寺、永建寺、無垢寺、佛窟寺、仙窟寺、虎窟寺、常樂寺、敬業寺、淨居寺、小莊嚴寺、光宅寺、蕭帝寺、明慶寺、涅槃寺、翠微寺、皇宅寺、本業寺、解脫寺、淨名寺（資福寺）、幕府、同行寺（聖遊寺）、法清寺、永慶寺（白塔寺）、勸善寺、開善寺、慶雲寺、杜桂寺、觀音寺、資聖寺、佛壇寺、永泰寺、天光寺、建陵寺、棲隱寺、惠日寺、大愛敬寺、神山寺、永明寺、果願尼寺、須陀寺、頭陀寺、猛信尼寺、福靜寺、靜福寺、梁眾造寺、建業寺、慈覺寺、善覺寺、同泰寺、北寺、清玄寺、園居尼寺、禪岩、法苑寺（廣化寺）、大心寺、華嚴寺、方樂寺、東林寺、蔣山頭陀寺、萬福尼寺、本願尼寺、平等寺、普光寺、化成寺、慈恩寺、善業尼寺、寒林寺、金口寺、福興寺、天中寺、一乘寺（凹凸寺）、歸來寺、飛流寺、甘露鼓寺、梁安寺、宜業寺、福成寺、定果寺、靈光寺、履道寺、渴寒寺、山齋寺、到公寺、景公寺、幽岩寺、青山幽岩寺、儀香尼寺、靈隱寺、宣明寺、天皇寺（91 座）
朱偰先生補錄	靈嚴寺
賀先生補錄	南晉陵寺、樂安寺、南冥眞寺、西青園寺、光禪寺、棲靜寺、大明寺、光業寺、普明寺、棲賢寺、般若寺、天心寺、靈和寺、重雲寺、宋姬寺、孝敬寺（16 座）齊朝：妙音寺，陳朝：法雲寺、楊都大寺、竹澗寺、靜眾寺。
筆者補錄	華林寺、招提寺、慈敬寺、報恩寺、吉山寺、龍樓寺（6 座）

名稱錯誤的寺院：楊都大寺應作大寺，須陀寺應作須陁寺，大心寺應作天心寺，天中寺應作天中天寺。

朝代錯誤的寺院：宣業寺、南晉陵寺、樂安寺爲宋寺；西青園寺即青園寺，爲宋寺；華嚴寺、樓靜寺爲齊寺。

存疑的寺院：賀先生補錄的般茗寺不知出自何處，暫不收錄。

重錄的寺院：《佛寺志》卷下《梁》「大心寺」應作「天心寺」，賀先生重錄天心寺。

不存在而誤錄的寺院：幕府寺（辯證見蕭梁同行寺條）、杜桂寺、東林寺、靈和寺、光禪寺、靈巖寺，其考辨如下。

（1）杜桂寺

《至正志》卷十一下《祠祀志・寺院》杜桂院條引《乾道志》云：「在城東南六十里，南唐保大六年（948）建」，又引《慶元志》云：「院有吳（按，疑爲『古』）鍾記：『梁天監中，杜桂二卿平章朝政，捨所居以爲寺，故從其姓，以旌名。』」兩《志》所載異。按《慶元志》中的「平章」，是唐朝後才出現的官號，故《慶元志》誤。《佛寺志》卷下《梁》據《慶元志》把杜桂寺列爲梁寺，誤。

（2）東林寺

《金樓子》卷二《聚書篇》云：「爲江州時，……又就東林寺智表法師寫得書法書」〔註174〕。《廣弘明集》卷二八《啓福篇》收錄的梁蕭綸《設無礙福會教》云：「廬山東林寺禪房智表法師，德稱僧傑，實號人龍」〔註175〕。據上，東林寺位於廬山。《佛寺志》卷下《梁》據上引《金樓子》文認爲東林寺在建康，誤。

（3）靈和寺

《南史》卷七六《隱逸下・陶弘景傳》附《釋寶誌傳》云：「靈咮寺沙門釋寶亮欲以納被遺之，〔二一〕未及有言，寶誌忽來牽被而去。」校注〔二一〕云：「『靈咮』咮，和本字各本作『靈味』，據《通志》改。」檢《梁傳》卷八《梁京師靈味寺釋寶亮》：「後移憩靈味寺」。當是作「靈味寺」。中華本誤校。

（4）光禪寺

《全梁文》卷七四云：「（釋）法雲俗姓周，義興陽羨人，住莊嚴寺，天

〔註174〕〔梁〕梁元帝蕭繹撰《金樓子》，收入《仲長統論及其他三種》，《叢書集成初編》本，頁33。

〔註175〕〔唐〕釋道宣撰《廣弘明集》，收入《大正藏》第52冊，頁325。

監中爲光禪寺大僧正，終大通初。」〔註176〕檢《唐傳》卷五《梁楊都光宅寺沙門釋法雲傳》：「釋法雲，姓周氏，義興陽羨人。……從師住莊嚴寺，……（天監七年，508）勅爲光宅寺主，……普通六年（525）勅爲大僧正，……以大通三年（529）三月二十七日初夜卒於住房，春秋六十有三。」因此，嚴可均輯錄的「光禪寺」應爲「光宅寺」之誤。

（5）靈巖寺

《金陵古迹圖考》第六章《南朝四百八十寺》云，《佛寺志》以《梁傳》和《實錄》爲主，「自不能無所脫漏」，如「梁諸葛穎有《奉和方山靈巖寺應教詩》，此亦未錄」〔註177〕。今檢《廣弘明集》卷三十《統歸篇》錄有隋后（原注：后=煬帝）的《煬帝謁方山靈巖寺詩》和隋諸葛穎的《奉和方山靈巖寺應教》〔註178〕。諸葛穎本傳見《隋書》卷七六《文學傳》。因此，靈巖寺爲隋朝寺院，非梁寺，至於其是否能上溯到南朝，尚無據。

綜上，孫文川檢出的寺院還剩 86 座，《佛寺志》誤列入其它朝代的梁寺 2 座（即齊朝慧眼寺、陳朝楊都寺），賀先生補錄的寺院還剩 13 座（包括誤錄入其他朝代的 5 座），筆者補錄 6 座寺院，共計 107 座寺院。

6. 陳朝寺院

表 2-6

孫　　說	懷安寺、慧福尼寺、國勝寺、楊都寺、棲靈寺、大皇寺、寶四寺、證聖寺、寶城寺（9 座）
陳作霖補錄	義和寺、四無畏寺
賀先生補錄	泰皇寺、開泰寺、楊都大寺、至敬寺、止觀寺、靜眾寺、天居寺、崇皇寺、會稽寺、晉陵寺、彌天寺、竹澗寺、法雲寺（13 座）
筆者補錄	天宮寺、光曜寺、惠殿寺、紹隆寺、福緣寺、棲禪寺、願力寺、孝義寺、報德寺（9 座）

朝代錯誤的寺院：楊都寺、靜眾寺、竹澗寺、法雲寺爲梁寺，止觀寺爲齊寺，晉陵寺爲宋寺。

存疑的寺院：賀先生補錄的會稽寺、彌天寺不知出自何處，暫不收錄。

〔註176〕〔清〕嚴可均校輯《全梁文》，收入其校輯《全上古三代秦漢三國六朝文》，頁 3397。

〔註177〕朱偰著《金陵古迹圖考》，頁 137。

〔註178〕〔唐〕釋道宣撰《廣弘明集》，收入《大正藏》第 52 冊，頁 360。

不存在而誤錄的寺院：棲靈寺、秦皇寺

（1）棲靈寺

《貞觀公私畫記》云：「陳棲霞寺。張善果畫，在江寧。」〔註 179〕《佛寺志》卷下《陳》誤引作「棲靈寺」，並據此認爲有棲靈寺，誤。

（2）秦皇寺

《新修科分六學僧傳》卷十《唐住力》云：「久之陳宣帝於京城之左，造秦皇寺，詔董工役。至德二年（584），充寺主。陳亡徒居江都之長樂寺。」〔註 180〕檢《唐傳》卷二九《唐揚州長樂寺釋住力傳》：「陳宣帝於京城之左造泰（原注：泰=秦）皇寺，宏壯之極，罄竭泉府，乃敕專監百工，故得揆測指撝，面勢嚴淨。至德二年，又勅爲寺主。」據此，「泰皇寺」與「秦皇寺」實指一寺，可「秦皇寺」不通，故「秦」應爲「泰」之訛誤。

綜上，孫文川檢出的寺院還剩 7 座，《佛寺志》誤列入其它朝代的陳寺 1 座（即東晉禪眾寺），陳作霖補錄 2 座寺院，賀先生補錄的寺院還剩 5 座，筆者補錄 9 座寺院，共計 24 座寺院。

據上面所辨析，各朝寺院數目如表 2-7：

表 2-7

寺院 朝代	僧 寺	尼 寺	數 量
孫吳	建初寺		1
東晉	耆園寺、白馬寺、安樂寺、臨秦寺、瓦官寺、大長干、青園寺（龍光寺）、長干寺（阿育王寺）、冶城寺、延賢、新亭寺（中興寺、天安寺）、東亭寺（王衛軍寺）、高座寺（甘露寺）、崇明寺、道場寺（鬪場寺）、莊嚴寺（謝鎮西寺或謝寺、興嚴寺）、彭城寺、枳園寺、中寺、招提寺（小招提寺）、護身寺、龍宮寺、皇興寺、	簡靜寺、建福寺、延興寺、新林寺（波提寺）、永安寺（何后寺或何皇后寺、北永安寺）、太后寺	35；6

〔註 179〕〔唐〕裴孝源撰《貞觀公私畫史》，收入《景印文淵閣四庫全書》第 812 冊，頁 28。

〔註 180〕〔元〕曇噩撰《新修科分六學僧傳》，收入《大藏新纂卍續藏經》第 77 冊，頁 154。

	中興寺、鹿野寺、皇太寺、本起寺、大石寺、東安寺、越城寺、天寶寺、長壽寺、殿內精舍、耆闍寺、歸善寺（大歸善寺）		
劉宋	祇洹寺、竹林寺、北竹林寺、定林寺（定林下寺）、定林上寺、建元寺、莊嚴寺（大莊嚴寺）、白塔寺、始興寺、平陸寺（奉誠寺）、道林寺、宋熙寺、南林寺、靈味寺、新安寺、靈根寺、靈基寺、興皇寺、棲玄寺（栖玄寺）、靈曜寺、開心寺、藥王寺、湘宮寺、眾造寺、法輪寺、北法輪寺、嚴林寺、延壽寺、禪岡寺、龍淵寺、正勝寺、南澗寺、晉陵寺、天保寺、開聖寺、興業寺、弘普中寺、禪寂寺、靈鷲寺、祈澤寺、烏衣寺、多寶寺、北多寶寺、何園寺、長樂寺、天竺寺、龍華寺、高臺寺、報恩寺、南園寺、崇福寺、善居寺（雲居下寺）、司徒寺、幽棲寺（幽栖寺）、外國寺、永安寺、延祚寺、正覺寺、天王寺、曠野寺、晉興寺、南建興寺、建興寺、齊昌寺、塵外精舍、隱靜寺、平樂寺、弘普寺、法言精舍、六合山寺	青園寺（西青園寺）、東青園寺、竹園寺、王國寺、景福寺（影福寺）、菩提寺、普賢寺、禪林寺、閑居寺、南晉陵寺、樂安寺、南永安寺、鐵索羅寺（翠靈寺、妙果寺）、建安寺、崇聖寺、妙相寺、宣業寺、弘光寺、永福寺	70；19
蕭齊	棲霞寺（攝山寺）、興福寺、孔子寺、正觀寺、草堂寺（山茨寺）、太昌寺、石室寺、齊福寺、齊隆寺（宣武寺）、安明寺、蓮華寺、禪靈寺、勝善寺（雲居上寺）、安國寺、止觀寺、陟屺寺、招玄寺、遊賢寺、歸依寺、罽賓寺、毗耶離寺、普弘寺（竟陵王邸寺）、彌陀寺、棲靜寺、西安寺、金剛寺、國安寺、隱靈寺、法雲寺、齊熙寺、「齊古寺」、華嚴寺、遠精舍	法音寺、福田寺、集善寺、頂山寺、西寺、禪基寺、樂林寺	33；7
蕭梁	開善寺、華林寺、招提寺（大招提寺）、光宅寺、小莊嚴寺、大愛敬寺（愛敬寺）、同泰寺、蕭寺（蕭帝寺）、同行寺（聖遊寺）、佛窟	大智度寺（智度寺）、果願寺、猛信寺、善覺寺、園居寺、萬福寺、本願寺、善業寺、儀香寺	98；9

	寺、法雲寺、南冥眞寺、仙窟寺、法王寺、永建寺、敬業寺、淨居寺、明慶寺、涅槃寺、翠微寺、本業寺、解脫寺、勸善寺、慧日寺（惠日寺）、永明寺、須陁寺、福靜寺、禪岩寺、法苑寺（廣化寺）、頭陁寺（頭陀寺）、頭陀寺、慈恩寺、普光寺、化成寺、福興寺、寒林寺、一乘寺（凹凸寺）、履道寺、渴寒寺、幽岩寺、青山幽岩寺、靈隱寺、慧眼寺、普明寺、慶雲寺、慈敬寺、報恩寺、眾造寺、淨名寺（資福寺）、大寺、楊都寺、妙音寺、無垢寺、虎窟寺、常樂寺、皇宅寺、法清寺、永慶寺、觀音寺、資聖寺、佛壇寺、永泰寺、天光寺、建陵寺、棲隱寺、神山寺、靜福寺、建業寺、慈覺寺、北寺、清玄寺、天心寺、方樂寺、平等寺、金口寺、天中天寺、歸來寺、飛流寺、甘露鼓寺、梁安寺、福成寺、定果寺、靈光寺、山齋寺、到公寺、景公寺、宣明寺、天皇寺、大明寺、竹澗寺、光業寺、靜眾寺、吉山寺、龍樓寺、宋姬寺、棲賢寺、重雲精舍、孝敬寺		
陳朝	至敬寺、大禪眾寺（禪眾寺）、泰皇寺、大皇寺、崇皇寺、天居寺、懷安寺、國勝寺、寶田寺、證聖寺、寶城寺、義和寺、四無畏寺、天宮寺、光曜寺、惠殿寺、紹隆寺、福緣寺、栖禪寺、開泰寺、願力寺、孝義寺、報德	慧福寺	23：1
總數	總共 302 座寺院，其中僧寺 260 座、尼寺 42 座		

　　根據上面的統計，僧寺有 260 座，尼寺有 42 座，計有 302 座寺院。另外，賀雲翱先生還提到了 2 處六朝佛寺遺址，一處在南京新街口東北的德基廣場工地，這裡出土了一批殘南朝金銅佛像，其背光刻有銘文，年代最早的是劉宋元嘉年間，一處在南京武定門外住宅區工地，這裡出土了磚、瓦和殘金銅

佛像〔註181〕。這2處寺址可能就在上述的302座寺院之中，但由於文獻資料少，不足以論證，故今暫認定這2處寺址在上述的302座寺院之外。因此，據目前的統計，六朝建康的佛寺共有304座。這只是一個暫時的數目，與六朝建康佛寺的實際數目相比，仍有很大的誤差，可這種誤差就是歷史研究的樂趣所在吧，即雖然不能還原歷史，但可以無限地接近歷史，故其誤差者，尚待博雅者補正之。

〔註181〕賀雲翱《六朝都城佛寺和佛塔的初步研究》。

第三章　述兩晉南北朝琅邪王氏之崇佛

一、引言

佛教作爲一種外來宗教，在傳入中國之後，它的傳播範圍，若從社會階層的角度進行考察，最先接受佛教的是處於社會中上層的世族。關於此點，中外學者均有論述。陳寅恪先生云：「慧皎《高僧傳》、道宣《續高僧傳》，皆見北人於學術上有優於南朝之處。其所以能保持者皆士族也。即僧徒亦多出自士族者也。」〔註1〕錢穆先生云：「然門第與佛教自有一種相互緊密之關聯。門第爲佛教作護法，佛教賴門第爲檀越。」〔註2〕荷蘭許理和（Erich Zürcher）先生更是提出了「士大夫佛教」的概念，即認爲形成於公元3、4世紀之交的新型知識精英，其中包括有教養的僧人，他們通過結合佛教教義與中國傳統學術，成功的發展出特定形態的佛教（即「士大夫佛教」），並在上層階級中傳播，而大約公元300年是個特別的轉折點，佛法開始滲入最上層士大夫中，決定了中國佛教此後幾十年的發展進程〔註3〕。在佛教早期傳播之時，中國恰好處於魏晉南北朝時期，此時之世族大都爲天師道世家。據陳寅恪先生《天師道與濱海地域之關係》〔註4〕一文所考，此時崇奉天師道的世族有：琅邪王氏、高平郗氏、吳郡杜氏、會稽孔氏、義興周氏、陳郡殷氏、丹陽葛氏、東

〔註1〕陳寅恪《晉南北朝隋唐史研究備課筆記》，收入其《講義及雜稿》，生活・讀書・新知三聯書店，2002年，頁80～81。

〔註2〕錢穆《略論魏晉南北朝學術文化與當時門第之關係》，收入其《中國學術思想史論叢》第三冊，生活・讀書・新知三聯書店，2009年，頁206。

〔註3〕參見〔荷〕許理和著，李四龍、裴勇等譯《佛教征服中國》第一章第二、三節，第二章第三節，江蘇人民出版社，2005年，頁4～9、70～74。

〔註4〕收入其《金明館叢稿初編》，生活・讀書・新知三聯書店，2001年。

海鮑氏、丹陽許氏、丹陽陶氏、吳興沈氏，等等。因此，本有家族信仰的世族面對佛教會有哪幾種態度呢？「士大夫佛教」又是怎樣形成的呢？陳寅恪先生云：

> 嘗考兩晉、南北朝之士大夫，其家世夙奉天師道者，對於周孔世法，本無衝突之處，故無贊同或反對之問題。惟對於佛教則可分爲三派：一爲保持家傳之道法，而排斥佛教，其最顯著之例爲范縝，……其神滅之論震動一時。……二爲棄捨其家世相傳之天師道，而皈依佛法，如梁武帝是其最顯著之例，……如范泰，即蔚宗之父，與子眞爲同族，即琅邪王諡，皆出於天師道世家，而歸依佛教者，此例甚多，無待詳舉矣。三爲持調停佛道二家之態度，即不盡棄家世遺傳之天師道，但亦兼采外來之釋迦教義，如南齊之孔稚珪，是其例也。〔註5〕

依陳先生之高論，此時之世族對待佛教有三種態度，而琅邪〔註6〕王氏本崇奉天師道，可王諡卻拋棄了其家族信仰，皈依佛教。因此，在佛教的影響之下，原本的家族信仰受到了衝擊，並開始發生變化，其中由篤信天師道到接受佛教的轉變不爲少數。這類家族，任繼愈先生就舉出吳郡張氏、廬江何氏、吳郡陸氏、汝南周氏、琅邪王氏和陳郡謝氏〔註7〕。嚴耀中先生續補吳興姚氏、會稽賀氏、丹陽陶氏、濟陽江氏、義興周氏、太原王氏、平原明氏、南陽劉氏、河東裴氏、河南褚氏、北地傅氏、東海徐氏、清河崔氏和平原劉氏，並在此基礎上進一步認爲「到陳朝，大約十之七八以上的士族都與佛教已有瓜葛，可見佛教已取代道教爲當時士族信仰的主流」〔註8〕。本文之意，即在探索世族信仰的變化，並以琅邪王氏爲例來進行討論。

二、相關研究狀況及琅邪王氏世系略表

對於中古時期琅邪王氏的研究，成果很多，茲不多述，而就琅邪王氏崇佛之研究，有兩篇比較重要的文章，即王永平、姚曉菲二位先生合撰的《略

〔註5〕陳寅恪《陶淵明之思想與清談之關係》，收入其《金明館叢稿初編》，頁 217 ～218。

〔註6〕按「琅邪」，「琅」或作「瑯」，「邪」或作「琊」、「瑘」、「玡」，本書行文處統一作「琅邪」。

〔註7〕任繼愈主編《中國佛教史》第三卷第一章，中國社會科學出版社，1993 年，頁7。

〔註8〕嚴耀中《陳朝崇佛與般若三論的復興》，《歷史研究》1994 年 4 期。

論東晉時期琅邪王氏與佛教文化》、《略論南朝時期琅邪王氏與佛教文化之關係》〔註9〕。兩文均採用了《高僧傳》、《續高僧傳》、《出三藏記集》等比較豐富的佛藏史料，來闡述琅邪王氏與佛教文化之關係。本書與上述二文貌似重合，不過本書之立意乃考述佛教是怎樣在世族中傳播、或世族是怎樣接受佛教的，並從辨析史料開始，再統計人物、探尋演變規律，最後在此基礎上立論。因此，本書在研究所涉及到的時間、人物、史料三方面都比上述二文更爲寬廣，而且文章旨趣也不盡相同。儘管如此，對於二位先生的開拓之功，筆者深表感謝！

　　爲明本書之脈絡，據正史傳記及其它史籍資料，製琅邪王氏世系略表如下：

一世　二世　三世　四世　五世　六世　七世　八世　九世　十世　十一世

（1）王覽—裁—導—悅—琨—嘏—恢
　　　　　　　　　　〔註10〕
　　　　　　　　—恬
　　　　　　　　—洽—珣—弘—僧達—道琰—融
　　　　　　　　　　　—虞
　　　　　　　　　　　—柳
　　　　　　　　　　　—孺—微
　　　　　　　　　　　—曇首—僧綽—儉
　　　　　　　　　　　　　　—僧虔—慈
　　　　　　　　　　　　　　　　—楫—筠—祥—查
　　　　　　　　　　　　　　　　　　　　　　—賈
　　　　　　　　—珉—朗
　　　　　　　　　　—練
　　　　　—協—謐—瓘
　　　　　　　　〔註11〕
　　　　　　　　—球
　　　　　　　　—琇
　　　　—劭—穆—簡
　　　　　　　—智—景文—纘—儁—克
　　　　　　　　　　〔註12〕
　　　　　　　—超
　　　　　　　—僧朗—粹—奐—肅
　　　　　　　　　　　〔註13〕

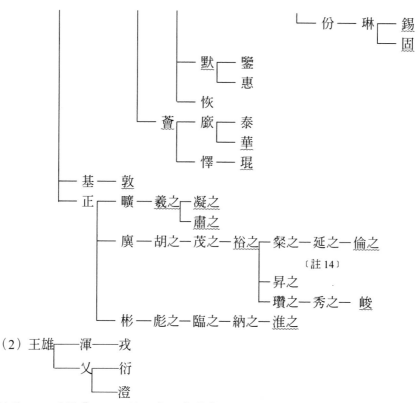

說明：1. 下劃「〜〜〜」的人表示有崇佛傾向，並見於下文。

2. 世系

（1）依據史料有：《晉書》卷六五《王導傳》、卷七六《王廙傳》、卷八十《王義之傳》、卷九八《王敦傳》，《宋書》卷六十《王淮之傳》、卷六二《王微傳》、卷六三《王曇首傳》、卷六六《王敬弘傳》、卷七五《王僧達傳》、卷八五《王景文傳》，《南齊書》卷二三《王儉傳》、卷三二《王琨傳》和《王延之傳》、卷三三《王僧虔傳》、卷四六《王慈傳》、卷四七《王融傳》、卷四九《王奐傳》，《梁書》卷二一《王峻傳》和《王份傳》、卷三三《王筠傳》，《陳書》卷十七《王通傳》、卷二一《王固傳》，《南史》卷二三《王彧傳》、卷二四《王裕之傳》，《魏書》卷六三《王肅傳》，《世

〔註10〕《晉書》卷六五《王導傳》云：「悅無子，以弟恬子琨爲嗣」。

〔註11〕《晉書》卷六五《王導傳》云：「協字敬祖，……早卒，無子，以弟劭子謐爲嗣。」

〔註12〕《宋書》卷八五《王景文傳》云：「父僧朗，……尋薨，……景文出繼智，幼爲從叔球所知。」

〔註13〕《南齊書》卷四九《王奐傳》云：「奐出繼從祖中書令球，故字彥孫。」

〔註14〕《南齊書》卷三二《王延之傳》云：「（延之）父昇之，都官尚書。延之出繼伯父秀才粲之。」

説新語‧排調》，《隋書》卷七六《文學‧王胄傳》，《新唐書》卷七二中《宰相世系表二中》。

（2）依據史料有：《晉書》卷四三《王戎傳》。另外，還參考了趙宋人汪藻《世説敘錄‧人名譜‧琅邪臨沂王氏譜》（楊勇校箋《世説新語校箋》本第4冊），王伊同《五朝門第》附《高門權門世系婚姻表‧琅玡臨沂王氏》。

三、琅邪王氏崇佛之史料及辨析

（一）琅邪王氏第三世（世系順序依前表所排）崇佛人物

1. 王戎（234～305）〔註15〕

史書中雖無王戎與高僧交往的記載，但其玄風對後世的一些高僧產生了一定的影響。《梁傳》卷四《晉燉煌竺法乘》云：

> 孫綽《道賢論》以（法）乘比王濬沖（戎），論云：「法乘、安豐少有機悟之鑒，雖道俗殊操，阡陌可以相准。」

2. 王澄（269～312）

王澄善玄學，與一些高僧有交往。《梁傳》卷四《晉淮陽支孝龍》云：

> 陳留阮瞻、潁川庾凱，並結知音之交，世人呼爲八達。

《集聖賢群輔錄》中朝八達條云：

> 陳留董昶字仲道、琅邪王澄字平子、陳留阮瞻字千里、潁川庾數字子嵩、陳留謝鯤字幼輿、太山胡毋輔之字彥國、沙門於法龍、安樂光逸字孟祖。右晉中朝八達，近世聞之故老〔註16〕。

按，支孝龍和于法龍既然都爲「八達」之一，應指同一人。

3. 王敦（266～324）

《梁傳》卷一《晉建康建初寺帛尸梨蜜》云：

> 大將軍王處仲（敦）在南夏，聞王（導）周（顗）諸公皆器重密，疑以爲失，及見密，乃欣振奔至，一面盡虔。

王敦一見帛尸梨蜜就「一面盡虔」，不足爲怪。據《晉書》卷九八《王敦傳》所載，王敦「眉目疏朗，性簡脱，有鑒裁，學通《左氏》，口不言財利，尤好清談，時人莫知，惟族兄戎異之」。〔註17〕

〔註15〕關於人物的生卒年，正史本傳中有載者標出，無載者不標。

〔註16〕〔晉〕陶潛撰《集聖賢群輔錄》，〔清〕陶澍注《陶淵明全集》本，上海中央書店印行，1935年，頁112。

〔註17〕〔唐〕房玄齡等撰《晉書》，中華書局，1974年，頁2566。

4. 王導（276～339）

王導與高僧們交往比較密切，如《梁傳》卷一《晉建康建初寺帛尸梨蜜》云：

> （1）晉永嘉中，（帛尸梨蜜）始到中國，值亂，仍過江，止建初寺。丞相王導一見而奇之，以爲吾之徒也，由是名顯。〔註18〕

> （2）導嘗詣密，密解帶偃伏，悟言神解。時尚書令卞望之，亦與密致善，須臾望之至，密乃斂衿飾容，端坐對之。有問其故，密曰：「王公風道期人，卞令軌度格物，故其然耳。」〔註19〕

> （3）王公嘗謂密曰：「外國有君，一人而已。」密笑曰：「若使我如諸君，今日豈得在此？」當時爲佳言。

《出三藏記集》卷十三《尸梨密傳》所載略同。王導云：「外國有君，一人而已。」即一方面讚美帛尸梨蜜，另一方面暗指其國人才不濟。帛尸梨蜜的答語是指在他們國家只有像他這類才能較低的人才會流寓到建康，即一方面表明他們國家人才濟濟，另一方面又暗地讚揚了王導在東晉乃「一人而已」。這種含有巧妙邏輯的對話是當時的一大風尚。王導一見帛尸梨蜜便「以爲吾之徒也」，自是因爲帛尸梨蜜之行爲與言語頗符合當時名士所崇尚之風尚。《梁傳》帛尸梨蜜本傳又云：

> （1）俄而（周）顗遇害，密往省其孤，對坐作胡唄三契，梵響凌雲；次誦呪數千言，聲音高暢，顏容不變；既而揮涕收淚，神氣自若。

> （2）密性高簡。不學晉語，諸公與之語言，密雖因傳譯，而神領意得，頓盡言前，莫不歎其自然天拔，悟得非常。〔註20〕

正是帛尸梨蜜略帶玄學色彩的言行，使得他很快爲江東名士所接納，並與之友善，除王導、卞望之、周顗外，還有庾亮、桓彝、謝琨、王敦、王珉等人。又《梁傳》卷四《晉豫章山康僧淵》云：

> 瑯琊王茂弘（導）以鼻高眼深戲之，淵曰：「鼻者面之山，眼者

〔註18〕《世說新語‧言語》第39條劉孝標注引《高座別傳》略同。

〔註19〕〔宋〕劉義慶撰《世說新語‧簡傲》第7條云：「高坐道人於丞相坐，恒偃臥其側。見卞令，肅然改容云：『彼是禮法人。』」余嘉錫箋疏，周祖謨、余淑宜、周士琦整理《世說新語箋疏》本，中華書局，2007年，頁907。

〔註20〕《世說新語‧言語》第39條作：「高坐道人不作漢語，或問此意，簡文曰：『以簡應對之煩。』」余嘉錫箋疏《世說新語箋疏》本，頁119。

面之淵，山不高則不靈，淵不深則不清。」時人以爲名答。〔註21〕

又《梁傳》卷四《晉始寧山竺法義》云：

> （竺法義）後辭深（法深）出京，復大開講席，王導、孔敷並
> 承風敬友。

又《梁傳》卷四《晉剡東仰山竺法潛》云：

> 晉永嘉初，（竺法潛）避亂過江。中宗元皇，及肅祖明帝、丞相
> 王茂弘、太尉庾元規，並欽其風德，友而敬焉。

又《世說新語・方正》第45條云：

> 後來年少多有道深公（即竺法潛，字法深）者。深公謂曰：「黃
> 吻年少，勿爲評論宿士。昔嘗與元明二帝、王庾二公周旋。」劉孝
> 標引《高逸沙門傳》注曰：「晉元、明二帝，遊心玄虛，託情道味，
> 以賓友禮待法師。王公、庾公傾心側席，好同臭味也。」〔註22〕

晉元、明二帝與竺法潛周旋，乃「託情道味」；而王導、庾亮與竺法潛交往
乃「好同臭味」，故當時名士並沒有對高僧另眼相待，換言之，社會風尚爲
名士所主導，而高僧若想擴大社會影響力，必須先接受名士所崇尚的思潮。
湯用彤先生即云：「玄學的產生與佛學無關……玄學是從中華固有學術自然
的演進……佛教非玄學生長之正因。反之，佛教倒是先受玄學的洗禮，這種
外來的思想才能爲我國人士所接受。」〔註23〕綜觀琅邪王氏第三世之崇佛傾
向，如王戎、王澄、王敦、王導，其深度及程度不出湯先生所述之範圍矣。

（二）琅邪王氏第四世崇佛人物

5. 王洽（323～358）

《梁傳》卷四《晉剡沃洲山支遁》云：

> 王洽、劉恢（即劉惔）、殷浩、許詢、郗超、孫綽、桓彥表、王
> 敬仁（修）、何次道（充）、王文度（坦之）、謝長遐、袁彥伯（宏）
> 等，並一代名流，皆著塵外之狎。

又《梁傳》卷五《晉京師瓦官寺竺法汰》云：

> 領軍王洽、東亭王珣、太傅謝安，並欽敬無極。

〔註21〕另見《世說新語・排調》第21條，略同。
〔註22〕余嘉錫箋疏《世說新語箋疏》本，頁382～383。
〔註23〕湯用彤《魏晉思想的發展》，收入其《魏晉玄學論稿》，上海古籍出版社，2007
　　　　年，頁120。

王洽不僅限於與高僧遊狎，而且還與高僧切磋論玄。《出三藏記集》卷十二《宋明帝勅中書侍郎陸澄撰法論目錄序》云：

> 《即色遊玄論》支道林。王敬和問，支答。〔註24〕

按，王洽字敬和。

又《世說新語‧賞譽》第114條云：

> 初，法汰北來未知名，王領軍（洽）供養之。每與周旋，行來往名勝許，輒與俱。不得汰，便停車不行。因此名遂重。〔註25〕

6. 王劭

《廣弘明集》卷十六《佛德篇第三》梁沈約《南齊僕射王奐杶園寺剎下石記一首》云：

> 晉故車騎將軍琅耶王劭，玄悟獨曉信解淵微，於承祖文獻公清廟之北造杶園精舍，其始則芳杶樹籬，故名因事立。〔註26〕

按，句中「文獻公」指王導。

7. 王薈

《梁傳》卷五《晉吳虎丘東山寺竺道壹》云：

> 頃之，（會稽）郡守瑯琊王薈於邑西起嘉祥寺，以壹之風德高遠，請居僧首。

8. 王羲之

《梁傳》卷四《晉剡沃洲山支遁》云：

> 王羲之時在會稽，素聞遁名，未之信，謂人曰：「一往之氣，何足言。」後遁既還剡，經由於郡，王故詣遁，觀其風力。既至，王謂遁曰：「《逍遙篇》可得聞乎？」遁乃作數千言，標揭新理，才藻驚絕。王遂披衿解帶，流連不能已。仍請住靈嘉寺，意存相近。

《世說新語‧文學》第36條所載略同。此外，這條史料還可於《晉書》卷八十《王羲之傳》中得到驗證，其云：「孫綽、李充、許詢、支遁等皆以文義冠世，並築室東土，與羲之同好。」東晉名士流行清談，玩味《逍遙篇》，支遁

〔註24〕〔梁〕釋僧祐著，蘇晉仁、蕭煉子點校《出三藏記集》，中華書局，2003年，頁429。

〔註25〕余嘉錫箋疏《世說新語箋疏》本，頁570。

〔註26〕〔唐〕道宣撰《廣弘明集》，收入《大正新修大藏經》第52冊，佛陀教育基金會印贈，頁211。

能夠「標揭新理」，定是引佛入玄，以佛理來闡釋玄學，由此可以得知佛教是怎麼爲世族名流們所接受的。

又《梁傳》卷十一《晉始豐赤城山竺曇猷》云：

> 王羲之聞而故往，仰峰高挹，致敬而反。

又《晉書》卷八十《王羲之傳》載王羲之勸阻殷浩北伐云：

> 任國鈞者，引咎責躬，深自貶降以謝百姓，更與朝賢思布平政，
> 除其煩苛，省其賦役，與百姓更始，庶可以允塞群望，救倒懸之急。

又爲此事與會稽王（司馬昱）書云：

> 願殿下暫廢虛遠之懷，以救倒懸之急，可謂以亡爲存，轉禍爲
> 福，則宗廟之慶，四海有賴矣。

此處需要注意的是「救倒懸之急」一語。「倒懸」乃一佛教術語。梵語Ullambana，可譯音譯爲「盂蘭盆」或意譯爲「倒懸」，其意爲：「人死，魂魄沈於暗道，有倒懸之苦也。爲救此倒懸之苦供養三寶者，即盆供也。玄應音義十三曰：『按西國法，至於眾僧自恣之日盛設供具奉施佛僧，以救先亡倒懸之苦。』」〔註27〕王羲之在致殷浩和司馬昱的信中都用到了「倒懸」一詞，說明他瞭解佛教故事，熟悉佛教術語，染佛程度較深。

王薈在會稽山陰建立嘉祥寺，王羲之使用「倒懸」一詞，說明了琅邪王氏四世之崇佛程度比三世更加深入一層。

（三）琅邪王氏第五世崇佛人物

9. 王珣（349～400）、王珉（351～388）

《梁傳》卷一《晉建康建初寺帛尸梨蜜》云：

> 瑯瑘王珉師事於密，乃爲之序曰：「……自此以來，唯漢世有金
> 日磾，然日磾之賢，盡於仁孝忠誠，德信純至，非爲明達足論。高
> 座心造峰極，交俊以神，風領朗越，過之遠矣。」

又《梁傳》卷一《晉廬山僧伽提婆》云：

> （僧伽提婆）至隆安元年來遊京師，晉朝王公及風流名士，莫
> 不造席致敬。時衛軍東亭侯瑯瑘王珣，淵懿有深信，荷持正法，建
> 立精舍，廣招學眾。提婆既至，珣即延請，仍於其舍講《阿毗曇》，
> 名僧畢集。……時王彌〔一八〕（即王珉）亦在座聽，後於別屋自講，

〔註27〕丁福保編《佛學大辭典》「盂蘭盆」條（頁1238～1239）、「倒懸」條（頁1769），
　　　　上海書店，1991年。

珣問法綱道人：「阿彌所得云何？」答曰：「大略全是，小未精覈耳。」其敷析之明，易啟人心如此。其冬，珣集京師義學沙門釋慧持等四十餘人，更請提婆重譯《中阿含》等，罽賓沙門僧伽羅叉執梵本，提婆翻爲晉言，至來夏方訖。

《晉書》卷六五《王導傳》附《王珉傳》，《出三藏記集》卷九《中阿含經序》、卷十三《僧伽提婆傳》所載略同。《世說新語·文學》第 64 條略同，唯「王彌」作「僧彌」。校注〔一八〕云：「三本『彌』作『僧珍』，《祐錄》（即《出三藏記集》）作『珣僧等』均誤，應爲『僧彌』。」〔註 28〕僧伽提婆隆安元年（397）才抵建康，而王珉卒於太元十三年（388），或疑王僧珍不誤，與王珉別爲一人〔註 29〕。但《梁傳》所記年份有頗多牴牾之處，如《梁傳》卷四《晉剡沃洲山支遁》所載，晉哀帝即位後徵請支道林出都住東安寺，王濛前往問道，可晉哀帝即位於隆和元年（362），而王濛卒於永和三年（347），支道林至建康時，王濛早已卒死〔註 30〕。因此，此處應從成書更早的《世說》，作「僧彌」。校注〔一八〕是。王珣字符琳，小字法護。王珉字季琰，小字僧彌。王珣兄弟各在其字之外別取一帶佛教色彩的小字，多少可反映其宗教信仰。陳寅恪先生云：「蓋六朝天師道信徒之以『之』字爲名者頗多，『之』字在其名中，乃代表其宗教信仰之意，如佛教徒之以『曇』或『法』爲名者相類」〔註 31〕。正史中雖未明言王珣兄弟爲佛教徒，但從王珣之行爲可見已去佛教徒未遠矣，如「建立精舍」，請僧伽提婆講《阿毗曇》、譯《中阿含》，「集京師義學沙門釋慧持等四十餘人」，等等。此後，王珣之子孫崇佛傾向更加明顯，直接用佛教詞語作爲名字，如王珣子曇首，曇首子僧綽、僧虔，也可旁證乃家族信仰薰陶所致。

又《梁傳》卷五《晉吳虎丘東山寺竺道壹》云：

（1）竺道壹，……貞正有學業，而晦迹隱智，人莫能知，與之久處，方悟其神出，瑯琊王珣兄弟深加敬事。

（2）壹弟子道寶，……聰慧素成，尤善席上。張彭祖、王季琰（珉）皆見推重，並著莫逆之交焉。

〔註 28〕《梁傳》卷一《晉廬山僧伽提婆》，頁 39。
〔註 29〕參見余嘉錫箋疏《世說新語箋疏·文學》第 64 條引程炎震語，頁 288。
〔註 30〕此條由湯用彤先生揭出，見《梁傳》卷四《晉剡沃洲山支遁》校注二七，頁 165。
〔註 31〕陳寅恪《崔浩與寇謙之》，收入其《金明館叢稿初編》，頁 121。

又《梁傳》卷六《晉蜀龍淵寺釋慧持》云：

> （慧）持乃送姑至都，止于東安寺。晉衛軍琅琊王珣，深相器
> 重。

又《出三藏記集》卷十二《宋明帝敕中書侍郎陸澄撰法論目錄序》云：

> 《王季琰書》往反四首。〔註32〕

又梁沈約撰《俗說》云：

> 王東亭（珣）嘗之吳郡，就汰公宿別，汰公設豆𩝐糜，自啖一
> 大甌，東亭有難色，汰公強進半甌。須臾，東亭行帳，果炙必備。
>
> 〔註33〕

又《吳地記》云：

> 其山（按指虎丘山）本晉司徒王珣與弟司空王珉之別墅，咸和
> 二年（327），捨山宅爲東西二寺，立祠於山。〔註34〕

咸和二年，王珣、王珉兄弟還均未出生，故此條史料有誤。有兩種可能：其
一咸和或爲咸安之誤，咸安二年爲公元 372 年，與王珣兄弟生活年代相符；
其二是把捨宅立寺之人附會成王珣兄弟。檢《晉書》卷六五《王導傳》附《王
珣傳》，王珣曾任「吳國內史，在郡爲士庶所悅」，故第一種可能性較大。由
此可知王珣兄弟對佛教的篤信。

10. 王謐（360～407）、王默

《梁傳》卷六《晉廬山釋慧遠》云：

> 司徒王謐、護軍王默等，並欽慕風德，遙致師敬。謐修書曰：「年
> 始四十，而衰同耳順。」遠答曰：「古人不愛尺璧，而重寸陰，觀其
> 所存，似不在長年耳。檀越履順而遊性，乘佛理以御心，因此而推，
> 復何羨於遐齡，聊想斯理，久已得之，爲復酬來信耳。」

《出三藏記集》卷十五《慧遠法師傳》所載略同。

又《梁傳》卷十三《興福·晉京師瓦官寺釋慧力》云：

> 司徒王謐嘗入臺，見東掖門口有寺人擲樗戲。樗所著處，輒有
> 光出，怪令掘之，得一金像，合光趺長七尺二寸。謐即啓聞，宋高

〔註32〕〔梁〕釋僧祐著《出三藏記集》，頁 442。

〔註33〕魯迅輯《古小說鉤沈》本，收入《魯迅全集》第八卷，人民文學出版社，1973
年，頁 196。

〔註34〕〔唐〕陸廣微撰、曹林娣校注《吳地記》，江蘇古籍出版社，1999 年，頁 62
～63。

祖迎入臺供養，宋景平末送出瓦官寺，今移龍光寺。

又《出三藏記集》卷十二《宋明帝勑中書侍郎陸澄撰法論目錄序》云：

《心無義》桓敬道。王稚遠難，桓答。

《問實相》王稚遠，外國法師答。（以上屬《法論》第一帙《法性集》十五卷）

《問涅槃有神不》王稚遠，什答。

《問滅度權實》王稚遠，什法師答。

《問清淨國》王稚遠，什法師答。（以上屬《法論》第二帙《覺性集》七卷）

《問佛成道時何用》王稚遠，什答。

《問般若法》王稚遠，什法師答。

《問般若稱》王稚遠，什法師答。

《問般若知》王稚遠，什法師答。

《問般若是實相智非》王稚遠，什法師答。

《問般若薩婆若同異》王稚遠，什法師答。

《問無生法忍般若同異》王稚遠，什法師答。

《問禮事般若》王稚遠，什法師答。

《問佛慧》王稚遠，什法師答。

《問權智同異》王稚遠，什法師答。

《問菩薩發意成佛》王稚遠，什法師答。（以上屬《法論》第三帙《般若集》六卷）

《問法身》王稚遠，什答。（以上屬《法論》第四帙《法身集》四卷）

《問成佛時斷何累》王稚遠，什答。（以上屬《法論》第五帙《解脫集》一卷）

《問得三乘》王稚遠，什師答。

《問三歸》王稚遠，什師答。

《問辟支佛》王稚遠，什師答。

《問菩薩生五道中》王稚遠，什師答。

《問七佛》王稚遠，什答。

《問不見彌勒不見千佛》王稚遠，什法師答。（以上屬《法論》

第六帙《教門集》十二卷）

《桓敬道與王稚遠書》往反九首。

《問佛法不老》王稚遠，什答。（以上屬《法論》第七帙《戒藏集》八卷）

《問精神心意識》王稚遠，什答。

《問十數法》王稚遠，什法師答。

《問神識》王稚遠，什答。（以上屬《法論》第十二帙《色心集》九卷）〔註35〕

按，王謐字稚遠。陳寅恪先生論述世族棄捨其家世相傳之天師道，而皈依佛法時，其例證之一即王謐。從上述所引史料可以看出，王謐常為佛理致書請教慧遠、桓道敬、鳩摩羅什，其中與鳩摩羅什來往最密，而且討論的內容非常廣泛。這足以證明陳先生之卓見。

11. 王凝之

《出三藏記集》卷十《阿毗曇心序第十》載晉太元十六年（391）冬僧伽提婆在廬山譯《阿毗曇心》經，來年校正，又云：

時眾僧上座竺僧根、支僧純等八十人，地主江州刺史王凝之，優婆塞西陽太守任固之為檀越，並共勸佐而興立焉。〔註36〕

12. 王肅之

《出三藏記集》卷十二《宋明帝勅中書侍郎陸澄撰法論目錄序》云：

《釋即色本無義》支道林。王幼恭問，支答。〔註37〕

幼恭即王肅之字。王肅之乃王羲之第四子，不見《晉書》王羲之本傳。《世說新語·排調》第 57 條劉孝標注引《王氏譜》曰：「肅之字幼恭，右將軍羲之第四子。歷中書郎、驃騎咨議。」〔註38〕

綜觀王珣、王珉、王謐、王默、王凝之、王肅之之崇佛，可知琅邪王氏五世染佛程度頗為深厚。王珣、王珉兄弟不僅建立精舍、組織法會、翻譯佛

〔註35〕分別見〔梁〕釋僧祐著《出三藏記集》，頁 429、430、431、433、435、437、438、444。

〔註36〕〔梁〕釋僧祐著《出三藏記集》，頁 378。

〔註37〕〔梁〕釋僧祐著《出三藏記集》，頁 429。

〔註38〕余嘉錫箋疏《世說新語箋疏》本，頁 961。又汪藻《世說敘錄·人名譜·琅邪臨沂王氏譜》云：「肅之，羲之子，字幼恭，晉中書郎、驃騎咨議。」楊勇校箋《世說新語校箋》本第 4 冊，中華書局，2006 年，頁 17。

經，而且在佛理上也有所發明。王謐常修書與鳩摩羅什討論佛理。王凝之組織譯經。王肅之也致書與支道林討論佛理。他們對佛教的理解不僅僅是爲了豐富談資，視其爲玄學的附庸，而是由附庸轉爲主體、被動化爲主動，達到了「乘佛理以御心」的地步（釋慧遠致王謐書）。

（四）琅邪王氏第六世崇佛人物

13. 王裕之（360～447）

《梁傳》卷七《宋餘杭方顯寺釋僧詮》云：

> 特進王裕及高士戴顒，至詮墓所，刻石立碑，唐思賢造文，張敷作誄。

其中王裕即王裕之，因爲「之」往往可以省略。陳寅恪先生云：「東漢及六朝人依公羊春秋譏二名之義，習用單名。故『之』字非特專之眞名，可以不避諱，亦可省略。」〔註39〕王裕之字敬弘，因名與宋高祖劉裕同，故以字行〔註40〕。據《宋書》卷六六《王敬弘傳》，王裕之「性恬靜，樂山水」，在京師建康做官時屢次上表求歸餘杭舊居。因此，根據人名、時間、地點三點推測，文中王裕即琅邪王裕之。

14. 王弘（379～432）

《梁傳》卷七《宋京師龍光寺竺道生》云：

> 王弘、范泰、顏延之，並挹敬風猷，從之問道。

又《梁傳》卷七《宋京師祇洹寺釋僧苞》云：

> 時王弘、范泰聞（僧）苞論議，歎其才思，請與交言，仍屈住祇洹寺，開講眾經，法化相續。

又《出三藏記集》卷十二《宋明帝勅中書侍郎陸澄撰法論目錄序》云：

> 《王休元問》往反十四首〔註41〕。

按，王弘字休元。

15. 王曇首

《梁傳》卷十三《經師·齊烏衣寺釋曇遷》云：

> 釋曇遷，……寓居建康。……彭城王義康、范曄、王曇首，並皆遊狎。

〔註39〕陳寅恪《崔浩與寇謙之》，收入其《金明館叢稿初編》，頁121。
〔註40〕《宋書》卷六六《王敬弘傳》。
〔註41〕〔梁〕釋僧祐著《出三藏記集》，頁440。

16. 王練

《梁傳》卷三《宋建康龍光寺佛馱什》云：

> 以其年（景平元年，公元 423 年）冬十一月集于龍光寺，譯爲
> 三十四卷，稱爲《五分律》。（佛馱）什執梵本，于闐沙門智勝爲譯，
> 龍光道生、東安慧嚴共執筆參正，宋侍中琅邪王練爲檀越，至明年
> 四月方竟。

《出三藏記集》卷三《新集律來漢地四部記錄》所載略同。

17. 王華（385～427）

王華父王廞起兵與王恭廝殺，爲其所敗，王華兄王泰被殺，王廞不知所在，王華「時年十三，在軍中，與廞相失，隨沙門釋曇永逃竄」，「由此得免」。又，王華「以情事異人，未嘗預宴集，終身不飲酒，有燕不之詣」〔註42〕。王華幼時在軍中爲沙門所救，頗疑釋曇永與王廞家族交情深厚，其年長後又「終身不飲酒」，又疑是受佛教之影響。佛教八戒齋之一即不飲酒〔註43〕。

18. 王琨（399～482）

《梁傳》卷七《宋山陰靈嘉寺釋超進》云：

> （會稽）郡守琅邪王琨請居邑西嘉祥寺，寺本琨祖薈所創也。

琅邪王氏六世中 6 人有崇佛傾向，人數較多，與五世人數持平，而在崇佛程度上的深入乃王華「終身不飲酒」，由對佛理的探討漸變爲對佛規的尊崇，這是值得特別關注的。

（五）琅邪王氏第七世崇佛人物

19. 王淮之（378～433）

《珠林》卷七九《十惡篇第八四・邪見部第十三・感應緣》引《冥祥記》云：

> 宋王淮之，字符曾，瑯琊人也。世以儒專，不信佛法。常謂身
> 神俱滅，寧有三世。元嘉中爲丹陽令，十年得病氣絕，少時還復暫
> 甦。時建康令賀道力省疾下床會。淮之語力曰：始知釋教不虛，人
> 死神存，信有徵矣。道力曰：明府生平置論不爾，今何見而異？淮
> 之斂眉答云：神實不盡，佛教不得不信。語卒而終。〔註44〕

〔註42〕並見《宋書》卷六三《王華傳》。
〔註43〕丁福保編《佛學大辭典》「八戒齋」條，頁 1102～1103。
〔註44〕〔唐〕釋道世撰《法苑珠林》，周叔迦、蘇晉仁校注《法苑珠林校注》本，頁 2316。

據《宋書》卷六十《王淮之傳》，淮之曾祖彪之「博聞多識，練悉朝儀，自是家世相傳，並諳江左舊事，緘之青箱，世人謂之『王氏青箱學』」，則「世以專儒，不信佛法」可信；淮之元嘉三年（426）之後曾出任丹陽尹，元嘉十年（433）卒，此二事也於上引文中有證。因此，《冥祥記》所載有較高的可信度，起碼反映了王淮之晚年逐漸接受佛教。進之，即使禮學世家如王彪之「王氏青箱學」這支琅邪王氏也漸漸染上佛法。

20. 王恢

《梁傳》卷三《宋京師枳園寺釋智嚴》云：

> 晉義熙十三年（417），宋武帝西伐長安，剋捷旋旆，途出山東。時始興公王恢從駕遊觀山川，至（智）嚴精舍，見其同止三僧，各坐繩床，禪思湛然，恢至，良久不覺，於是彈指，三人開眼，俄而還閉，問不與言。恢心敬其奇，訪諸耆老，皆云：「此三僧隱居求志，高潔法師也。」恢即啟宋武帝，延請還都，莫肯行者。既屢請懇至，二人推嚴隨行。恢懷道素篤，禮事甚殷，還都，即住始興寺。嚴性愛虛靖，志避喧塵，恢乃為於東郊之際，更起精舍，即枳園寺也。

釋僧祐《出三藏記集》卷十五《智嚴法師傳》所載略同，但此事不見正史。據《南史》卷二三《王誕傳》：「誕兄䂮字偉世，侍中、左戶尚書、始興公」。又《晉書》卷六五《王導傳》附《王悅傳》云：王恢「義熙末，為游擊將軍」。王恢父王䂮曾封始興公，且王恢於東晉義熙末年任游擊將軍，故王恢很可能繼承其父之封爵而襲始興公，且在時間上也可能參與劉裕西伐長安。因此，上述引文中的「始興公王恢」很可能就是王䂮之子。王恢延請智嚴法師南下建康，住始興寺。始興寺可視之為琅邪王導一支的家族寺院，因為「《高僧傳》所謂始興寺，蓋即文獻公廟也。文獻為始興公，謂廟為寺，六朝往往有之」〔註45〕。詳情可參第二章劉宋始興寺條。王導生前曾進封始興郡公，死後又諡為文獻，故文獻公廟乃祭祀王導之廟也。

21. 王僧達（423～458）

《梁傳》卷七《宋京師道場寺釋慧觀》云：

> 琅琊王僧達、廬江何尚之，並以清言致欵，結賞塵外。

《宋書》卷七五《王僧達傳》所載較詳，其云：「性好鷹犬，與閭里少年相馳

〔註45〕劉世珩撰《南朝寺考·晉》枳園寺條陳作霖語，收入《中國佛教史志彙刊》第2輯第2冊，臺灣文明書局，頁32。

逐，又躬自屠牛。義慶聞如此，令周旋沙門慧觀造而觀之。僧達陳書滿席，與論文義，慧觀酬答不暇，深相稱美。」〔註46〕

又《梁傳》卷八《齊上定林寺釋僧遠》云：

> 瑯琊王僧達才貴當世，藉（僧）遠風素，延止眾造寺。

有些名士與高僧的交往只是爲了附屬風雅，談不上有多麼的篤信佛教，王僧達即屬於這種類型，如《宋書》本傳云：「吳郭西臺寺多富沙門，僧達求須不稱意，乃遣主簿顧曠率門義劫寺內沙門竺法瑤，得數百萬。」

22. 王微（415～453）

《梁傳》卷七《宋京師龍光寺竺道生》云：

> 王微以（道）生比郭林宗，乃爲之立傳，旌其遺德。

按，郭泰字林宗。

23. 王僧虔（426～485）

《梁傳》卷八《齊京師中寺釋法安》云：

> 王僧虔出鎮湘州，攜（法安）共同行。

又《梁傳》卷十三《經師·齊烏衣寺釋曇遷》云：

> 王僧虔爲湘州及三吳，並攜（曇遷）共同遊。

又《梁傳》卷十三《經師·齊東安寺釋曇智》云：

> 宋孝武、蕭思話、王僧虔等，並深加識重。僧虔臨湘州，攜與
> 同行。

24. 王景文（413～472）

《梁傳》卷八《齊京師莊嚴寺釋道慧》云：

> 時王彧辯三相義，大聚學僧。慧時年十七，便發問數番，言語
> 玄微，詮牒有次，眾咸奇之。

湯用彤先生疑王彧即王彧〔註47〕。王彧字景文，因名與宋明帝劉彧同，故以字行〔註48〕。道慧卒於齊建元三年（481），年三十一歲，故道慧十七歲時乃宋泰始三年（467），與王景文生活年代相符，又依據王景文本崇尚佛教，故湯先生之疑可以成立。

又同書同卷《齊京師靈根寺釋法瑗》云：

〔註46〕〔梁〕沈約撰《宋書》，中華書局，1974年，頁1951。

〔註47〕《梁傳》卷八《齊京師莊嚴寺釋道慧》校注二，頁306。

〔註48〕參見《宋書》卷八五《王景文傳》，《南史》卷二三《王彧傳》。

刺史王景文往候，正值（法瑗）講《喪服》，問論數番，稱善而退。

又《尼傳》卷二《景福寺法辯尼傳》云：

揚州刺史瑯琊王彧，甚相敬禮。

琅邪王氏七世有 6 人有崇佛傾向，而且王彪之「王氏青箱學」這支琅邪王氏也漸漸染上佛法，但除王淮之之外，剩下的 5 人染佛程度不深，遜於五世、六世。這 5 人之所以與高僧來往，主要是爲了附屬風雅、博得談資，最典型的是王僧虔。王僧虔祖珣、父曇首。王珣染佛頗深，前已論及。王曇首與高僧交往之記載雖不多，但其二子分別名僧綽、僧虔，似乎透露出家族崇佛色彩並未減退，而王僧虔子輩之名未見有帶濃厚佛教色彩之字，故王僧虔對佛教之態度是家族名字變化之關鍵。據《南齊書》卷三三《王僧虔傳》所載，王僧虔弱冠時「弘厚，善隷書」，「退默少交接」，而傳尾「史臣曰」，「王僧虔有希聲之量，兼以藝業。戒盈守滿，屈己自容，方軌諸公，實平世之良相。」綜合兩者可知，王僧虔處世比較謹慎，篤守中庸之道，而其善隷書之「藝業」乃家學。但是，王僧虔處世謹慎之時也不失靈活，對待名士所尚之學說持開放的態度，最能體現這點是他的誡子書。書云：

汝開《老子》卷頭五尺許，未知輔嗣何所道，平叔何所說，馬、鄭何所異，《指》《例》何所明，而便盛於麈尾，自呼談士，此最險事。設令袁令命汝言《易》，謝中書挑汝言《莊》，張吳興叩汝言《老》，端可復言未嘗看邪？談故如射，前人得破，後人應解，不解即輸賭矣。〔註49〕

按，輔嗣爲王弼字，平叔爲何晏字，「馬」、「鄭」分別指馬融、鄭玄，「《指》」、「《例》」分別指李譔《太玄指歸》、王弼《易略例》，袁令、謝中書、張吳興分別指袁粲、謝莊、張緒〔註50〕。王利器先生對此評曰：「當時玄宗之學，遞相誇尚，景附草靡，即爲人之父者，亦以此誡其子，其風可見矣。」〔註51〕王僧虔並非清談家，但因時風之故，也誡其子留意《易》、《老》、《莊》，其目的無非是爲了博得官爵，以便維持門第，故王僧虔赴任州郡的地方官時往往

〔註49〕〔梁〕蕭子顯撰《南齊書》卷三三《王僧虔傳》，中華書局，1974 年，頁 598。
〔註50〕「袁令」、「謝中書」、「張吳興」所指人物依余英時先生《王僧虔〈誡子書〉與南朝清談考辨》一文所考，載《中國文化》1993 年春季號。
〔註51〕〔北齊〕顏之推撰《顏氏家訓》卷三《勉學》，王利器集解《顏氏家訓集解》（增補本）本，中華書局，2002 年，頁 188。

攜高僧同行，也就不奇怪了。

（六）琅邪王氏第八世崇佛人物

25. 王慈（451～491）

《唐傳》卷六《梁楊都彭城寺釋慧開傳》云：

> 同寺有曇儁者，以遊學顯名，通貫眾經，兼勤禮誦，風素一概，
> 寒暑彌盛。侍中王慈昆季、司徒長史江革友于並與之朋遊焉。

按「王慈昆季」，其中王慈《南齊書》卷四六有傳，其弟不詳。據《南齊書》本傳，王僧虔至少有九個兒子，故王慈的弟弟較多。此處「王慈昆季」按 2 人計算。

26. 王奐（435～493）

《梁傳》卷十《齊京師枳園寺沙彌釋法匱》云：

> （法）楷素有學功，特精經史，瑯瑘王奐、王肅並共師焉。

又《梁傳》卷十一《明律·齊鍾山靈曜寺釋志道》云：

> （志道）後還京邑，王奐出鎮湘州，攜與同遊。

又《梁傳》卷十一《明律·齊京師多寶寺釋法穎》云：

> 時天寶寺又有慧文禪師，亦善諸部毗尼，爲瑯瑘王奐所事云。

王奐之崇佛可在正史中得到驗證，《南齊書》卷四九《王奐傳》云：「上（指齊武帝蕭賾）謂王晏曰：『奐於釋氏，實自專至。其在鎮或以此妨務，卿相見言次及之，勿道吾意也。』」由此可見王奐染佛頗深，故齊武帝才會擔心其禮佛有妨軍務。永明十一年（493），王奐殺寧蠻長史劉興祖，齊武帝大怒，派兵征討，王奐「聞兵入（襄陽），還內禮佛，未及起，軍人遂斬之。年五十九。」

27. 王繢（447～499）

《南齊書》卷四九《王奐傳》附《王繢傳》云：「世祖（蕭賾）出射雉，繢信佛法，稱疾不從駕。」

28. 王儉（452～489）

《梁傳》卷八《齊京師靈根寺釋法瑗》云：

> 太尉王儉，門無雜交，唯待（法）瑗若師，書語盡敬。

又《梁傳》卷八《齊上定林寺釋僧遠》云：

> （僧遠）以齊永明二年（484）正月，卒于定林上寺，春秋七十
> 有一。……即爲營墳於山南，立碑頌德，太尉瑯瑘王儉制文。

又《梁傳》卷十三《興福·齊上定林寺釋法獻》載齊武帝蕭賾問王儉沙門見帝王時是否應該稱名，王儉答曰：

> 漢魏佛法未興，不見其記傳。自僞國稍盛，皆稱貧道，亦預坐，及晉初亦然。中代有庾冰、桓玄等，皆欲使沙門盡敬，朝議紛紜，事皆休寢。宋之中朝，亦頗令致禮，而尋竟不行。自爾迄今，多預坐，而稱貧道。

齊武帝就此事特問王儉，說明王儉熟悉佛教在皇室與世族間傳播的歷史。

又《唐傳》卷五《梁楊都莊嚴寺沙門釋僧旻傳》云：

> （1）尚書令王儉，延請僧宗講《涅槃經》，旻扣問聯環，言皆摧敵。
> 儉曰：「昔竺道生入長安，姚興於逍遙園見之，使難道融義，往復百翻，言無不切，眾皆觀其風神，服其英秀。今此旻法師超悟天體，性極照窮，言必典詣，能使前無橫陣，便是過之遠矣。」
>
> （2）永元元年（499），勅僧局請三十僧，入華林園夏講，僧正擬旻爲法主，旻止之。或曰何故？答曰：「此乃內潤法師，不能外益學士，非謂講者。」由是譽傳遐邇，名動京師。瑯琊王仲寶、吳人張思光，學冠當時，清貞獨絕，並投分請交申以縞帶。

按，王儉字仲寶。僧傳一通病即所載時間有頗多牴牾之處，王儉既然卒於永明七年（489），絕不可能還在永元元年進行社會活動。即便如此，卻不能因此而否定這條史料的價值，其所誤之處應爲時間，而不是內容。

又《唐傳》卷五《梁鍾山開善寺沙門釋智藏傳》云：

> 齊太尉文憲王公，深懷欽悅，爰請安居，常歎相知之晚。

按「文憲公」爲王儉諡號。

又《唐傳》卷六《梁國師草堂寺釋慧約傳》云：

> （周）顒歎曰：「山茨約主清虛滿世，齊太宰文簡公褚淵、太尉文憲公王儉，佐命一期，功高百代，欽風味道，共弘法教。」（褚）淵嘗請講《淨名》、《勝鬘》，儉亦請開《法花》、《大品》。

瑯琊王氏八世中有 5 人崇佛，即王慈昆季、王奐、王繢、王儉，而王儉似乎對佛理比較感興趣，曾請高僧開講《涅槃經》、《法花》、《大品》，並以師禮待法瑗。

（七）琅邪王氏第九世崇佛人物

29. 王肅（464～501）、王融（467～493）

《梁傳》卷十三《興福・齊上定林寺釋法獻》云：

> （法）獻律行精純，德爲物範。瑯琊王肅、王融，吳國張融、張綣，沙門慧令、智藏等，並投身接足，崇其誡訓。

又《唐傳》卷五《梁楊都光宅寺沙門釋法雲傳》云：

> 時人呼爲作幻法師矣。講經之妙，獨步當時。齊中書周顒、瑯琊王融、彭城劉繪、東莞徐孝嗣等，一代名貴，並投莫逆之交。

30. 王筠（481～549）

《梁傳》卷十《梁京師釋保誌》云：

> 葬於鍾山獨龍之阜，仍於墓所立開善精舍。勅陸倕製銘辭於塚內，王筠勒碑文於寺門。

保誌亦稱寶誌，卒於梁天監十三年（514）冬。此事還見於《梁書》卷三三《王筠傳》：「奉敕制《開善寺寶誌大師碑文》，詞甚麗逸。」〔註52〕

又《唐傳》卷五《梁楊都光宅寺沙門釋法雲傳》云：

> （法雲）以大通三年（529）三月二十七日初夜，卒于住房，春秋六十有三。……下勅令葬定林寺側。太子中庶瑯琊王筠爲作銘誌。

又《唐傳》卷六《梁國師草堂寺智者釋慧約傳》云：

> 春秋八十有四。……下勅豎碑墓左，詔王筠爲文。

31. 王峻（466～521）

《唐傳》卷六《梁餘杭西寺釋法開傳》云：

> 吏部尚書瑯琊王峻、永嘉太守吳興丘墀，皆揖敬推賞，願永勗誡。

32. 王倫之

《尼傳》卷三《華嚴寺妙智尼傳》云：

> 年六十四，建武二年卒，葬于定林寺南。齊侍中瑯琊王倫妻江氏，爲著《石讚文序》，立于墓左耳。

按，王倫即王倫之。

琅邪九世崇佛者有 5 人，其中值得注意者是王倫妻江氏的崇佛傾向，不知江氏是受王氏家族之影響，抑或本族即禮佛家族。

〔註52〕〔唐〕姚思廉撰《梁書》，中華書局，1973 年，頁 485。

（八）琅邪王氏第十世崇佛人物

33. 王錫（499～534）

《唐傳》卷六《後梁荊州大僧正釋僧遷傳》云：

> 釋僧遷，姓嚴，吳郡吳人，孝敬夙彰。侍中王錫見而異焉，一面定交。

34. 王固（513～575）、王克

《唐傳》卷九《隋東都內慧日道場釋智脫傳》云：

> 陳至德中，帝請（智脫）入內，講說開悟，亟動神機。自鄱陽王伯山兄弟、僕射王克、中書王固等，敬仰惟深，並伸北面。

又《陳書》卷二一《王固傳》云：

> 固清虛寡欲，居喪以孝聞。又崇信佛法，及丁所生母憂，遂終身蔬食，夜則坐禪，晝誦佛經，兼習《成實論》義，而於玄言非所長。〔註53〕

王固不擅長玄言，一方面說明了當時玄風大衰，另一方面則說明王固家族早已拋棄清談玄言之行為。王固又「崇信佛法」，說明琅邪王氏十世還保留著崇佛之家族信仰。

35. 王晉

《唐傳》卷十二《隋江都安樂寺釋慧海傳》云：

> 以大業五年（609）五月旦疹患增甚，……至五日夜歘然而起，依常面西禮竟加坐，至曉方逝，春秋六十有九。……秘書學士琅耶王晉為文。

36. 王胄

《唐傳》卷九《隋江表徐方中寺釋慧暅傳》云：

> 五十許年，法事相接，自餘眾部，略而不載。……弟子智瑜等，以音儀永謝，餘論將空，非彼豐碑，無陳聲實，乃勒銘于寺中。菩薩戒弟子著作郎琅琊王胄製文。

王晉、王胄兄弟因文學之才而由陳入隋，二人均為高僧制文，不出文人與高僧交往之慣例，不過此事若從琅邪王氏前面幾代都有崇佛傾向的角度來考述，那王胄不僅制文，而且還為「菩薩戒弟子」，這也就不足為怪了。

〔註53〕〔唐〕姚思廉撰《陳書》，中華書局，1972年，頁282。

琅邪王氏崇佛之人物，除了上述世系明確者之外，還有 2 位世系不明的人。

1. 王巾

《梁傳》卷十四《序錄》云：

> 瑯琊王巾所撰《僧史》，意似該綜，而文體未足。

王巾，正史無載。《文選》卷五九《碑文下・頭陀寺碑文一首》李善注引《姓氏英賢錄》云：「王巾字簡棲，琅邪臨沂人也。有學業，為頭陀寺碑，文詞巧麗，為世所重。起家郢州從事征南記室。天監四年卒。碑在鄂州，題云齊國錄事參軍琅邪王巾製。」〔註54〕《歷代三寶記》卷十一云：「齊《僧史》十卷。右一部合十卷，司徒竟陵文宣王府記室王巾撰。」〔註55〕又《隋書》卷三三《經籍志二》云：「《法師傳》十卷。王巾撰。」兩者所載應指同一本書。此外，《隋書》卷三五《經籍志四》云：「《謝朓逸集》一卷。梁又有《王巾集》十一卷，亡。」〔註56〕綜上可以確定：王巾之郡望為琅邪王氏，梁天監四年（505）卒，撰《僧史》十卷〔註57〕。王巾卒年與王績（499 年）、王肅（501年）相近，王肅卒時僅三十八歲，其它琅邪王氏九世人物卒年較後（王融因黨於竟陵王蕭子良，而為竟陵王死敵鬱林王蕭昭業所殺，屬於非正常死亡），故王巾可能與王績同輩，屬於琅邪王氏八世。另外，「績，織餘也」，而「巾，佩巾也」〔註58〕，詞類相近，似可旁證王績、王巾為同輩。

2. 王斌

《唐傳》卷五《梁吳郡虎丘山沙門釋僧若傳》云：

> 瑯琊王斌守吳，每延法集，還都謂知己曰：「在郡賴得若公言譴大妄衰老，見其比歲放生為業，仁逮蟲魚，愛及飛走，講說雖疎，津梁不絕，何必滅迹巖岫方謂為道。但出處不失其機，彌覺其德高也。」

〔註54〕〔梁〕蕭統編、〔唐〕李善注《文選》，中華書局影印本，1977 年，頁 810。

〔註55〕〔隋〕費長房撰《歷代三寶記》，收入《大正新修大藏經》第 49 冊，頁 96。這兩條史料由陳寅恪先生先檢出，見陳寅恪《高僧傳箋證稿本》，收入其《讀書札記三集》，生活・讀書・新知三聯書店，2001 年，頁 301。

〔註56〕〔唐〕魏徵、令狐德棻撰，中華書局，1982 年，上引並見頁 978、1076。

〔註57〕湯用彤先生作「齊王中《僧史》十卷」，應屬誤引。見《高僧傳・緒論》及其《漢魏兩晉南北朝佛教史》第十五章丁節，上海書店據商務印書館 1938 年版影印，1991 年，頁 581。

〔註58〕分別見〔漢〕許慎撰、〔宋〕徐鉉校定《說文解字》卷十三上系部、卷七下巾部，中華書局影印陳昌治刻本，2002 年，頁 271、158。

根據《唐傳》標題，釋僧若屬梁僧，那王斌主要活動也應在梁朝，可與王筠、王峻相對比，故王斌應屬於琅邪王氏九世。

據上，琅邪王氏在九代當中不斷湧現出有崇佛傾向的人物，但其程度並不僅僅是停留在崇佛的層面上，因為此間琅邪王氏還有三人出家。

1. 竺法潛（286～374）

《梁傳》卷四《晉剡東仰山竺法潛》云：

> 竺潛，字法深，姓王，瑯琊人，晉丞相武昌郡公敦之弟也。年十八出家，事中州劉元真為師。

《世說新語‧德行》第 30 條劉孝標注：「僧法深，不知其俗姓，蓋衣冠之胤也。」余嘉錫疏：「本《注》謂『不知其俗姓』。而《梁傳》以為王敦之弟。考之諸家晉史，並不言王敦有此弟。疑因孝武詔中『棄宰相之榮』語附會之。實則深公本衣冠之胤，所謂宰相，蓋別有所指，不必是王敦也。」〔註 59〕按余先生僅疑法深為王敦之弟，其它不疑。余先生之疑乃因「考之諸家晉史，並不言王敦有此弟」。筆者愚意，竺法深雖不見諸家晉史，但不能據此否定法深為王敦之弟，如下文釋道寶為王導弟、釋道敬為王羲之曾孫，二人卻不見於王導、王羲之本傳，因而在沒有充分的史料證明竺法深不是王敦弟的情況下，不如依《梁傳》所云，以示謹慎。竺法深既為王敦之弟，故屬於琅邪王氏三世。

2. 釋道寶

《梁傳》卷四《晉剡葛峴山竺法崇》附《道寶傳》云：

> 時剡東仰山，復有釋道寶者。本姓王，瑯琊人，晉丞相道〔八〕之弟。（頁 171）

校注〔八〕云：「三本、金陵本『道』作『導』。」按：釋道寶既然是琅邪王氏，且為晉丞相之弟，故可知引文中「道」應為「導」之誤。三本（即《大正藏》校勘記宋、元、明三本部分）、金陵本（即金陵刻經處本）作「導」，是。釋道寶為王導之弟，故屬於琅邪王氏三世。

3. 釋道敬（369～420）〔註 60〕

《梁傳》卷十三《興福‧宋山陰法華山釋僧翼》附《道敬傳》云：

〔註 59〕余嘉錫箋疏《世說新語箋疏》，頁 39。
〔註 60〕釋道敬生卒年從陳垣先生《釋氏疑年錄》卷一，中華書局，1964 年，頁 12。陳先生乃據《十八賢傳》。

> 時有釋道敬者，本瑯瑘冑族，晉右將軍王羲之曾孫。避世出家，
> 情愛丘壑。棲于若耶山，立懸溜精舍。

釋道敬，宋陳舜俞《廬山記》有傳，可略作補充。其卷三《釋道敬法師》
云：

> 道敬，瑯瑘王氏。從祖凝之剌江州。太元十六年（391），入山
> 出家，爲遠公（慧遠）弟子。……遠公歸寂入若耶山。永初元年（420）
> 庚申終，春秋五十一。〔註61〕

兩條史料可以互證，《廬山記》云「祖凝之」，即道敬爲王凝之孫，而凝之乃
王羲之子，故道敬爲羲之曾孫。道敬屬於琅邪王氏七世。

四、琅邪王氏崇佛之變遷

上面考述了琅邪王氏崇佛之人物，除王戎未見有與高僧有交往之史料
外，還有 45 人，即：王澄、王敦、王導、竺法潛、釋道寶、王洽、王劭、王
薈、王羲之、王珣、王珉、王謐、王默、王凝之、王肅之、王裕之、王弘、
王曇首、王練、王華、王琨、王淮之、王恢、王僧達、王微、王僧虔、王景
文、釋道敬、王慈昆季（按 2 人計算）、王奐、王續、王儉、王巾、王肅、王
融、王筠、王峻、王倫之妻江氏、王斌、王錫、王固、王克、王晉、王胄。
據上所考，以世系爲經、崇佛內容爲緯，可製表 3-1 如下：

表 3-1

世系＼內容	三	四	五	六	七	八	九	十	十一	總數
遊狎〔註62〕	澄、敦、導	洽、羲之	珉	曇首	僧達、僧虔	王慈昆季、奐	融、峻	錫		15
問道〔註63〕		洽	珣、珉、謐、默、肅之	弘	景文	儉	肅、融	固、克		13

〔註61〕〔宋〕陳舜俞撰《廬山記》，收入《大正新修大藏經》第 51 冊，頁 1042。
〔註62〕此類偏重於玄學，即名士與高僧是在玄學這個平臺上進行對話的。
〔註63〕此類偏重於佛理，即名士因佛理問題而與高僧來往，包括誦佛經等行爲。

頌德〔註64〕			珉	裕之	微	儉、[巾]	筠、王倫妻江氏		脊、胄	9
立精舍〔註65〕		劭、薈	珣	琨	恢、僧達					6
興法會			珣、珉				[斌]			3
譯經			珣、凝之	練						3
守戒				華		續		固		3
拜師			珉			奐、儉	肅		胄	5
出家	竺法潛、釋道寶				釋道敬					3
其他					淮之					1
總數（重複者不計）	5	4	6	6	7	6	6	3	2	

說明：帶「□」的人物指世系不明者。

　　按世系而論，琅邪王氏五至九世崇佛人物都比較多，第七世有 7 人，其他四代也都有 6 人。這個時期所處時間段可依據這五個世系中最早出生年與最晚卒死年來斷定，即從公元 349 年（王珣）至 549 年（王筠），恰好相當於從王導卒年（339）至梁武帝卒年（549）這個時間段。東晉之建立，乃是琅邪王氏諸兄弟與晉琅邪王司馬睿在特定歷史條件下相互密切合作的結果〔註66〕，王敦、王導為東晉之立國費力頗多，其中王導更是千方百計的拉攏江東土著大族〔註67〕，這為第一個背景；漢末，清談興起，此後逐漸演變為玄學，而佛教的傳入又給玄學帶來了很豐富的材料和很深厚的理論基礎，至東晉時期，玄學進入了「佛學時期」〔註68〕，這為第二個背景。進入「佛學時期」的魏晉玄學既然是時代潮流，名士與高僧不免臭味相投，如上論王導

〔註64〕此類為文字工作，包括立傳、作序、制文、作銘誌等。
〔註65〕包括延請高僧住寺。
〔註66〕田餘慶《東晉門閥政治》第一章《釋「王與馬共天下」》（北京大學出版社 2009 年版）多有論述，可參閱。
〔註67〕參見陳寅恪《述東晉王導之功業》，收入其《金明館叢稿初編》。
〔註68〕參見陳寅恪《陶淵明之思想與清談之關係》和湯用彤《魏晉思想的發展》。

崇佛條《世說新語・方正》第 45 條劉孝標注引《高逸沙門傳》所云就是一例。又，王敦、王導本身就是名士，故無論是出於政治目的抑或「好同臭味」，與高僧間的交往都是不可避免的。比他們略早的王戎、王澄善於清談，似乎可視爲開琅邪王氏崇佛之風氣。而比他們略晚一點，就有 2 人出家爲僧，即竺法潛、釋道寶。王導的 3 個兒子也有崇佛傾向，這與王導對佛教持歡迎的態度應有所關聯。琅邪王氏四世當中，王洽、王羲之開始對佛理產生興趣，一方面說明染佛漸深，另一方面也預示著琅邪王氏崇佛的鼎盛時期即將來臨。王珣出生時，王導已死了將近十一年。王導一死，琅邪王氏在政治上也將告別最輝煌的時期，隨著潁川庾氏的興起，東晉王朝已由「王與馬共天下」轉爲「庾與馬共天下」，琅邪王氏在政局中漸漸無足輕重〔註 69〕，並開始投靠當權的門閥世族。雖然琅邪王氏漸漸退出最高領導層，但仕於五品（含）以上官職的大有人在〔註 70〕，這說明琅邪王氏還有比較強大的社會影響力，這是第一點；魏晉清談在慢慢轉變，魏末西晉時期，清談頗涉政治，東晉時期，清談與政治還略有一點關係，南朝時期，清談完全成爲名士身份的裝飾品〔註 71〕，這爲第二點；皇室人物崇佛頗深，如齊竟陵王蕭子良、梁武帝蕭衍等，這爲第三點；政治鬥爭十分險惡，如王景文之妹爲宋明帝皇后，明帝病篤，諸子幼小，怕王景文以元舅身份獨攬大權，便賜死王景文，詔云：「與卿周旋，欲全卿門戶，故有此處分」〔註 72〕，這爲第四點；南朝時期，門閥政治結束，世族爲「顯示其家族仍具有居官從政的特權和特殊的社會地位」，故意擺出「傲慢、排他的姿態」〔註 73〕，這爲第五點。在這種背景下，琅邪王氏或爲博得清名，以保持家族門戶之社會影響力，或爲避世全身，以保持家族之血脈，崇佛無疑是最好的選擇。這也就是琅邪王氏在兩百多年的時間裏崇佛人數較多之原因所在。在經歷了崇佛的鼎盛時期後，琅邪王氏崇佛人物劇減。檢史料所載，十世僅有王錫、王固、王克崇佛。王固拋棄了清談之風而篤信佛法，其言行已接近佛教徒，只是未出家而已。王固、王克是琅邪

〔註 69〕參見田餘慶《東晉門閥政治》第三章和第六章。

〔註 70〕參見毛漢光《中古士大夫之個案研究——瑯琊王氏》一文中「瑯琊王氏各代官品統計表」，收入其《中國中古社會史論》，上海書店，2002 年，頁 372。本書琅邪王氏五至九世相當於毛文七至十一世。

〔註 71〕參見陳寅恪《陶淵明之思想與清談之關係》和余英時《王僧虔〈誡子書〉與南朝清談考辯》。

〔註 72〕《宋書》卷八五《王景文傳》。

〔註 73〕田餘慶《東晉門閥政治》第七章《劉裕與孫恩》第五節，頁 294。

王氏崇佛由盛轉衰的典型。王固生活在公元 513 至 575 年之間，恰好經歷了侯景之亂（548～552 年）。王克在梁仕尚書僕射，又任侯景的太師，再至陳仕尚書右僕射，見《梁書》卷五六《侯景傳》、《南史》卷二三《王彧傳》附《王克傳》。侯景之亂，摧毀了建康城，也嚴重打擊了僑居南方的世族，史書中對此有形象描述，如「其絕粒久者，鳥面鵠形，俯伏牀帷，不出戶牖者，莫不衣羅綺，懷金玉，交相枕藉，待命聽終。於是千里絕煙，人跡罕見，白骨成聚如丘隴焉」，「及侯景之亂，膚脆骨柔，不堪行步，體羸氣弱，不耐寒暑，坐死倉猝者，往往而然」〔註74〕。陳寅恪先生也認為侯景之亂及西魏滅梁，宣告了北方世族南渡之局的結束〔註75〕。名士們既然紛紛凋落，那清談之風也就日漸轉竭。崇佛者也相應的分為兩類，一類是崇佛轉淡，一類是信佛愈篤，比如王固。直到陳隋期間，琅邪王氏還有 2 人崇佛，即王瑴、王胄兄弟。

按崇佛的內容而論，遊狎類最多，有 15 人，這與玄風先興起，佛教後加入的時代背景相符合，而琅邪王氏從十世開始，就拋棄玄風，轉而篤信佛法。頌德類有 9 人，人數不少，這與琅邪王氏具有文學世家之特點吻合。除上述崇佛內容較淺的兩類外，其它的都屬於崇佛內容較深類。問道類有 13 人，僅次於遊狎類，此類之典型即王謐。王謐曾請教過的高僧有釋慧遠、桓道敬、鳩摩羅什，而問道的內容就頗為廣泛，按陸澄《法論》之分類法，就有法性、覺性、般若、法身、解脫、教門、戒藏、色心八大類。立精舍、興法會、譯經類分別有 6 人、3 人、3 人。這三類性質相近，可放在一起討論。這三類之典型者即王珣、王珉兄弟。前面已引史料，此不多言。王珣兄弟所交遊的高僧是琅邪王氏崇佛人物中最多的，有 6 人，即竺法汰、帛尸梨蜜、僧伽提婆、竺道壹、竺道寶、釋慧持。拜師與守戒類分別有 5 人、3 人。守戒類的 3 人，其崇佛程度都比較深，而拜師類的 5 人，其崇佛程度相當於問道類。最後，琅邪王氏的出家高僧有 3 人。

五、琅邪王氏交遊高僧略考

琅邪王氏崇佛之研究，除了從琅邪王氏自身出發外，似乎還可以從琅邪王氏所交遊之高僧出發，並就這些高僧略作考述。據第二節的辨析，可列表 3-2 如下：

〔註74〕分別見《南史》卷八十《賊臣‧侯景傳》，以及〔北齊〕顏之推撰《顏氏家訓》卷四《涉務》，王利器集解《顏氏家訓集解》（增補本）本，頁 322。

〔註75〕陳寅恪《述東晉王導之功業》，收入其《金明館叢稿初編》。

表 3-2

世　系	人　物	交遊高僧
三	王澄	支孝龍（于法龍）
	王敦	帛尸梨蜜
	王導	帛尸梨蜜、康僧淵、竺法潛
四	王洽	支遁、竺法汰
	王薈	竺道壹
	王羲之	支遁、竺曇猷
五	王珣、王珉	竺法汰、帛尸梨蜜、僧伽提婆、竺道壹、竺道寶、釋慧持
	王謐、王默	釋慧遠、桓道敬、鳩摩羅什
	王凝之	僧伽提婆、竺僧根、支僧純
	王肅之	支道林（遁）
六	王裕之	釋僧詮
	王弘	竺道生、釋僧苞
	王曇首	釋曇遷
	王練	佛馱什
	王華	釋曇永
	王琨	釋超進
七	王恢	釋智嚴
	王僧達	釋慧觀、釋僧遠
	王微	竺道生
	王僧虔	釋法安、釋曇遷、釋曇智
	王景文	釋道慧、釋法瑗、比丘尼法辯
八	王慈兄弟	曇儁
	王奐	釋法楷、釋志道、慧文
	王儉	釋法瑗、釋僧遠、釋僧旻、釋智藏、釋慧約
九	王肅、王融	釋法楷、釋法獻、釋法雲
	王筠	寶誌、釋法雲、釋慧約
	王峻	釋法開
	王倫之妻江氏	比丘尼妙智
	王斌	釋僧若

十	王錫	釋僧遷
	王固、王克	釋智脫
十一	王晉	釋慧海
	王胄	釋慧暅

　　荷蘭許理和先生在論證他所提出的「士大夫佛教」時，試圖想要證實一些高僧就是出自世族家庭，並在《梁傳》中檢出了 11 位高僧，即帛遠、帛法祚、竺法潛、釋道寶、曇戒、僧略、竺法雅、支遁、釋道安、釋慧遠、釋慧持〔註 76〕。順著許先生這一思路，可就琅邪王氏所交遊高僧之家庭背景略作考述。檢《出三藏記集》、《梁傳》、《唐傳》、《尼傳》相關記載，如下：

　　1. 支孝龍：淮陽（治今河南淮陽縣）人。

　　2. 帛尸梨蜜：西域人，傳云國王之子。

　　3. 康僧淵：本西域人，生於長安。

　　4. 竺法潛：王敦之弟。

　　5. 支遁：姓關，陳留（治今河南開封縣東南陳留鎮）人，或云林慮（治今河南林州市）人，初至建康即為王濛所重。

　　6. 竺法汰：東莞（治今山東沂水縣）人，少與道安同學。

　　7. 竺道壹：姓陸，吳（治今江蘇蘇州市）人。

　　8. 竺曇猷：燉煌（治今甘肅敦煌市西）人。

　　9. 僧伽提婆：姓瞿曇氏，罽賓（今克什米爾及喀布爾河下游一帶）人。

　　10. 竺道寶：姓張，吳人。

　　11. 釋慧持：慧遠之弟。

　　12. 釋慧遠：姓賈，雁門婁煩（治今山西寧武縣附近）人，年十三隨舅令狐氏遊學許洛，故少為諸生，博綜六經，尤善《莊》《老》。疑釋慧遠為胡人，但其家族應處於社會中層。

　　13. 桓道敬：無考。

　　14. 鳩摩羅什：天竺（今印度）人，家世國相。

　　15. 竺僧根：無考。

　　16. 支僧純：無考。

　　17. 釋僧詮：姓張，遼西海陽（治今河北灤縣西南）人。

〔註 76〕〔荷〕許理和著《佛教征服中國》，頁 7～8。

18. 竺道生：姓魏，鉅鹿（治今河北平鄉縣平鄉鎮）人，寓居彭城（治今江蘇徐州市），家世仕族，父爲廣戚（治今山東微山縣夏鎮）令。

按，檢《北齊書》卷三七《魏收傳》：「魏收，字伯起，小字佛助，鉅鹿下曲陽人也。曾祖緝，祖韶（應作「悅」，校已出）。父子建，字敬忠，贈儀同、定州刺史。」〔註77〕又《舊唐書》卷七一《魏徵傳》云：「魏徵字玄成，鉅鹿曲城人也。父長賢，北齊屯留令。徵少孤貧，……出家爲道士。」〔註78〕竺道生、魏收、魏徵的郡望均爲鉅鹿，故疑出自一族。魏收字佛助，透露出鉅鹿魏氏習染佛教，而魏徵字玄成，則表明他的道教信仰。

19. 釋僧苞：京兆（治今西安）人，少受學於鳩摩羅什。

20. 釋曇遷：姓支，月支人，寓居建康。

21. 佛馱什：罽賓人。

22. 釋曇永：無考。

23. 釋超進：姓顓頊，長安人。

24. 釋智嚴：西涼州（治今甘肅張掖市西北）人。

25. 釋慧觀：姓崔，清河人。

26. 釋僧遠：姓皇，勃海重合（治今山東樂陵市西北）人。其先北地皇甫氏，避難海隅，故去「甫」存「皇」。

27. 釋法安：姓畢，東平（治今山東東平縣東南）人。魏司隸校尉軌之後也。

28. 釋曇智：姓王，建康人。

29. 釋道慧：姓王，餘姚（治今浙江餘姚市姚江北岸）人，寓居建康。

30. 釋法瑗：姓辛，隴西人，辛毗之後。

31. 比丘尼法辯：丹陽人。

32. 曇儁：無考。

33. 釋法楷：無考。

34. 釋志道：姓任，河內（治今河南武陟縣西南）人。

35. 慧文：無考。

36. 釋僧旻：姓孫，吳郡富春（治今浙江富陽市）人，其先吳開國大皇帝也。

37. 釋智藏：姓顧氏，吳郡吳人，吳少傅曜之八世孫也。

〔註77〕〔唐〕李百藥撰《北齊書》，中華書局，1972 年，頁 483。
〔註78〕〔後晉〕劉昫等撰《舊唐書》，中華書局，1975 年，頁 2545。《新唐書》卷九七《魏徵傳》稍略。

38. 釋慧約：姓婁，東陽烏傷（治今浙江義烏市）人，祖世蟬聯東南冠族。齊給事中婁幼瑜爲慧約之族祖。

39. 釋法獻：姓徐，西海延水（治今陝西延川縣東南）人。

40. 釋法云：姓周，義興陽羨（治今江蘇宜興市南）人，晉平西將軍處之七世孫也。

41. 寶誌：姓朱，金城（治今甘肅蘭州市附近）人。

42. 釋法開：姓俞，吳興餘杭（治今浙江杭州市西南餘杭鎮）人。

43. 比丘尼妙智：姓曹，河內人。

44. 釋僧若：釋僧璩之兄子。檢《梁傳》卷十一《宋京師莊嚴寺釋僧璩》：「釋僧璩，姓朱，吳國人」，故僧若爲吳人。

45. 釋僧遷：姓嚴，吳郡吳人。

46. 釋智脫：姓蔡，其先濟陽考城（治今河南民權縣東北）人，後因流宦故復爲江都郡（治今江蘇揚州市）人。祖平齊新昌（治今安徽滁州市）太守，父遠珍梁北兗州（治今江蘇淮陰縣西南）司馬。

47. 釋慧海：姓張，清河武城（今山東武城縣西北）人。

48. 釋慧暅：姓周，其先家本汝南，漢末分崩避地江左，今爲義興陽羨人。祖韶齊殿中將軍，父覆梁長水校尉。

據上所述，又可製表 3-3 如下：

表 3-3

外國高僧（包括寓居中國者）	帛尸梨蜜、康僧淵、僧伽提婆、鳩摩羅什、釋曇遷、佛馱什
河西走廊一線高僧	竺曇猷、釋智嚴、釋法獻、寶誌
世族子弟	竺法潛、釋慧遠、釋慧持、竺道生、釋僧遠、釋法安、釋法瑗、釋僧旻、釋智藏、釋慧約、釋法雲、釋智脫、釋慧暅
疑爲世族子弟	支遁、竺法汰、竺道壹、竺道寶、釋慧觀、釋僧若、釋慧海
無考者	桓道敬、竺僧根、支僧純、釋曇永、曇儁、釋法楷、慧文
其它	支孝龍、釋僧詮、釋僧苞、釋超進、釋曇智、釋道慧、比丘尼法辯、釋志道、釋法開、比丘尼妙智、釋僧遷

琅邪王氏所交遊的高僧中，出自世族家族的高僧有 13 人，在上述分類中占第一位。疑是出自世族家庭的高僧有 7 人。支遁在出家前就爲太原王濛、

陳郡殷融所重，已經具有名士之身份。竺法汰年幼時與道安同學，而道安「家世英儒」〔註79〕，故疑法汰家族也相類似。竺道壹、竺道寶、釋僧若分別出自吳郡陸氏、張氏、朱氏，而釋慧觀、釋慧海分別出自清河崔氏、張氏。據胡阿祥師《中古時期郡望郡姓地理分佈考論》〔註80〕，魏晉南北朝時期清河崔氏、張氏和吳郡陸氏、張氏均為大姓，而吳郡朱氏至唐前期也躍居為大姓，故竺道壹、竺道寶、釋僧若、釋慧觀、釋慧海都可列入世族之列。外國高僧（包括寓居中國者）有6人，而這6人中除了鳩摩羅什外均為西域人。據《出三藏記集》和《梁傳》本傳，鳩摩羅什父鳩摩炎就在西域一些國家活動，而鳩摩羅什出生、學習、成長地均在西域，本傳云「天竺人」應指「郡望」，實際應該為西域人。因此，6位外國高僧均為西域人，而西域高僧入中國以及佛法傳入中原的主要通道就是沿著河西走廊一線，故河西走廊地區染佛較先、較深。陳寅恪先生在辨析《梁傳》外國高僧之國籍後，也感慨「據此可知六朝文化與中亞關係之深矣」〔註81〕。綜上，琅邪王氏所交遊的48位高僧中，出身世族以及疑為出自世族家族者有20人，占將近一半，因此，這些高僧可視為「士大夫佛教徒」。六朝時期，士大夫佛教徒的影響往往很大，深受皇室貴族的禮待，故以他們作為傳播者去弘揚佛法，那些家族背景相似的世族很容易就會一見傾心、臭味相投，進而接受佛教。從這個角度出發，兩晉南北朝時期琅邪王氏崇佛的盛況似乎就更加容易理解了。

六、餘論

魏晉南北朝時期，戰亂不斷，政權遞嬗頻繁，而個人的命運也隨著統治者的更替而升降存亡，在這種背景之下，世族之重心就是為了維持家族勢力之不衰、家族門第之不墜、家族血脈之延續，因此，一方面出身於世族的實權者乃千方百計為家族利益而計謀，另一方面世族為保持社會影響力，在篤守家學的前提下，又積極地參與或領導時代風流。陳寅恪先生指出東漢以後文化學術中心不在首都，而是分散於各地之名都大邑，因此學術、宗教皆與家族、地域不可分離〔註82〕。陳先生之高論乃從時代學術演變之大視角著眼，

〔註79〕《梁傳》卷五《晉長安五級寺釋道安》。
〔註80〕載《歷史地理》第11輯，上海人民出版社，1993年。
〔註81〕陳寅恪《高僧傳箋證稿本》，收入其《讀書札記三集》，頁307。
〔註82〕陳寅恪《崔浩與寇謙之》，以及其《隋唐制度淵源略論稿·禮儀》，中華書局，1977年，頁17。

有些暗合「禮失求諸野」之意。若從家族角度著眼，世族爲延續血脈、保持門第，也會特意光大家學、預時代之風流。當佛教成爲時代潮流之時，世族也就紛紛樂於與高僧交遊。如《梁傳》卷七《宋京師東安寺釋慧嚴》載宋文帝即位，尚未崇信佛法，而蕭摹之上書請求造寺及鑄像，文帝就此事與何尚之等商議，何尚之云：

> 中朝已遠，難復盡知。度江以來，則王導、周顗、庾亮、王濛、謝尚、郗超、王坦、王恭、王謐、郭文、謝敷、戴逵、許詢、及亡高祖兄弟（何充、何準）、王元琳昆季（王珣、王珉）、范汪、孫綽、張玄、殷顗，或宰輔之冠蓋，或人倫之羽儀，或置情天人之際，或抗迹煙霞之表。並稟志歸依，厝心崇信。

何尚之所云，無論是宰輔、名士、隱士，都「稟志歸依」，崇信佛法，其原因也就是爲了預時代之風流，以便保持家族的社會影響力。王僧虔的《誡子書》是最典型的一例。王僧虔篤守儒家中庸之道，可赴任州郡地方官時也常常攜高僧同行，而他也告誡諸子要學習《易》、《老》、《莊》等書，以便能有談資，其良苦用心就是要求其子能預時代之風流。另外，琅邪王氏所交遊之高僧有將近一半出自世族，自是因爲家族背景相同而「好同臭味」。從這兩方面來進行考述，琅邪王氏之崇佛不僅有外部原因的作用（時代潮流），還有自身所需的內部原因（家族背景相同、保持家族門第），正是內外兩種原因決定了琅邪王氏崇佛之興起與衰落。

六朝時期，思想活躍，佛、玄、道、儒雜糅，故六朝人的信仰頗多、思想複雜。《南齊書》卷四一《張融傳》載其遺囑云：

> 吾生平所善，自當凌雲一笑。三千買棺，無製新衾。左手執《孝經》、《老子》，右手執小品《法華經》。妾二人，哀事畢，各遣還家。……
> 以吾生平之風調，何至使婦人行哭失聲，不須暫停閨閣。

以琅邪王氏爲例，琅邪王氏本爲五斗米道世家，西晉時又善清談、漸染玄風，渡江之後又樂於與高僧交遊、染佛漸深，可是，琅邪王氏還篤守儒家規範，如遵守禮法的「王太保（弘）家法」、王彪之的「王氏青箱學」〔註83〕，等等。世族既然同時接受好幾種思潮，那對這幾種思潮又是怎樣區別對待的呢？陳寅恪先生云：

> 東西晉南北朝時之士大夫，其行事遵周孔之名教（如嚴避家諱

〔註83〕分別見《宋書》卷四二《王弘傳》，頁1322；及卷六十《王准之傳》，頁1624。

等），言論演老莊之自然。玄儒文史之學著於外表，傳於後世者，亦
未嘗不使人想慕其高風盛況。然一詳考其內容，則多數之世家其安
身立命之秘，遺家訓子之傳，實爲惑世誣民之鬼道（按指天師道），
良可慨矣。〔註84〕

余英時先生在論及漢晉時期士個體之自覺與群體之自覺間的關係時云：

　　魏晉南北朝之士大夫尤多儒道兼綜者，則其人大抵爲遵群體之
綱紀而無妨於自我之逍遙，或重個體之自由而不危及人倫之秩序者
也。〔註85〕

即士人在個體方面可以追求精神自由，但在群體方面爲了維護家族門第就必
須遵守儒術。東晉以降，南方世族有禮玄雙修的學風，且喪服的研究特別發
達，其原因也就是爲了維護世族群體的穩定〔註86〕。

　　此處略補充陳、余二位先生之高論。世族以儒學作爲家學，是自漢代以
來的傳統，不待多言。道教作爲世族的家世信仰，影響深刻，且不易滌除。
玄學、佛教在魏晉時期逐漸轉盛並交融在一起，可視爲一種思潮，能預這種
潮流的世族，其社會影響力就大，可佛教是一種宗教，有宗教之特點，故一
部分世族又轉崇佛法。因此，明瞭幾種思潮對世族的作用，也就更能理解琅
邪王氏之崇佛。

〔註84〕陳寅恪《天師道與濱海地域之關係》，收入其《金明館叢稿初編》，頁44。
〔註85〕余英時《漢晉之際士之新自覺與新思潮》，收入其《士與中國文化》，上海人
　　　　民出版社，2003年，頁340。
〔註86〕余英時《名教思想與魏晉士風的演變》，收入其《士與中國文化》。此篇是前
　　　　引文章的續篇。

結　語

　　佛教是一種外來宗教，其能傳入中國並流佈於斯，與交通線路有莫大的
關係。從某種意義上說，佛教扮演著「消費者」的角色，因此與經濟形影相
隨、關係密切。具體到六朝時期的江東地區，更加能顯示出這些特徵。六朝
時期的江東，無論在哪一個方面，都處於一種上昇的態勢。六朝恰好處於一
段寒冷時期〔註1〕，這種氣候與太陽活動周期有關。受寒冷氣候的影響，北方
游牧民族被迫南遷〔註2〕，乘西晉「八王之亂」的機會，率兵進入中原地區，
史稱「五胡亂華」或「永嘉之亂」，而原本生活在中原地區的衣冠士族則逃散
四野，或東北至遼東、或西北遷河西、或往南渡長江，其中南渡長江一支又
可分爲遷至江東（長江下游）和荊州（長江中游），此中人數最多、影響最大
的僑流是東南渡至江東（長江下游）一支。隨著這批流民的遷入，先進的學
術文化也相應而傳播進來，江東的政治地位驟然突起，其政權成爲了延續華
夏文明的載體，經濟開發也逐步深入，並且發展速度越來越快。六朝的政治
中心是首都建康，經濟中心是吳會地區，軍事中心是上游的荊襄地區，這三
個中心的互動會影響到交通線路的榮衰。
　　佛教在江東的流佈就是在以上的歷史大背景中進行的。在地域方面，佛
教的流佈主要受到移民、交通、風俗和經濟四大因素的影響。這四大因素又

〔註1〕竺可楨《中國近五千年來氣候變遷的初步研究》，《考古學報》1972年第1期。
〔註2〕汪榮祖《氣候變化與明清代興》（收入《紀念陳寅恪先生誕辰百年學術論文
　　　集》，北京大學出版社1989年版）介紹了一種全新的治史視角，即歷史有「長
　　　時」、「中時」、「短時」之分，而且與氣候關係密切。胡簫白《「深忌河洛暑熱」
　　　與太子元恂之死》（載《南京曉莊學院學報》2010年第7期）把北魏孝文帝太
　　　子元恂之死納入汪文所介紹的治史視野中進行探討，可視爲一個具體的例證。

是相互影響、互爲依賴的。移民的流動往往受交通路線的左右，比如晉室移鼎江左就與淮水及其支流的走向關係密切。在交通便利的地方，其風俗雜滙，尚浮華、好攀比，而地理環境比較閉塞的地方，古風猶存、習俗淳樸。經濟發達的區域，會左右全國交通路線的走向，而在其內部，交通也比較便利。移民往往會對一個地方社會風尚（包括風俗、語言、社會心理等）影響很大，甚至可能會導致該地區社會風尚的根本性變革，而經濟因素又是流民最主要考慮的因素之一，故經濟發達的地區對移民就有非常大的吸引力。在這四大因素當中，交通因素尤爲重要，而交通又會受到地形地勢的影響，尤其是在當時的有限的技術水平之下。交通線路的走嚮往往會盡可能地利用地理便利，比如水道、峽谷、關隘等，另一方面，政權的疆域範圍、首都的位置也會影響全國範圍內的交通路線走向和布局。

　　六朝江東的佛教地理有三大中心。第一個中心是丹陽郡，這個中心是六朝都城所在地，也是許多重要交通路線的起點站，有得天獨厚的優勢。第二個中心是吳會地區，這裡是六朝的經濟中心，而其風俗也有「好淫祀」的傳統。這兩個佛教中心受到移民因素的影響也非常的明顯。第三個中心是廬山地區，廬山處於六朝兩條重要交通路線的交滙處，而且風景也非常優美，因此是僧侶棲息的理想地區。廣陵郡因靠近首都，故有「近水樓臺先得月」之優勢。會稽郡以南地區的佛教分佈，受到吳會地區這個佛教中心的影響。毗陵郡處於丹陽郡和吳會地區之間，受到這兩個佛教中心的影響。臨川、廬陵二郡是廬山地區這個佛教中心的影響範圍。壽春因位於中原通往江東的交通路線上，在流民遷至江左之際，也有許多僧侶停錫於此。六朝的交通路線是以首都建康爲中心的，其中最主要一條交通線是長江水路，它連接了政治中心（建康）、軍事中心（江陵和襄陽）和巴蜀地區，從長江中游有可與漢水相通，溯流而上可至漢中，由漢中可西南達蜀地、東北至關中，而從漢水中游的襄陽向北，通過南陽盆地，可直抵洛陽所在的中原地區，另從蜀地出發，西北可至吐谷渾，再北走可到河西走廊，接著西行便可通向西域，史稱「河南道」。政治中心（建康）與經濟中心（吳會地區）的交通也非常便利，而且必須便利。陸路方面，秦始皇巡視全國時曾「上會稽，祭大禹」〔註3〕，而且秦朝馳道「東窮燕齊，南極吳楚」〔註4〕，故秦朝曾在江東修築過馳道以便巡

〔註3〕《史記》卷六《秦始皇本紀》。
〔註4〕《漢書》卷五一《賈山傳》。

視。秦朝馳道在六朝正史中仍見記載，而且爲六朝政權所利用。《南齊書》卷
十八《祥瑞志》載熊襄語：「上（指齊太祖蕭道成）舊鄉有大道，相傳云秦始
皇所經，呼爲『天子路』，後遂爲帝鄉焉。」《南史》卷四《齊本紀上·高帝》
云：「（蕭道成）所居武進縣有一道，相傳云『天子道』。或謂秦皇所游，或云
孫氏舊迹。」六朝人不敢確定經武進縣（治今丹陽市東北張巷村迤北至胡橋、
建山一線偏南一帶〔註5〕）之大道是否爲秦始皇所開，如熊襄云「相傳」，而
唐人李延壽則兩存其說。不過《南齊志》所載的「天子路」爲秦始皇所開馳
道是沒有疑義的，因爲吳會地區是富庶之地，六朝首都建康必需一條與經濟
區相聯繫的交通線路。《南史》「或謂秦皇所游，或云孫氏舊迹」，可能暗示
了孫吳曾修整過秦朝馳道。水路方面，有古江南運河〔註6〕，有長江水路，
孫吳時期還開鑿了破崗瀆〔註7〕。從建康出發，通過海路，可與東南沿海地
區交通往來，再沿海而下，可達廣州、交州一帶。從建康溯江而上，可達彭
蠡澤，然後可溯贛水而上，抵達嶺南地區。眞諦（拘那羅陀）從臨川郡可達

〔註5〕參見張學鋒《「齊梁故里」研究中的史料學問題：兼論「晉陵武進縣之東城裏」
　　　的地望》第四節，《南京曉莊學院學報》2011年第1期。
〔註6〕秦始皇派囚徒在東南地區開鑿山谷一事，魏嵩山、王文楚先生認爲是與古江
　　　南運河有關（見《江南運河的形成及其演變過程》，刊《中華文史論叢》1979
　　　年第2輯，上海古籍出版社1979年版），該說常被引用，可其論頗有疑義。《越
　　　絕書》卷二《越絕外傳記吳地傳》：「秦始皇造道陵南，可通陵道，到由奉塞，
　　　同起馬塘，湛以爲陂，治陵水道到錢唐，越地，通浙江。秦始皇發會稽適戍
　　　卒，治通陵高以南陵道，縣相屬。」（〔東漢〕袁康、吳平輯錄，樂祖謀點校，
　　　上海古籍出版社，1985年，頁18）魏、王二位先生據此認爲「可見蘇州以南
　　　至杭州錢塘江的渠道秦始皇時亦被開通」。今按，上引《越絕書》之語雖然提
　　　到「治陵水道到錢唐」，但主要是講秦始皇派人修築一條陸路通道。此一。魏、
　　　王二位先生說，劉宋時期古江南運河的北段「在通常情況下，從丹陽至鎭江
　　　總共不過六十許里，航行卻需要整整一日」，由此推測秦朝的情況也應相差無
　　　幾，既然航運條件如此差，秦始皇巡視東南地區應該不會走運河，那只好選
　　　擇陸路，故必須要修築馳道。此二。秦馳道的特點有「南極吳楚」（《漢書》
　　　卷五一《賈山傳》）、「闊百餘步」（《史記》卷五七《絳侯周勃世家》張守節《正
　　　義》引《徐州記》），均爲秦朝馳道達至東南地區的確鑿證據。此三。筆者認
　　　爲古江南運河的開鑿可能與先秦時期的吳國、越國有關，因爲兩國勢力都曾
　　　向中原擴展，此後江南運河又爲六朝政權所利用，因爲六朝的都城大部分時
　　　間在建康，而京口（今鎭江）又是拱衛建康的東藩，故決定了江南運河的走
　　　向是通至建康或京口，而在定都北方的統一王朝時期，江南運河只需要能夠
　　　順暢地溝通長江，以便漕運，而不必繞至建康或京口。
〔註7〕《三國志》卷四七《吳書·吳主傳》赤鳥八年八月條，《建康實錄》卷二《吳
　　　中·太祖下》。

晉安郡〔註8〕，說明贛水流域與東南沿海也有陸路交通。北方上層士族落籍丹陽、會稽等郡，北方次等士族棲息毗陵郡等地，吳郡、吳興郡爲吳人的勢力範圍，這種分佈也影響著佛教地理的分佈。

佛教在地域上的流佈已如上述，而其在社會階層中的傳播則是自上而下的。六朝貴玄學、尚清談，佛教在傳播伊始，便引玄入佛，是爲「格義」，因此不少佛教徒也尚於清談，故頗能得到名士們的喜愛。另一方面，早期的佛教徒大都知識淵博，有的還出身高貴，所以佛教受到了皇室成員、世族子弟的歡迎，開始在社會上層傳播開來。本書的第三章已揭示了這一點。

若從宏觀的角度來看，佛教作爲一種外來文化，經過漢代的蟄伏，在六朝時期並大放異彩，一方面促進了玄學的發展和道教的成熟，另一方面也吸收了中華文化，隋唐時期，佛教異域的色彩慢慢減少，並逐漸融入中華文化裏。這種過程表現在地域上，就是交通發達的地區首先薰染上大法，隨著佛教的流佈，也在地理環境閉塞的地方傳播開來。斗轉星移，交通發達的地區或許接受了另一種宗教，而佛教卻在地理環境閉塞的地方生根發芽，成爲世世代代的信仰。另外，這種過程表現在社會階層上，就是社會中下層民眾漸漸成爲信奉佛教的主體和推動佛教發展的主力。

宗教的地域色彩往往很明顯，佛教對中華文化關係猶大，佛教何時傳入中國、以及在中國早期的流佈等問題，文獻資料所記載的說法不一，因爲典籍中雜有許多後世僞造的材料。本書只是對六朝江東佛教地理的初步研究，至於佛教教風教義的地域差異、江東佛教地理的變遷、從空間橫向上與其他地區的比較和互動、從時間縱向上往上或向下延伸，等等問題，尚待進一步的深入研究。

〔註8〕《唐傳》卷一《陳南海郡西天竺沙門拘那羅陀傳》。

附 錄 六朝江東僧尼之行蹟

說明：（1）僧尼遊錫所至的地點按縣爲單位計算，若僧尼在某縣內有多個弘法點或住
　　　　錫地，還是按 1 次計算，如支遁在剡山沃洲小嶺立寺，後又移石城山，並
　　　　立棲光寺，由於沃洲小嶺和石城山都在剡縣境內（《梁傳》卷四《晉剡東
　　　　仰山支遁》），故支遁在剡縣弘法的頻率按 1 次計算。
　　　（2）若高僧在去某一地點的途中病逝，則病逝地點不在計算範圍內。如比丘尼
　　　　釋慧瓊於宋元嘉二十年（443）從建康去會稽，卻行至句容破岡而卒（《尼
　　　　傳》卷二《南安寺釋慧瓊尼傳》），句容就不在計算範圍內。
　　　（3）僧尼名後的字母及數字的意義悉同表 1-1。

一、孫吳、東晉僧尼之行蹟

1. 雒陽安清（字世高）〔註 1〕G1

　　安息國——漢桓之初，始到中夏（雒陽）——值靈帝之末，關雒擾亂，
乃振錫江南，行達䢼亭湖廟——豫章——廣州——會稽，被誤打致死。

　　按：安世高之行蹟頗爲神秘，而且各書所記牴牾之處甚多。《安世高別傳》
云：「晉太康末，有安侯道人來至桑垣，……吳末行至楊州，使人貨一箱物，
以買一奴，名福善，……仍將奴適豫章，度䢼亭廟神爲立寺竟。福善以刀刺安
侯肋，於是而終。」此段文字時間順序頗爲混亂，如先述「晉太康末」，再述
「吳末」，且「吳末」距「漢桓之初」約 130 年，安世高怎會如此高壽？慧皎
在撰安世高本傳時就辨析了釋道安《經錄》、《安世高別傳》、庾仲雍《荊州記》、
宋臨川康王《宣驗記》、曇宗《塔寺記》、康僧會注《安般守意經序》等書有
關安世高的記載，發現了這些記載距安世高入華的時間太過遠久，慧皎認爲

〔註 1〕安世高生卒年不詳，《釋氏疑年錄》也未載，但依其行迹以及時間，安世高應
　　　爲漢僧，其生活時代可能延至孫吳。

其原因是「正當隨有一書謬指晉初，於是後諸作者，或道太康，或言吳末，雷同奔兢，無以校焉」〔註2〕，誠爲卓見。由此可推知，慧皎在撰述安世高本傳時辨析了諸書之異同，《高僧傳》本傳的可信度應該比較高，故安世高之行蹟暫從本傳。

2. 支謙 C13

月支人，來遊漢地——建安二十五年（220）冬，避地於吳（時都武昌，治今湖北鄂州市）——建業——隱居穹隆山。吳建興二年至太平三年間卒，年六十（194～199～253～258）。〔註3〕

按：《越絕書》卷二《越絕外傳記吳地傳》云：「由鍾窮隆山者，古赤松子所取赤石脂也，去縣二十里。」〔註4〕句中之「縣」即指吳縣。《北堂書鈔》卷一六〇《地部四·石》引《越絕書》云：「吳中穹窿山，赤松子取赤石石脂也。」〔註5〕故可知「窮隆山」、「穹窿山」就是支謙隱居的穹隆山，距吳縣有二十里。

3. 建業建初寺康僧會 G1

其先康居人，世居天竺——其父因商賈移於交趾——吳赤烏十年（248）初達建業。西晉太康元年（280）九月卒。〔註6〕

4. 江左竺僧顯 G11

北地人。以晉大興之末，南逗江左。東晉大興末卒。

5. 建康建初寺帛尸梨蜜 G1

西域人——晉永嘉中，始到中國（雒陽）——值亂過江，止建康建初寺。東晉咸康中卒，春秋八十餘。

按：西域高僧入華通常駐於雒陽，且本傳云：「晉永嘉中，始到中國，值

〔註2〕 《梁傳》卷一《漢雒陽安清》，頁7、8。
〔註3〕 支謙之行迹及生卒年參考了鄧攀《支謙生平略考》，《南京曉莊學院學報》2008年第4期。又《出三藏記集》卷二《新集撰出經律論錄·法句經》云：「魏文帝時，天竺沙門維祇難以吳主孫權黃武三年（224）齎胡本，武昌竺將炎共支謙譯出。」（頁28）據此，支謙奔吳是應先抵達武昌，後孫吳政治中心遷至建業，支謙也隨行到建業。
〔註4〕 〔東漢〕袁康、吳平輯錄，樂祖謀點校《越絕書》，上海古籍出版社，1985年，頁13。
〔註5〕 〔唐〕虞世南撰《北堂書鈔》，學苑出版社影印本，1998年。
〔註6〕 高僧之生卒年大都參照了陳垣先生的《釋氏疑年錄》，中華書局，1964年，以下所引將不注出，以免繁瑣。

亂，仍過江」，必是遇上了永嘉之亂，而永嘉之亂以首都雒陽爲甚，故推測帛尸梨蜜「始到中國」是到達雒陽。

6. 建康建福寺康明感尼 B1

高平人，被虜，後逃至青州，還家──晉建元元年（343）濟江至建康。

7. 建康建福寺慧湛尼 B1

任城人──晉建元二年（344）渡江至建康。

8. 羅浮山單道開 G9

燉煌人──建武十二年（346）冬十一月，止鄴城西法綝祠──後徒臨漳昭德寺──晉太寧元年（349），南度許昌──晉昇平三年（359）達建康──南海，入羅浮山。東晉昇平中卒，年百餘歲。

按：《高僧傳》本傳云：「阜陵太守遣馬迎開，開辭能步行，三百里路，一日早至。……以石虎建武十二年從西平來，一日行七百里，至南安。」此條史料所載之行蹟頗爲紊亂，捨之不取。

9. 豫章山康僧淵 G4

本西域人，生於長安──晉成之世，過江（建康）──後於豫章山立寺，去邑數十里。

按：據《輿地廣記》卷二三處州龍泉縣條：「有豫章山、龍泉湖」〔註7〕。北宋龍泉縣轄境在東晉時隸屬永嘉郡，故豫章山位於永嘉郡。

10. 康法暢（G4 康僧淵）

長安──晉成之世，過江（建康）。

11. 支敏度（G4 康僧淵）

長安──晉成之世，過江（建康）。

12. 剡東仰山竺法潛 G4

瑯琊人。晉永嘉初，避亂過江（建康）──王導、庾亮薨，乃隱迹剡山──至哀帝好重佛法，暫遊宮闕（建康）──還剡之仰山。東晉寧康二年卒，年八十九（286～374）。

13. 竺法友（G4 竺法潛）

剡縣仰山──後立剡縣城南臺寺。

〔註7〕〔宋〕歐陽忞撰，李勇先、王小紅校注《輿地廣記》，四川大學出版社，2003年，頁663。

14. 剡沃洲支遁 G4

陳留人，或云河東林慮人──建康──隱居餘杭山──建康白馬寺──後還吳，立支山寺──過會稽郡，王羲之仍請住靈嘉寺──俄又投迹剡山，於沃洲小嶺立寺──晚移石城山，又立棲光寺──山陰──晉哀帝即位，徵請出都（建康），止東安寺，淹留建康，涉將三載──還剡山──移住餘姚塢中。東晉太和元年閏四月卒，年五十三（314～366）。

按：《越絕書》卷二《越絕外傳記吳地傳》云：「秦餘杭山者，越王棲吳夫差山也，去（毗陵）縣五十里。」故餘杭山在毗陵，而毗陵縣於西晉永嘉五年（311）因避東海王越世子毗諱改爲晉陵縣。

15. 剡山于法蘭 G4

高陽人──居於剡縣石城山──遠適西域，至交州遇疾，終於象林。

16. 剡白山于法開 G4

不知何許人。建康──還剡石城──後移白山靈鷲寺──至哀帝時，徵請出京（建康）──辭還東山。年六十卒於白山靈鷲寺。

17. 于法威（G4 于法開）

白山靈鷲寺──山陰──建康

18. 燉煌于道邃 G4

燉煌人──剡縣石城山──於交趾遇疾而終，年三十一。

按：于道邃爲于法蘭弟子，又與于法蘭俱過江，而于法蘭憩於剡縣石城山，故于道邃也應憩於此。

19. 剡葛峴山竺法崇 G4

未詳何許人。嘗遊湘州麓山──後還剡之葛峴山。後卒於山中。

20. 建康建初寺支曇籥 G13

月支人，寓居建康──少出家，憩吳虎丘山──晉孝武初，勅請出都，止建初寺。年八十一卒。

21. 始寧山竺法義 G4

未詳何許人。剡縣仰山──建康──晉興寧中，憩於始寧之保山──晉寧康三年（375），孝武皇帝遣使徵請出都（建康）講說。東晉太元五年（380）卒，年七十四（307～380）。

22. 竺定（G10 訶羅竭）

西域人──晉咸和中至洛陽婁至山──建康。

23. **建康瓦官寺竺法汰 G5**

東莞人。鄴──飛龍山──太行恒山──鄴──新野──沿江東下，遇疾停陽口──至建康，止瓦官寺。東晉太元十二年卒，年六十八（320～387）。

按：竺法汰是釋道安的同學，隨著道安避難南下，其新野之前的行蹟參考了釋道安的行蹟。

24. 曇一（G5 竺法汰）

新野──沿江東下，停陽口──至建康，止瓦官寺。

25. 曇二（G5 竺法汰）

新野──沿江東下，停陽口──至建康，止瓦官寺。

26. **建康瓦官寺竺僧敷 G5**

未詳氏族。西晉末亂，移居江左，止建康瓦官寺。卒於瓦官寺，年七十餘。

27. **建康瓦官寺釋慧力 G13**

未知何許人──晉永和中，來遊建康。

28. 曇摩抑（G13 釋慧力）

師子國人──在道十餘年，至義熙中，乃達建康。

29. **建康安樂寺釋慧受 G13**

安樂人──晉興寧中，來遊建康。

30. **於潛青山竺法曠 G5**

下邳人，寓居吳興──止於潛青山石室──晉興寧中，東遊禹穴，停山陰若耶山──山陰昌原寺──晉孝武帝要請出京，止於長干寺。東晉元興元年卒，年七十六（327～402）。

31. **吳虎丘東山寺竺道壹 G5**

吳人──晉太和中出都（建康），止瓦官寺──晉簡文帝崩、竺法汰死，還止虎丘山──東適若耶溪──後暫往吳之虎丘山。東晉隆安中卒，年七十一。

32. **并州竺慧達 G13**

并州西河離石人──晉寧康中，至建康──後東遊吳縣，止玄通寺，首尾三年──進適會稽，禮拜鄮縣塔。後不知所終。

33. 剡隱嶽山帛僧光 G11

未詳何許人。晉永和初，遊於江東，投剡之石城山。東晉太元末卒，年一百一十歲。

34. 始豐赤城山竺曇猷 G11

燉煌人——後遊江左，止剡之石城山——後移始豐赤城山石室坐禪。東晉太元末卒。

35. 越城寺釋法相 G12

不知何處人。後度江南止建康越城寺。東晉元興末卒，年八十。

36. 山陰顯義寺竺法純 G12

未詳何許人。出家止山陰顯義寺。不知所終。

37. 山陰嘉祥寺釋慧虔 G5

北地人——憩廬山中十有餘年——東遊吳越，以晉義熙之初，投山陰嘉祥寺，涉將五載。東晉義熙中卒。

38. 延興寺僧基尼 B1

濟南人——渡江至建康。晉隆安元年卒，年六十八（330～397）。

39. 新林寺道容尼 B1

歷陽人——建康。

40. 廬山釋慧永 G6

河內人——太行恒山——荊州江陵——欲結羅浮之岫，行經潯陽，停廬山之西林寺。東晉義熙十年卒，年八十三（332～414）。

按：慧永「伏膺道安法師」，又「素與（慧）遠共期，欲結宇羅浮之岫」，故慧永至廬山前之行蹟可參照道安和慧遠之行蹟。

41. 廬山釋慧遠 G6

雁門婁煩人。年十三遊學許洛——年二十一，投太行恒山——年三十二，投襄陽——秦建元九年（373），南適荊州，住上明寺——南至潯陽，住廬山龍泉精舍。〔註8〕東晉義熙十二年卒，年八十三（334～416）。

〔註 8〕釋慧遠之行迹參考了湯用彤先生《漢魏兩晉南北朝佛教史》第十一章之《慧遠年歷》節。

42. 蜀龍淵寺釋慧持 G6

雁門婁煩人。遊學許洛——太行恒山——襄陽——憩荆州上明寺——後適廬山——至建康，止東安寺——後還廬山——以晉隆安三年（399）辭慧遠入蜀——行達荆州——到蜀，止成都龍淵精舍——蜀人焦縱自號成都王，慧持避難憩陴縣中寺——後還止龍淵寺。東晉義熙八年卒，年七十六（337～412）。

按：慧持為慧遠之弟，兩人同拜釋道安為師，同行至廬山，故其早期行蹟可參照慧遠。

43. 何後寺道儀尼 B1

雁門婁煩人——尋陽——建康。

44. 始豐赤城山支曇蘭 G11

青州人。晉太元中游剡——後憩始豐赤城山。東晉元熙中卒，年八十三。

45. 廬山釋僧濟 G6

未詳何許人。晉太元中來入廬山。年四十五卒。

46. 晉新陽釋法安 G6

未詳何許人。廬山——晉義熙中，到新陽縣。後不知所終。

據《中國歷史大辭典·歷史地理卷》，新陽縣「三國吳分益陽縣置，……屬衡陽郡。……西晉太康元年（280）改為新康縣」〔註9〕。《高僧傳》中使用廢地名的例子不少，如稱東晉的建康為建鄴。法安本傳又云：「餘一（銅鍾），武昌太守熊無患借視，遂留之」，由此也可推知新陽縣距武昌不遠，故新陽縣就是東晉衡陽郡新康縣。

47. 廬山釋曇邕 G6

關中人——南投廬山——長安——還廬山——曇邕被慧遠神足擯出，乃於廬山之西南營立茅宇——後往荆州，卒於竹林寺。

48. 故章崑山支曇諦 M10

康居人——考室於吳興郡故障之崑山，味道崇化二十餘載。東晉義熙七年卒，年六十五（347～411）。

按：參考了《釋氏疑年錄》第8頁之辨析。

〔註9〕中國歷史大辭典·歷史地理卷編纂委員會編《中國歷史大辭典·歷史地理卷》，上海辭書出版社，1997年，頁963。

49. 釋曇順 L3

黃龍人。長安──廬山──江陵竹林寺。宋元嘉二年卒，年七十九（347～425）。

50. 廬山僧伽提婆 G1

罽賓人──建元中，來入長安──洛陽──姚興王秦（394），提婆渡江──廬山慧遠法師請入廬嶽──隆安元年（397）來遊建康。後不知所終。

51. 壽春石澗寺卑摩羅叉 G2

罽賓人──龜茲──姚秦弘始八年（406）達自關中──羅什棄世，乃出遊關左，逗於壽春，止石澗寺──南適江陵，於辛寺夏坐──其年冬，復還壽春石澗。東晉義熙九年（413）後卒，年七十七。

52. 建康崇明寺釋僧慧 G13

未知何許人。晉義熙中，於建康立崇明寺。

53. 釋曇恒 L3

河東人──廬山。晉義熙十四年卒，年七十一（348～418）。

54. 吳臺寺釋道祖 G6

吳國人──入廬山七年──建康瓦官寺──桓玄輔正，還吳之臺寺。東晉元熙元年卒，年七十二〔註10〕（348～419）。

55. 上虞龍山史宗 G10

不知何許人。常在廣陵白土埭──江都──後南遊吳、會──後憩上虞龍山大寺。

56. 霍山釋僧群 G12

未詳何許人──後遷居羅江縣之霍山，山孤在海上。年一百四十歲卒。

57. 江陵辛寺釋法顯 G3

平陽武陽人。以晉隆安三年（399），自長安，西渡流沙──葱嶺──小雪山──北天竺──進至伽施國──後至中天竺，留三年──到師子國，停二年──既而附商人舶，循海而還──耶婆提國，停五月，復隨他商，東適廣州──青州長廣郡牢山南岸──京師（建康）──荊州，卒於江陵辛寺。宋景平元年（423）以前卒。

〔註10〕《釋氏疑年錄》作「年七十三」，今從《高僧傳》。

58. 建康杯度 G10

冀州——至孟津河——達於建康——廣陵——彭城——建康——東遊吳郡——行至松江——經涉會稽、剡縣，登天台山——數月返建康，移靈鷲寺——行至赤山湖，患痢而死。宋元嘉三年（426）卒。

按：本傳所載，杯度死後又復活，現於彭城。此處把凡是杯度出現過的地點串聯起來，不考慮死而復生之事。

59. 建康枳園寺釋智嚴 G3

西涼人——罽賓——度葱嶺，經六國——至交趾——附舶循海，至青州東萊郡——長安，止大寺——頃之，憩於山東精舍——晉義熙十三年（417），至建康，住始興寺，後移枳園寺——泛海重到天竺——至罽賓，無疾而化。宋元嘉四年（427）卒，年七十八。

按：釋智嚴於罽賓請佛馱跋陀羅入華，故釋智嚴之行蹟可參照佛馱跋陀羅之行蹟。

60. 建康道場寺佛馱跋陀羅 G2

迦維羅衛人，居北天竺——罽賓——步驟三載，綿歷寒暑，既度葱嶺，路經六國——至交趾——附舶循海，至青州東萊郡——長安——南至廬山——義熙八年（412），西適江陵——至建康，安止道場寺。宋元嘉六年卒，年七十一（359～429）。

61. 釋曇詵 L3

廣陵人。為廬山慧遠弟子。宋元嘉十七年卒，年八十（361～440）。

62. 建康祇洹寺釋法平 G13

康居人，寓居建康，出家止白馬寺——後移祇洹寺。宋元嘉末卒。

63. 建康祇洹寺釋法等（G13 釋法平）

康居人，寓居建康，出家止白馬寺——後移祇洹寺。宋元嘉末卒。

64. 支道山（Y4 寶傳）

冀州——會稽。

65. 釋道昺 L3

潁川人——廬山。宋元嘉十二年卒，年七十一（365～435）。

66. 釋道敬 L3

建康——廬山——山陰若耶山。宋永初元年卒，年五十一（370～420）。

二、宋朝僧尼之行蹟

1. 建康龍光寺竺道生 G7

鉅鹿人，寓居彭城——建康——廬山——遊長安——義熙四年（408）至廬山——義熙五年還建康，止青園寺——元嘉五、六年被擯，投吳虎丘山——元嘉七年，投迹廬山。宋元嘉十一年卒，年八十（355～434）。

按：此處參考了湯用彤先生《漢魏兩晉南北朝佛教史》第十六章之《竺道生事迹》節。

2. 建康烏衣寺釋慧叡 G7

冀州人——常遊方而學，經行蜀之西界——既還襲染衣（冀州）——遊歷諸國，乃至南天竺界——廬山——關中（長安）——後適建康，止烏衣寺。宋元嘉十六卒，年八十五（355～439）。

3. 龍光寺寶林（G7 竺道生）

長安——建康龍光寺。

4. 豫州釋僧洪 G13

豫州人——建康瓦官寺。

5. 建康龍光寺佛馱什 G3

罽賓人——以宋景平元年（423）七月屆於揚州，止建康龍光寺。後不知所終。

6. 建康釋僧亮 G13

未知何人。建康——湘州界銅溪伍子胥廟——建康。

7. 沮渠安陽侯（G2 曇無讖）

姑臧——求法度流沙，至于闐——高昌——河西（姑臧）——及偽魏吞併北涼（439），乃南奔於宋（建康）。後遘疾而終。

8. 道普（G2 曇無讖）

本高昌人——建康道場寺——至長廣郡，舶破傷足，因疾而卒。

9. 上定林寺曇摩蜜多 G3

罽賓人——龜茲——燉煌——涼州——以宋元嘉元年（424）輾轉至蜀——俄而出峽——止荊州——沿流東下，至於建康，初止中興寺，晚憩祇洹寺——與孟顗同遊浙右，乃於鄮縣之山，建立塔寺——元嘉十年（433）還都，

止鍾山定林下寺，以元嘉十二年（435）建定林上寺。宋元嘉十九年卒，年八十七（356～442）。

10. 建康東安寺釋慧嚴 G7

豫州人——長安——後還建康，止東安寺——長安——建康。宋元嘉二十年卒，年八十一（363～443）。

11. 法智（G7 釋慧嚴）

建康龍光寺——年二十四往江陵。

12. 景福寺慧果尼 B2

淮南人——建康。宋元嘉十年（433）卒，年七十餘。

13. 建康祇洹寺求那跋摩 G3

罽賓人——師子國——闍婆國——林邑——廣州——路由始興，經停歲許，改虎市山爲靈鷲——以元嘉八年（431）正月達於建康，住祇洹寺——其年夏，在定林下寺安居。宋元嘉八年卒，年六十五（367～431）。

按：求那跋摩的遺文有云：「後於師子國，村名劫波利，……避亂浮于海，闍婆及林邑，業行風所飄，隨緣之宋境」。這是眞實的經歷，而本傳云：「時京師名德沙門慧觀、慧聰等，遠挹風猷，思欲餐稟，以元嘉元年（424）九月，面啟文帝，求迎請跋摩，帝即勅交州刺史，令汎舶延致。觀等又遣沙門法長、道沖、道俊等，往彼祈請」〔註11〕，頗多譽美之詞。兩者相較，遺文可謂實錄，其一，跋摩離開師子國來華之原因乃是「避亂浮於海」，非是慧觀、慧聰遠聞其名，面啓文帝，求迎請跋摩；其二，跋摩從師子國海路至闍婆、林邑，也就是說跋摩到過交州，由交州乘船到廣州。

14. 建康道場寺釋慧觀 G7

清河人——廬山——長安——鳩摩羅什亡後，乃南適荊州——還建康，止道場寺。宋元嘉中卒，年七十一。

15. 建康道場寺僧馥（G7 釋慧觀）

澧泉人——建康道場寺。

16. 建康南林寺法業（G7 釋慧觀）

長安人——建康南林寺。

〔註11〕《梁傳》卷三《宋京師祇洹寺求那跋摩》，頁114、107。

17. 建福寺法盛尼 B2

清河人——建康。宋元嘉十六年卒，年七十二（368～439）。

18. 吳太玄臺寺釋玄藻尼 B2

吳郡人——宋元嘉十六年（439）至建康。不測所終。

19. 南安寺釋慧瓊尼 B2

廣州人——住廣陵南安寺——宋元嘉十八年（441）至建康——宋元嘉二十年之會稽，行至句容破岡而卒。

20. 吳縣南寺法勝尼 B2

吳縣——建康。

21. 永安寺僧端尼 B2

廣陵人——建康。宋元嘉二十五年（448）卒。

22. 廣陵中寺光靜尼 B2

吳興東遷人——廣陵。宋元嘉十九年（442）卒。

23. 廣陵僧果尼 B2

汲郡修武人——廣陵——建康。

24. 吳太玄臺寺法相尼 B2

燉煌人——吳郡。宋元嘉末年卒，年九十餘。

25. 東青園寺業首尼 B2

彭城人——建康。宋大明六年卒，年九十（373～462）。

26. 道照尼（B2 法辯尼）

北地徐人——建康。

27. 竹園寺慧濬尼 B2

山陰人——建康。宋大明八年卒，年七十三（392～464）。

28. 普賢寺寶賢尼 B2

陳郡人——建康。宋昇明元年卒，年七十七（401～477）。

29. 普賢寺法淨尼 B2

江北人——宋元嘉五年（428），避亂建康——錢唐永福寺——建康。宋元徽元年卒，年六十五（409～473）。

30. 建康奉誠寺僧伽跋摩 G3

天竺人——以宋元嘉十年（433）至於建康——元嘉十九年（442），隨西域賈人舶還外國，不詳其終。

31. 建康道林寺畺良耶舍 G3

西域人——元嘉之初，至建康，初止鍾山道林精舍——後移憩江陵——元嘉十九年（442）西遊岷蜀——後還卒於江陵。宋元嘉十九年（442）後卒，年六十。

32. 建康祇洹寺釋慧義 G7

北地人——初遊學於彭、宋之間——建康——往嵩高山覓金餅——還建康祇洹寺，後止烏衣寺。宋元嘉二十一年卒，年七十三（372～444）。

33. 建康彭城寺釋道淵 G7

不知何許人，出家止建康東安寺，後移止彭城寺。卒年七十八。

34. 釋慧琳（G7 釋道淵）

秦郡人——建康彭城寺——被斥交州。

35. 建康彭城寺釋僧弼 G7

吳人——少游長安——後南居楚郢，十有餘年——後下建康止彭城寺。宋元嘉十九年卒，年七十八（365～442）。

36. 建康祇洹寺釋僧苞 G7

京兆人——宋永初中游北徐，入黃山精舍——後東下建康，止祇洹寺。宋元嘉中卒。

37. 餘杭方顯寺釋僧詮 G7

遼西海陽人——少游燕齊——建康——至吳郡，初止閒居寺，晚憩虎丘山——往餘杭，居方顯寺——暫遊臨安縣，投董功曹家。

38. 廬山凌雲寺釋慧安 G7

未詳何人。止廬山凌雲寺——長安——還廬山。宋元嘉中卒。

39. 淮南中寺釋曇無成 G7

扶風人，家世避難，移居黃龍——長安——姚祚將亡，乃憩於淮南中寺。宋元嘉中卒，年六十四。

40. 建康靈味寺釋僧含 G7

不知何許人。元嘉七年（430）居建康靈味寺——後西遊歷陽——南遊九江，至尋陽。

41. 江陵釋慧猷 G11

江左人——少出家，止江陵辛寺。

42. 吳閒居寺釋僧業 G11

河內人——長安——避地建康——居姑蘇閒居寺。宋元嘉十八年卒，年七十五（367～441）。

43. 建康長樂寺釋慧詢 G11

趙郡人——長安——宋永初中，還止廣陵——元嘉中至建康，止道場寺，後移止長樂寺。宋大明二年卒，年八十四（375～458）。

44. 建康南澗寺釋道冏 G12

扶風人——至河南霍山採鐘乳——南遊建康，止南澗寺——廣陵。宋元嘉二十年（443）後卒。

45. 六合山釋寶雲 G3

未詳氏族，傳雲涼州人——以晉隆安之初，遠適西域——歷于闐、天竺諸國——後還長安——歸建康，止道場寺——適六合山寺——道場慧觀臨亡，乃還建康——居道場歲許，復還六合。宋元嘉二十六年卒，年七十四（376～449）。

按：《宋書》卷六《孝武帝紀》大明七年（463）二月己未「車駕登烏江縣六合山」，故可知寶雲住錫之六合山在烏江縣境內。

46. 僧伽達多（G3 疊良耶舍）

天竺人——以元嘉之初，來遊宋境（應在建康）——元嘉十八年（441）夏，於廣陵結居——卒於建康。

47. 山陰法華山釋僧翼 G13

吳興餘杭人——初出家，止廬山寺——晚適關中——以晉義熙十三年（417），遊會稽，於秦望山西北立法華精舍。宋元嘉二十七年卒，年七十（381～450）。

48. 曇學（G13 釋僧翼）

關中——以晉義熙十三年（417），遊會稽，於秦望山之北，立樂林精舍。

49. 江陵琵琶寺釋僧徹 G7

本太原晉陽人，寓居襄陽——年十六入廬山——慧遠亡後，南遊荊州，止江陵城內五層寺，晚移琵琶寺。宋元嘉二十九年卒，年七十（383～452）。

50. 建康祇洹寺釋道照 G13

平西人——出家止建康祇洹寺。宋元嘉三十年卒，年六十六（388～453）。

51. 建康祇洹寺慧明（G13 釋道照）

姓焦，魏郡人——建康祇洹寺

52. 廬山釋慧慶 G12

廣陵人——出家止廬山寺——晉義熙中游長安——宋元嘉復入廬山。宋元嘉二十九年卒，年六十二（391～452）。

按：參考了《名僧傳抄》卷二十三《宋尋陽廬山竺惠慶》。竺惠慶與釋慧慶爲同一人。

53. 僧伽羅多（G3 畺良耶舍）

天竺人——以宋景平之末，來至建康——以元嘉十年（433）卜居鍾阜之陽，造立宋熙寺。宋元嘉二十七年卒，年五十九（392～450）。

54. 吳虎丘山釋曇諦 G7

其先康居人，漢靈帝時移附中國，獻帝末亂移止吳興——樊鄧——晚入吳虎丘寺——後還吳興，入故章崑崙山，閒居澗飲二十餘載。宋元嘉末卒，年六十餘。

55. 壽春石澗寺釋僧導 G7

京兆人——於壽春立東山寺——宋孝武帝升位，遣使徵請，止於建康中興寺——後辭還壽春，卒於石澗寺。卒年九十六。

56. 建康道場寺釋法莊 G12

淮南人——廬山——遊關中——宋元嘉初出都（建康），止道場寺。宋大明初卒，年七十六。

57. 建康中興寺釋慧覽 G11

酒泉人——遊西域，至罽賓——還至于闐——路由河南——於蜀立左軍寺——後移羅浮天宮寺——宋文帝請下都止鍾山定林寺。宋大明中卒，年六十餘。

58. 建康竹林寺釋慧益 G12

廣陵人——壽春——宋孝建中憩建康竹林寺。宋大明七年（463）卒。

59. 長干寺釋曇穎 G13

會稽人——出家止建康長干寺。卒年八十一。

60. 瓦官寺釋慧璩 G13

丹陽人，出家止瓦官寺——荊州（江陵）——建康。宋大明末卒，年七十二。

61. 建康莊嚴寺釋僧璩 G11

吳國人——始住吳虎丘山——往建康，止中興寺，後移止莊嚴寺。宋大明末卒，年五十八。

62. 蜀武擔寺釋道汪 G7

長樂人，幼在建康——廬山——梁州——成都。宋泰始元年（465）卒。

63. 建康中興寺求那跋陀羅 G3

中天竺人——到師子諸國——隨舶汎海，宋元嘉十二年（435）至廣州——至建康，住祇洹寺——至荊州，安止辛寺——還建康，移住中興寺——後於秣陵界鳳皇樓起寺，今陶後渚白塔寺，即其處也。宋泰始四年卒，年七十五（394～468）。

64. 建康瓦官寺釋慧果 G12

豫州人——宋元嘉四年負笈南遊，止建康瓦官寺。宋泰始六年卒，年七十六（395～470）。

按：參考了《名僧傳抄》卷二十三《宋瓦官寺釋慧果》。

65. 建康閑心寺釋道營 G11

未詳何許人，始住建康靈曜寺——吳郡——上虞——還居建康閑心寺。宋昇明二年卒，年八十三（396～478）。

66. 建康東安寺釋法恭 G12

雍州人——江陵安養寺——後住建康東安寺。宋泰始中卒，年八十。

67. 安樂寺釋道慧 G13

尋陽柴桑人——出家止廬山寺——後止建康安樂寺——晚移朱方竹林寺。宋大明二年卒，年五十一（408～458）。

68. 山陰天柱山釋慧靜 G7

吳興餘杭人——遊學廬山——還建康，止冶城寺——棲於山陰天柱山寺——大明之中，遷居剡之法華臺，後憩東仰山。宋泰始中卒，年五十八。

69. 建康多寶寺釋道亮 G7

不知何許人，住建康北多寶寺——宋元嘉之末，被徙南越——南適廣州，停南六載——至大明中，還止建康。宋泰始中卒，年六十九。

70. 建康彭城寺釋僧覆 G12

未詳何許人，住建康彭城寺。宋泰始末卒，年六十六。

71. 丹陽釋梵敏 G7

河東人——少遊學關隴——長歷彭泗——晚憩丹陽。卒年七十餘。

72. 建康中興寺釋道溫 G7

安定朝那人——年十六入廬山——遊長安——宋元嘉中止襄陽檀溪寺——辭往江陵——宋孝建初至建康，止中興寺。宋泰始初卒，年六十九。

73. 靈味寺釋曇光 G13

會稽人——江陵長沙寺——建康靈味寺——北徐州——建康。卒年六十五。

74. 建康莊嚴寺釋曇斌 G7

南陽人——宋元嘉二年，住江陵辛寺——建康——吳郡——還建康——吳興武康小山寺——建康南林寺——還樊、鄧——宋孝建之初，往建康止新安寺。宋元徽中卒，年六十七。

按：參考了《名僧傳抄》卷十六《宋莊嚴寺曇斌》。

75. 曇濟 M16

河東人——壽陽八公山東寺——宋大明二年，至建康。

按：壽春縣，秦置，治今安徽壽縣，東晉孝武帝改爲壽陽縣，宋大明六年（462）復名壽春縣，八年又改爲睢陽縣。

76. 建康何園寺釋慧亮 G7

東阿——在臨淄立寺——後過江止建康何園寺。宋元徽中卒，年六十三。

77. 下定林寺釋僧鏡 G7

隴西人，遷居吳地，住吳縣華山寺——後入關隴——止建康——東返姑蘇，停臺寺歲許——又東適上虞徐山——宋世祖敕出建康，止定林下寺。宋元徽中卒，年六十七。

78. 上虞徐山曇隆道人（G7 釋僧鏡）

初居廬山石門香爐峰，六年不下嶺——上虞徐山——剡縣崿嵊。

按：此處參照《漢魏兩晉南北朝佛教史》第十三章之《謝靈運》節。

79. 建康靈根寺釋僧瑾 G7

沛國人——廣陵——憩建康冶城寺。宋元徽中卒，年七十九。

80. 建康智斌（G7 釋僧瑾）

建康——被擯交州。

81. 建康興皇寺釋道猛 G7

西涼州人——遊歷燕趙——後停止壽春——元嘉二十六年（449）東遊建康。宋元徽三年卒，年六十五（411～475）。

82. 廬山招隱寺釋僧瑜 G12

吳興餘杭人——宋元嘉十五年（438），於廬山南嶺建招隱精舍。宋孝建二年（455）卒，年四十四（412～455）。

83. 臨川招提寺釋慧紹 G12

不知氏族——後止臨川招提寺。宋元嘉二十八年卒，年二十八（424—451）。

84. 山陰靈嘉寺釋超進 G7

長安人——建康——進適姑蘇——山陰靈嘉寺——宋泰始中，被徵出都（建康）——還會稽。宋元徽中卒，年九十四。

85. 山陰嘉祥寺曇機法師（G7 釋超進）

長安人——值關中寇亂，避地東下，止山陰嘉祥寺。

86. 吳興小山釋法瑤 G7

河東人——宋景平中，來遊兗豫——東阿——宋元嘉中過江，止吳興武康小山寺，首尾十九年——大明六年（462）往建康。宋元徽中卒，年七十六。

87. 建康新安寺釋道猷 G7

吳人——廬山——竺道生亡後，隱臨川郡山——建康。宋元徽中卒，年七十一。

88. 建康冶城寺釋慧通 G7

沛國人——止建康冶城寺。宋昇明中卒，年六十三。

89. **釋僧顯 XY38**

鄞州──建康。

90. **覺世 M15**

京兆人──彭城──建康長樂寺。卒年五十九。

91. **剡法華臺釋法宗 G12**

臨海人──剡縣。

92. **釋曇爽 F195**

長安──元嘉末，來遊江南（相當於江左）。

三、齊朝僧尼之行蹟

1. 烏衣寺釋曇遷 G13

本月支人，寓居建康，初止祇洹寺，後移烏衣寺──王僧虔携共同遊湘州及三吳。齊建元四年卒，年九十九（384～482）。

2. 建康高座寺釋慧進 G12

吳興人──止建康高座寺。齊永明三卒，年八十五（401～485）。

3. 永興柏林寺釋弘明 G12

會稽山陰人，止雲門寺──永興石姥岩──元嘉中，止會稽山陰道樹精舍──至永興邑昭玄寺，大明末，居永興陶里栢林寺。齊永明四年卒，年八十四（403～486）。

4. 崇聖寺僧敬尼 B3

會稽人，寓居建康──宋元嘉中，隨至廣州──宋明帝時，還建康。齊永明四年卒，年八十四（403～486）。

5. 興福寺釋慧芬 G13

豫州人──出家住穀熟縣常山寺──及魏虜毀滅佛法，過烏江，至建康，止白馬寺。齊永明三年卒，年七十九（407～485）。

6. 高昌郡釋智林 G8

高昌人──長安──振錫江豫──番禺──宋明之初，還建康，止靈基寺──後辭還高昌。齊永明五年卒，年七十九（409～487）。

7. 東安寺釋曇智 G13

建康人，出家止東安寺──王僧虔臨湘州，携與同行──蕭思話守吳，

復招同入。齊永明五年卒，年七十九（409～487）。

8. 建康靈根寺法瑗 G8

隴西人，事梁州沙門竺慧開——經涉燕趙——去來鄴洛——元嘉十五年（438）還梁州，因進成都——建康——廬山——建康，初廬於方山，再移住天保寺，後居靈根寺。齊永明七年卒，年八十一（409～489）。

9. 釋慧祐（G11 釋道瑩）

本丹徒人——齊初入東山（會稽郡內之山陵）——還建康，止閒心寺。

10. 齊福寺釋道儒 G13

渤海人，寓居廣陵——元嘉末至建康，止建初寺。齊永明八年卒，年八十一（410～490）。

11. 鍾山靈曜寺釋志道 G11

河內人。十七出家，止建康靈曜寺，後居法輪寺——往至虎牢——還建康——王奐出鎮湘州，攜與同遊。齊永明二年卒，年七十三（412～484）。

12. 山陰法華山釋慧基 G8

吳國錢塘人——建康——還止錢塘顯明寺——進適會稽，止山陰法華寺，元徽中於會稽龜山立寶林精舍。齊建武三年卒於山陰城傍寺，年八十五（412～496）。

13. 僧行 M10

會稽山陰人——上虞城山寺。齊永明十一年卒，年五十九（435～493）。

14. 建康後岡釋僧侯 G12

西涼州人——宋孝建初，來至建康——入蜀——後還建康，於後岡創立石室。齊永元二年卒，年八十九（412～500）〔註12〕。

15. 上定林寺釋僧遠 G8

渤海重合人——宋大明中度江，住建康彭城寺，昇明中，於小丹陽牛落山立龍淵精舍——於青州孫泰寺講說——還建康，止眾造寺，大明六年九月，隱迹上定林寺。齊永明二年卒，年七十一（414～484）。

16. 正勝寺釋法願 G13

其先潁川長社人，祖世避難，移居吳興長城——往建康住沈橋，上定林

〔註12〕《高僧傳》本傳作齊永明二年卒，今從《釋氏疑年錄》。

寺出家——宋孝武卒，宗慤出鎮廣州，携法願同往——宗慤遷豫州刺史，復携同行——還建康，泰始六年（470）居正勝寺——永明二年（484）法願還吳興長城——敕還建康，憩湘宮寺。齊永元二年卒，年八十七（414～500）。

17. 建康多寶寺釋法穎 G11

燉煌人，十三出家，住涼州公府寺——元嘉末，止建康新亭寺，後居多寶寺。齊建元四年卒，年六十七（416～482）。

18. 蜀齊後山釋玄暢 G8

河西金城人——涼州——元嘉二十二年（445）閏五月十七日發自平城——路由代郡上谷——東跨太行——路經幽冀南轉，將至孟津——以八月一日達於揚州——元嘉三十年，遷憩荊州，止長沙寺——西適成都，初止大石寺——至昇明三年（479），西遊岷山郡北部廣陽縣齊後山，齊建元元年（479）四月二十三日建齊興寺——江陵——泛舟東下，帶患至京，止靈根寺。齊永明二年卒，年六十九（416～484）。

19. 建康靈鷲寺釋僧審 G11

太原祁人，祖世寓居譙郡——少出家，止壽春石澗寺——過江，止建康靈曜寺，先移住靈鷲寺，後又居栖玄寺。齊永明八年卒，年七十五（416～490）。

20. 鹽官齊明寺僧猛尼 B3

本南陽人，遷居鹽官——吳郡——建康——鹽官。齊永明七年卒，年七十二（418～489）。

21. 淨度尼（B3 僧猛尼）

建康——宋元徽元年（473）入吳——建康。

22. 錢塘靈隱山釋曇超 G11

清河人。初止建康龍華寺——元嘉末，南遊始興——大明中還建康——至齊太祖即位，被敕往遼東，停彼二年——建元末還建康——又適錢塘之靈隱山。移住臨泉寺。永明十年卒，年七十四（419～492）。

23. 始豐赤城山釋慧明 G11

康居人，祖世避地於東吳。少出家，止章安東寺——齊建元中，於赤城山更立堂室——暫出建康——少時辭還赤城山。建武之末卒，年七十。

24. 上定林寺超辯 G12

燉煌人——乃越自西河，路由巴楚，達於建康——東適吳越，停山陰城

傍寺——後還建康，止定林上寺。齊永明十年卒，年七十三（420～492）。

25. 剡齊興寺德樂尼 B3

毗陵人——建康——會稽，止於剡之白山。齊永元三年卒，年八十一（421～501）。

按：毗陵於西晉永嘉五年（311）因避東海王越世子毗諱改爲晉陵。

26. 僧茂尼（B3 德樂尼）

彭城人——剡。

27. 建福寺智盛尼 B3

長安人，寓居會稽——建康。齊永明十年卒，年六十六（427～492）。

28. 建康何園寺釋慧隆 G8

陽平人——宋泰始中至建康，止何園寺。齊永明八年卒，年六十二（429～490）。

29. 建康新安寺釋玄運（G7 釋僧瑾）

譙邦右族，寓居燉煌——建康新安寺。齊建武四年卒，年六十九（429～497）。

按，玄運行蹟參考了《廣弘明集》卷二十三南齊釋慧林《玄運法師誄》。

30. 建康湘宮寺釋弘充 G8

涼州人——大明末過江，初止建康多寶寺，後移住湘宮寺。齊永明中卒，年七十二。

31. 建康中興寺釋僧鍾 G8

魯郡人——壽春——後南遊建康，止中興寺。齊永明七年卒，年六十（430～489）。

32. 偽魏釋曇度 G8

江陵人——遊學建康——徐州——平城。魏太和十三年（489）卒。

33. 建康天保寺釋道盛 G8

沛國人——湘州——遊建康，止彭城寺，後憩天保寺。齊永明中卒，年六十餘。

32. 建康枳園寺沙彌釋法匱 G10

吳興於潛人——建康。齊永明七年（489）卒。

33. 禪基寺僧蓋尼 B3

趙國均仁人——彭城華林寺——建康。齊永明十一年卒，年六十四（430
～493）。

34. 法進尼（B3 僧蓋尼）

彭城華林寺——建康。

35. 法延尼（B3 僧蓋尼）

高陽人——建康。

36. 法音寺曇簡尼 B3

清河人——建康——江乘白山。齊建武元年（494）卒。

37. 法音寺淨珪尼 B3

晉陵人，寓居建康——江乘白山。齊建武元年（494）卒。

38. 法音寺曇勇尼 B3

清河人——建康——江乘白山。齊建武元年（494）卒。

39. 建康安樂寺釋智稱 G11

河東聞喜人，祖世避難，寓居京口——壽春南澗寺——建康——蜀地裴
寺——東下江陵——義嘉遘亂，乃移卜居建康——餘杭，居雲栖寺——建康，
居普弘寺——京口——還建康，憩安樂寺。齊永元三年卒，年七十二（430～
501）〔註13〕。

40. 上定林寺釋僧柔 G8

丹陽人——東遊禹穴，停山陰城傍寺——入剡白山靈鷲寺——出建康，
止定林寺。齊延興元年卒，年六十四（431～494）。

41. 集善寺慧緒尼 B3

高平人——荊州三層寺——建康——江陵——建康。齊永元元年卒，年
六十九（431～499）。

42. 華嚴寺妙智尼 B3

河內人——建康。齊建武二年卒，年六十四（432～495）。

43. 錢塘齊明寺超明尼 B3

錢塘人——吳縣——錢塘。齊建武五年（498）卒，年六十餘。

〔註13〕《高僧傳》本傳作齊永元二年卒，今從《釋氏疑年錄》。

44. 建康靈根寺釋慧豫 G12

黃龍人──來遊建康，止靈根寺。齊永明七年卒，年五十七（433～489）。

45. 上定林寺釋道嵩 G12

高密人──宋元徽中來建康，止鍾山定林寺。卒年四十九。

46. 建康謝寺釋慧次 G8

冀州人──至京口，止竹林寺──還彭城──大明中至建康，止於謝寺。
齊永明八年卒，年五十七（434～490）。

47. 寶意（G3 求那跋陀羅）

康居人，世居天竺──以孝建中，來止建康瓦官禪房。齊永明末年卒。

48. 建康中興寺釋僧印 G8

壽春人──彭城──廬山──東適建康，止中興寺。齊永元元年卒，年
六十五（435～499）。

49. 瑯琊嶁山釋法度 G8

黃龍人──遊學北土──宋末遊於建康，居栖霞精舍。齊永元二年卒，
年六十四（437～500）。

50. 山茨寺法紹（G8 釋法度）

巴西人──汝南周顒去成都，招共同下，止於建康山茨精舍。

51. 棲霞寺僧朗（G8 釋法度）

遼東人──京師栖霞寺。

52. 禪岡寺法開（G8 釋法度）

餘杭縣人──遊建康，止禪岡寺

53. 齊隆寺釋法鏡 G13

吳興烏程人──建康，建武初居齊隆寺。齊永元二年卒，年六十四（437
～500）。

54. 建康太昌寺釋僧宗 G8

雍州馮翊人，晉氏喪亂，其先四世祖移居秦郡──年九歲，爲法瑗弟子
（即移至建康），後造太昌寺居之。齊建武三年卒，年五十九（438～496）。

55. 安樂寺釋僧辯 G13

建康人，出家止安樂寺──常在新亭劉紹宅齋──建康。齊永明十一年

（493）卒。

56. 白馬寺釋曇憑 G13

犍爲南安人——少游建康，止白馬寺——後還蜀，止龍淵寺。

57. 北多寶寺釋慧忍 G13

建康人，少出家，住北多寶寺。齊隆昌元年（494）卒，年四十餘。

58. 建康建初寺釋僧祐 G11

其先彭城下邳人，父世居於建康，年數歲，入建初寺，避婚至定林寺——永明中，敕入吳——還建康。梁天監十七年卒，年七十四（445～518）。

59. 建康莊嚴寺釋道慧 G8

餘姚人，寓居建康，出家止靈曜寺——憩廬山西寺——更還建康，後移憩莊嚴寺。齊建元三年卒，年三十一（451～481）。

60. 建康莊嚴寺僧達（G8 釋道慧）

建康莊嚴寺——被擯長沙。

61. 建康玄暢（G13 釋法獻）

秦州人——建康，止長干寺——東行至三吳——建康。齊建武初卒，年七十五。

62. 剡石城山釋僧護 G13

會稽剡人，後居石城山隱嶽寺。齊建武中卒。

63. 上定林寺釋法獻 G13

西海延水人——梁州——元嘉十六年（439）下建康，止定林上寺——宋元徽三年（475），發踵金陵，西遊巴蜀，路出河南，道經芮芮——于闐——建康——被敕三吳——建康。齊建武末卒，年七十五。

64. 建康正觀寺求那毗地 G3

中天竺人——齊建元初，來止建康毗耶離寺，後造正觀寺居之。齊中興二年（502）卒。

65. 建康中寺釋法安 G8

東平人——七歲出家，事白馬寺慧光爲師（已至建康）——湘州——番禺——永明中還建康，止中寺。齊永泰元年卒，年四十五（454～498）。

66. 荆州釋僧慧 G10

不知何許人，在荆州數十年——南陽陂岯寺——齊永明中，至建康——還荆州——湘州。不知所終，或云永元中卒於江陵。

67. 齊壽春釋慧通 G10

不知何許人。宋元嘉中，見在壽春——往江陵——江津。齊永元初卒。

68. 僧歸（G10 釋慧通）

江陵——壽春——江陵

69. 慧緒尼（G10 釋慧通）

江陵——壽春——江陵

四、梁朝僧尼之行蹟

1. 禪林寺僧念尼 B4

泰山南城人——建康。梁天監三年卒，年九十（415～504）。

2. 建康釋保誌 G10

金城人——少出家，止建康道林寺。梁天監十三年卒，年九十七（419～514）。

3. 楊都安樂寺沙門釋法申 X5

任城人，祖世寓居青州——宋泰始之初渡江之建康。梁天監二年卒，年七十四（430～503）。

4. 慧命（X5 釋法申）

廣陵人——建康。

5. 建康冶城寺釋智秀 G8

京兆人，寓居建康——投蔣山靈曜寺剃髮出家。梁天監初卒，年六十三。

6. 冶城寺僧若（G8 釋智秀）

建康冶城寺——後爲吳國僧正

7. 荆州釋慧球 G8

扶風郡人——荆州竹林寺——湘州麓山寺——建康——彭城——至年三十二，還荆土。梁天監三年卒，年七十四（431～504）。

8. 慧度（G8 釋慧球）

湘州麓山寺——建康。

9. 揚都莊嚴寺金陵沙門釋寶唱 X1

吳郡人——建康——吳郡——建康——齊末避亂，遠至閩越——天監四年（505），還建康。

10. 慧超（X1 釋寶唱）

建康——被擯廣州

11. 東青園寺淨賢尼 B4

永世人——建康。梁天監四年卒，年七十五（431～505）。

12. 頂山寺釋道貴尼 B4

長安人——建康。梁天監十五年卒，年八十六（431～516）。

13. 揚都莊嚴寺釋僧密 X6

樂安人——宋泰始之初，濟江達建康——被擯淮南。梁天監四年卒，年七十三（433～505）。

14. 山陰招明寺釋法宣尼 B4

剡人——山陰。梁天監十五年卒，年八十三（434～516）。

15. 荊州大僧正釋僧遷 X6

吳郡吳人——建康——江陵。梁天監十二年卒，年七十九（435～513）。

16. 竹園寺淨淵尼 B4

鉅鹿人——建康。梁天監五年卒，年七十一（436～506）。

17. 鍾山上定林寺沙門釋法令 X5

未詳何許人，寓居建康。梁天監五年卒，年六十九（438～506）。

18. 揚都建元寺沙門釋法護 X5

東平人——宋孝建中，來遊建康。梁天監六年卒，年六十九（439～507）。

19. 揚都湘宮寺釋曇準 X6

魏郡湯陰人——南渡建康。梁天監十四年卒，年七十七（439～515）。

20. 上定林寺釋慧彌 G12

弘農華陰人——年十八出家，入長安終南山——至建康，止鍾山定林寺。梁天監十七年卒，年七十九（440～518）。

21. 定林寺法仙（G12 釋慧彌）

建康定林寺——後還吳爲僧正。

22. 上定林寺釋法通 G8

河南陽翟人——踐迹建康，初止莊嚴寺，後憩定林上寺。梁天監十一年卒，年七十（443～512）。

23. 竹園寺淨行尼 B4

鉅鹿人——建康。梁天監八年卒，年六十六（444～509）。

24. 建康靈味寺釋寶亮 G8

其先東莞冑族，晉敗避地於東萊弦縣——出家師青州道明法師——年二十一至建康，居中興寺，後移憩靈味寺。梁天監八年卒，年六十六（444～509）。

25. 鍾山延賢寺釋慧勝 X16

交阯人——建康。梁天監中卒，年七十。

26. 慧初（X16 釋慧勝）

天水人——建康淨名寺。

27. 江州廬山釋道珍 X16

未詳何人，梁初住廬山中。

28. 法歸（X16 釋道珍）

襄陽漢陰——廬山。

29. 揚都建元寺沙門釋僧韶 X5

齊國高安人——宋元徽之初來建康。梁天監三年卒，年五十八（447～504）。

30. 法朗（X5 釋僧韶）

吳興武康人，家住建康。梁天監中卒。

31. 法朗之兄法亮（X5 釋僧韶）

吳興武康人，家住建康。梁天監中卒。

32. 山陰雲門山寺釋智順 G8

瑯琊臨沂人——鍾山延賢寺——後東遊禹穴，止於山陰雲門精舍。梁天監六年卒，年六十一（447～507）。

33. 富陽齊堅（按：疑為「熙」之誤）寺釋道琳 G12

會稽山陰人——居富陽縣泉林寺，梁初，出居齊熙寺。梁天監十八年卒，年七十三（447～519）。

34. 吳郡虎丘山沙門釋僧若 X5

虎丘東山精舍——建康——虎丘。梁普通元年卒，年七十（451～520）。

按，僧若為建康莊嚴寺僧璩兄之子，僧令為僧若之兄。檢《高僧傳》卷十一《明律·宋京師莊嚴寺釋僧璩》：「釋僧璩，姓朱，吳國人。」故可推知僧令、僧若兄弟均為吳人。

35. 慧梵（X5 釋僧若）

剡人——建康。

36. 揚都宣武寺沙門釋法寵 X5

南陽冠軍人，寓居海鹽——建康——海鹽——建康。梁普通五年卒，年七十四（451～524）。

37. 草堂寺智者釋慧約 X6

東陽烏傷人——年十二遊剡——年十七至上虞——剡——建康——烏傷——建康——齊隆昌元年（494），返東陽，遊金華山，至長山——建康。梁大同元年卒，年八十四（452～535）。

38. 慧靜（X6 釋慧約）

建康——剡。

39. 蜀郡龍淵寺釋慧韶 X6

本潁川太丘之後，避亂寓居丹陽縣——十二歲遊建康——蜀。梁天監七年卒，年五十四（455～508）。

40. 建康招提寺釋慧集 G8

吳興於潛人——會稽樂林山——止建康招提寺——梁天監十四年還烏程，遘疾而卒，年六十（456～515）。

41. 南澗寺沙門釋慧超 X6

趙郡陽平人——鍾離郡朝歌縣——臨番（原注：番＝菑。按，應作「淄」）縣——南遊建康。梁普通七年（526）卒。

42. **揚都天竺寺釋法超 X21**

晉陵無錫人──建康。梁普通七年卒，年七十一（456～526）。

43. **揚都光宅寺沙門釋法雲 X5**

宜興陽羨人──建康──永元元年（499），毗陵郡──建康。梁大通三年卒，年六十三（457～529）。

44. **益州謝鎮寺釋寶海 X9**

巴西閬中人──梁武之時，達建康──還蜀。卒年八十。

45. **益州龍淵寺釋智方 X9**

蜀川資中人──建康──益州。卒年九十餘。

46. **鍾山開善寺沙門釋智藏 X5**

吳郡吳人──建康──會稽──建康──吳郡──永元二年（500），遊禹穴，居法華山──梁初，遊建康。梁普通三年卒，年六十五（458～522）。

47. **鍾山雲居寺釋道禪 X21**

交阯人──齊永明之初，遊建康。梁大通元年卒，年七十（458～527）。

48. **餘杭西寺釋法開 X6**

吳興餘杭人──建康──餘杭。梁普通四年卒，年六十五（459～523）。

49. **揚都瓦官寺釋道宗 X6**

荊州江陵人──建康──南遊嶺表。年五十餘卒。

50. **僧建（X6 釋法貞）**

清河人──洛陽──梁普通二年（521），南奔建康。

51. **揚都正觀寺扶南沙門僧伽婆羅 X1**

扶南國人──梁初至建康，亦止正觀寺。梁普通五年卒，年六十五（460～524）。

52. **曼陀羅（X1 僧伽婆羅）**

扶南國人──梁初至建康。

53. **鍾山定林寺釋僧副 X16**

太原祁縣人──齊建武年，南遊建康──蜀──還建康。梁普通五年卒，年六十一（464～524）。

54. 揚都靈根寺沙門釋僧遷 X5

襄陽杜人——建康。梁普通四年卒，年五十九（465～523）。

55. 揚都靈基寺釋道超 X6

吳郡吳人——建康。梁天監初卒，年三十六。

56. 慧安（X6 釋道超）

吳郡吳人——建康。年三十二卒。

57. 揚都龍光寺釋僧喬 X6

吳興東遷人——建康。梁天監初卒，年三十六。

58. 慧生（X6 釋僧喬）

湘州——建康。梁天監中卒。

59. 僧整（X6 釋僧喬）

建康——襄陽。梁天監中卒。

60. 慧濟（X6 釋僧喬）

番禺人——建康。梁天監中卒。

61. 益州羅天宮寺釋寶淵 X6

巴西閬中人——成都——其建武元年（494），遊建康——成都。梁普通
七年卒，年六十一（466～526）。

62. 智訓（X6 釋寶淵）

蜀地——建康——成都。

63. 僧回（X5 釋僧旻）

虎丘西山寺——建康白馬寺。齊建元四年（482）卒。

64. 揚都莊嚴寺沙門釋僧旻 X5

吳郡富春人——七歲出家，住虎丘西山寺——建康——會稽——齊末，
避地徐部（按其行蹟，應指蕭齊時期的南徐州），入吳——梁天監五年（506），
遊建康——吳郡、吳興郡——梁天監末，至建康——虎丘——建康。梁普通
八年卒〔註14〕，年六十一（467～527）。

〔註14〕《續高僧傳》本傳作大通八年二月卒，誤，大通無八年，應爲普通八年。詳
　　　　《釋氏疑年錄》卷二，頁39。

65. 揚都彭城寺釋慧開 X6

吳郡海鹽人——齊建武中，遊建康——豫章——建康。梁天監六年卒，年三十九（469～507）。

66. 揚都建初寺釋明徹 X6

吳郡錢唐人——上虞——建康——荊州——梁天監之初，返建康。梁普通三年（522）卒。

67. 揚都靈根寺釋慧超 X6

太原人，元嘉之亂寓居襄陽——建康——襄陽——建康——安成康王蕭秀鎮江州，從之——夏口——建康。梁普通七年卒，年五十二（475～526）。

68. 智秀（X6 釋慧超）

建康——樊、鄧——建康。

69. 林慮山洪谷寺釋僧達 X16

上谷人——遊學北代——洛陽——徐州——梁武之時，達建康——兗州——鄴——林慮山洪谷寺——鄴——洪谷寺。齊天保七年卒，年八十二（475～556）。

70. 南海隨喜寺沙門釋慧澄 X5

番禺高要人——建康——南嶽（衡陽）——普通四年（523），至番禺。大通元年卒，年五十二（476～527）。

71. 西河石壁谷玄中寺釋曇鸞 X6

雁門人——汾川秦陵故墟——梁大通中，達建康——浙江——建康——洛陽——并州——汾川北山石壁玄中寺——平遙山寺。東魏興和四年卒，年六十七（476～542）。

72. 道遂（X6 釋僧詢）

海陵人——建康。

73. 道標（X6 釋僧詢）

海陵人——建康。

74. 南海郡西天竺沙門拘那羅陀（真諦）X1

西天竺優禪尼國人——扶南國——大同十二年（546）八月十五日，達於南海——太清二年（548）閏八月，抵建康——富春——天保三年（552），還

建康，後止正觀寺——返豫章——又往新吳、始興——後度嶺至南康——逮永定二年（558）七月，還返豫章——又止臨川、晉安諸郡，停南越——梁安郡——廣州。陳太建元年卒，年七十一（499～569）

75. 僧宗（X1 拘那羅陀）

建康——陳光大中，度嶺至廣州——太建元年齎經論還返廬山。

按，參考了《續高僧傳》卷一《陳南海郡西天竺沙門拘那羅陀傳》和《陳揚都金陵沙門釋法泰傳》。

76. 法準（X1 拘那羅陀）

廣州——太建元年齎經論還返廬山。

77. 月婆首那（X1 拘那羅陀）

中天竺優禪尼國——遊化東魏（鄴城）——大同年，辭齊南渡，至建康——江州興業寺

78. 僧須菩提（X1 拘那羅陀）

扶南國——建康至敬寺

79. 揚都金陵沙門釋法泰 X1

不知何人，住建康大寺——廣州制旨寺——太建三年（571），還建康。

80. 宗愷（X1 釋法泰）

建康——廣州制旨寺（X1 釋法泰）

81. 靜嵩（X1 釋法泰）

彭城——建康

82. 智愷（X1 釋法泰）

建康揚都寺——廣州。陳光大二年卒，年五十一（518～568）。

83. 法準（X1 釋法泰）

建康——陳光大中，度嶺至廣州。

84. 慧忍（X1 釋法泰）

建康——陳光大中，度嶺至廣州。

按，本傳云：釋法泰「住揚都大寺，與慧愷、僧宗、法忍等，知名梁代」，又「至陳光大中，僧宗、法準、慧忍等，度嶺就（眞）諦求學」，故可把僧宗之行蹟定位定爲建康→廣州，此疑法準、慧忍之行蹟也應如此。

85. 曹毗（X1 釋法泰）

建康──廣州──建康──江都──建康。

86. 慧智（X1 釋法泰）

中原──太建十一年二月，避地歸陳（建康）──隨劉璋至南海──後返豫章鶴嶺山。

87. 智敫（X1 釋法泰）

循州──廣州──豫章鶴嶺山──太建十四年（582）至建康──廣州。隋仁壽元年（601）卒。

88. 道尼（X1 釋法泰）

廣州──九江──建康──開皇十年（590），入長安。

89. 九江東林寺釋僧融 X25

江陵──廬山。

90. 蜀土青城山寺釋植相 X25

梓潼涪人──建康──梓潼──青城山。卒年四十四。

91. 釋尚圓 X25

廣漢洛人──江陵──建康──蜀。

92. 僧溫（X10 釋慧暢）

建康──牟州拒神山。

93. 僧紹（X10 釋智琳）

剡──建康。

五、陳朝僧尼之行蹟

1. 鍾山開善寺釋智遠 X16

本太原人，寓居陝──荊州長沙寺──順江達於建康。陳太建三年卒，年七十七（495～571）。

2. 荊州枝江禪慧寺釋惠成 X16

澧陽人──隨商船達建康──廬山──南嶽（衡山）──枝江禪慧寺──建康──禪慧寺。卒年七十三。

3. 揚都宣武寺釋洪偃 X7

會稽山陰人——建康——縉雲——鄞州——山陰若耶山——陳天嘉之初還建康。陳天嘉五年卒，年六十一（504～564）。

4. 揚都大彭城寺釋寶瓊 X7

東莞莒人，避難寓居毗陵曲阿縣——建康——曲阿——建康。陳至德二年卒，年八十一（504～584）。

5. 揚都興皇寺釋法朗 X7

徐州沛郡沛人——青州——建康，至攝山，回建康。陳太建十三年卒，年七十五（507～581）。

6. 鍾山耆闍寺釋安廩 X7

寓居利成縣——洛陽——嵩高山少林寺——梁太清元年（547）離開彭、沛——建康。陳至德元年卒，年七十七（507～583）。

7. 揚都白馬寺釋警韶 X7

會稽上虞人——建康——上虞——建康——豫章——荊州——建康。陳至德元年卒，年七十六（508～583）。

8. 慧藻（X7 釋警韶）

會稽——建康。

9. 同泰（X7 釋警韶）

會稽——建康。

10. 道倫（X7 釋警韶）

會稽——建康。

11. 揚都奉誠寺釋智文 X21

丹陽人——梁末，避地於閩，至晉安——建康。隋開皇十九年卒，年九十一（509～599）。

12. 蔣州履道寺釋慧實 X17

潁川人——梁末遊天台山——陳亡，隱居鍾山。隋仁壽四年卒，年九十六（509～604）。

13. 釋僧瑋 X16

汝南平輿人——建康，至攝山栖霞寺——長安——平輿——長安。周建德二年卒，年六十一（513～573）。

14. 南嶽衡山釋慧思 X17

武津人——齊武平之初，達光州，至大蘇山——陳光大年，至南嶽——建康——南嶽。陳太建九年卒，年六十四（514～577）。

15. 揚都大禪眾寺釋慧勇 X7

譙國龍亢人，寓居吳郡吳縣東鄉桓里——達建康，至攝山，返建康。陳至德元年卒，年六十九（515～583）。

16. 揚都莊嚴寺釋慧榮 X8

會稽山陰人——梁大通年，至建康——年五十，還山陰——建康。陳至德末年卒。

17. 攝山栖霞寺釋慧布 X7

廣陵人——建康，至攝山——鄴——江表（建康）——齊國（北齊）——建康。陳禎明元年（587）卒。

18. 江表徐方中寺釋慧暅 X9

本居汝南，漢末避亂寓居義興陽羨——朱方（京口）——建康——南徐（京口）——建康——徐方（彭城）——建康中寺。隋開皇九年卒，年七十五（515～589）。

按，《續高僧傳》卷十《義解篇六‧隋彭城崇聖道場釋靖嵩傳》載釋靖嵩曾至「徐方」，即彭城，故此處「徐方」也應指彭城。

19. 長安崇華寺釋慧善 X8

建康——梁末避難江陵——梁承聖季年，被俘至長安。北周天和年卒，年六十。

20. 釋慧侃 X25

晉陵典河人晉陵典河（原注：河＝阿。按，「典河」應作「曲阿」）——鄴——建康。隋大業元年卒，年八十二（524～605）。

21. 釋慧達 X29

襄陽人——天台山——武當山——建康——隋仁壽年，至鄱陽、豫章諸郡。隋大業六年卒，年八十七（524～610）。

22. 釋智顗 X17

潁川人，寓居荊州華容——侯景之亂，北度陝州——年十八，至湘州果願寺——大賢山——光州大蘇山——熙州白砂山——建康——陳太建七年

（575），至會稽天台山──建康──陳亡，至廬山。隋開皇十七年卒，年六十七（531～597）。

23. 慧辯（X17 釋智顗）

建康──天台山。

24. 定光（X17 釋智顗）

青州──天台山。

25. 釋道成 X21

丹陽人，祖世宧居永嘉──建康。隋開皇十九年卒，年六十八（532～599）。

26. 釋圓光 X13

辰韓新羅人──年二十五（556），至建康──吳虎丘山──隋開皇九年（590），達長安。唐貞觀四年卒，年九十九（532～630）。

27. 釋智鍇 X17

豫章人──建康興皇寺──廬山。隋大業六年卒，年七十八（533～610）。

28. 丹陽攝山釋慧曠 X10

其先譙國人，寓居襄陽──江陵──廬山──陳至德元年（583），還襄陽──隋開皇年間，至丹陽栖霞山寺。隋大業九年卒，年八十（534～613）。

29. 釋智矩 X11

吳郡人──建康──隋時，移住江都。隋大業二年卒，年七十二（535～606）。

30. 彭城崇聖道場釋靖嵩 X10

涿郡固安人──鄴──周武滅法，避地建康──京口──建康──徐方（彭城）。隋大業十年卒，年七十八（535～612）。

31. 法貴（X10 釋靖嵩）

鄴──京口──建康──徐方（彭城）。

32. 靈侃（X10 釋靖嵩）

鄴──京口──建康──徐方（彭城）。

33. 釋慧瓚 X18

滄州人——定州——周武滅法，避地陳國（建康）——隋興，還趙州。隋大業三年卒，年七十二（536～607）。

34. 常州安國寺釋慧弼 X9

常州義興人——建康——陳太建十年（578），在長城——建康——陳亡，還義興。隋開皇十九年卒，年六十三（537～599）。

按，本傳云，釋慧弼曾「聽紹隆（寺）哲公弘持四論」，後「太建十年，下敕於長城報德寺講《涅槃》、《法華》」，後來「哲公將乎大漸，仍遣使者召還京室（建康）」，故可知哲公住錫於建康紹隆寺，進之，釋慧弼雖爲義興人，可出家、求法之地乃在建康，後敕往長城報德寺，哲公將逝返回建康，陳亡，歸故里義興。

35. 江州廬山化城寺釋法充 X16

九江人——廬山。隋開皇末年卒。

36. 吳郡虎丘〔註15〕山釋智聚 X10

蘇州虎丘東山寺——建康——陳至德三年（585），還東山寺。隋大業五年卒，年七十二（538～609）。

37. 釋真觀 X30

吳郡錢塘人——建康——會稽。隋大業七年卒，年七十四（538～611）。

38. 襄州龍泉寺釋慧哲 X9

襄陽人——建康——襄陽。隋開皇十七年卒，年五十九（539～597）。

39. 釋慧隆 X12

丹陽句容人——建康。隋仁壽元年（601）卒。

40. 釋慧因 X13

吳郡海鹽人——建康——隋仁壽三年（603），至長安。唐貞觀元年卒，年八十九（539～627）。

41. 襄陽沙門釋智閏 X10

襄陽人——年二十達鄴——建康——襄陽。隋大業十年卒，年七十五（540～614）。

〔註15〕文中又作「武丘」，乃唐人避諱所致，本書一律改爲「虎丘」。

42. 釋辯義 X11

貝州清河人──建康──隋興，還長安。隋大業二年卒，年六十六（541
～606）。

43. 釋智脫 X9

其先濟陽考城人，寓居江都郡──鄴──建康莊嚴寺──長安〔註16〕。
隋大業三年卒，年六十七（541～607）。

44. 釋法澄 X9

吳郡人──建康──江都──長安。卒年七十餘。

45. 釋道莊 X9

揚州建康人──長安。隋大業初卒，年八十一。

46. 釋曇遷 X18

博陵饒陽人──定州賈和寺──五臺山──林慮山黃花谷淨國寺──周
武平齊，達壽陽曲水寺──建康──隋興，至彭城。隋大業三年卒，年六十
六（542～607）。

47. 法屬（X18 釋曇遷）

林慮山黃花谷淨國寺──周武平齊，達壽陽曲水寺──建康。

48. 荊州龍泉寺釋羅雲 X9

南郡松滋人──上明東寺出家──建康──松滋。隋大業十二年卒，年
七十五（542～616）。

49. 荊州等界寺釋法安 X9

枝江人──年十八遊學建康──荊州等界寺。卒年六十五。

50. 釋保恭 X11

其先本青州人，晉永嘉遷至建康，至攝山──隋仁壽末年，入長安禪定
寺。唐武德四年卒，年八十（542～621）。

51. 釋智越 X17

南陽人──建康──臨海──天台山。隋大業十二年卒，年七十四（543
～616）。

〔註16〕高僧於陳之後的行迹本書最多述一個地點，以免繁瑣。

52. 波若（X17 釋智越）

高句麗人——陳世遊建康——隋開皇十六年（596）入天台山。卒年五十二。

53. 丹陽仁孝道場釋智琳 X10

姓閭丘氏，高平防興人——建康——陳太建十年返防興——建康。隋大業九年卒，年七十（544～613）。

54. 釋僧定 X19

丹陽人，樓鍾山——隋文帝時，至長安。唐武德七年（624）卒，年八十餘。

55. 釋住力 X29

本河南陽翟人，寓居吳郡錢塘縣——建康——陳亡，行至江都。唐武德六年卒，年八十（544～623）。

56. 釋法應 X19

會稽人——長安。唐武德七年卒，年八十（544～624）。

57. 釋法彥〔註17〕（X17 釋智越）

清河人——周武滅法，避地建康——陳太建七年（575）入天台山。隋大業七年卒，年六十六（546～611）。

58. 法侃（X10 釋法彥）

江表人——長安。

59. 釋寶儒 X10

幽州人——鄴——周武滅法，南歸陳（建康）——隋興，北歸洛陽。

60. 釋慧最 X10

瀛州人——北周滅北齊，南奔江表（建康）——隋興，還長安。

61. 釋慧超 X28

丹陽建元（原注：元＝康）人——光州大蘇山——衡山——隋初，至嵩高山。唐武德五年卒，年七十七（546～622）。

62. 釋明舜 X11

青州人——周武滅法，避地建康——江都安樂寺——長安。隋大業二年卒，年六十（547～606）。

〔註17〕與《續高僧傳》卷十的「釋法彥」別為一人。

63. **釋道昢** X20

汝南人——建康——隋開皇十二年（592），達廬山。唐貞觀二年卒，年八十二（547～628）。

64. **釋通幽** X21

河東蒲坂人——周滅齊，避地建康——隋興，還長安。隋大業元年卒，年五十七（549～605）。

65. **釋吉藏** X11

本安息人，祖世寓居南海，後遷建康而生吉藏——陳亡，東遊山陰秦望山。唐武德六年卒，年七十五（549～623）。

66. **釋慧海** X11

河東虞鄉人——弘農伏讀山——周武滅法，南奔入陳（建康）——隋興，還長安。隋大業二年卒，年五十七（550～606）。

67. **釋善冑** X12

瀛州人——齊破投陳（建康）——隋初，至長安。唐武德三年卒，年七十一（550～620）。

68. **釋慧遷** X12

瀛州人——齊亡，南奔陳國（建康）——隋興，至洛陽。唐武德末年卒，年七十九。

69. **釋智琚** X12

新安壽昌人——常州。唐武德二年（619）卒。

按，唐常州轄境相當於陳晉陵郡。

70. **釋智聰** X20

建康——陳亡，至江都安樂寺。唐貞觀二十二年卒，年九十九（550～648）。

71. **釋法侃** X11

滎陽人——周滅齊，南渡建康——陳亡，往江都安樂寺。唐武德六年卒，年七十三（551～623）。

72. **釋法響** X20

海陵葛岡人——年十六於攝山栖霞寺出家——海陵、寧海——江陰——海陵鹽亭。唐貞觀四年卒，年七十八（553～630）。

73. 釋慧覺 X12

其先太原晉陽人，寓居丹陽秣陵，至攝山栖霞寺——湘州——建康——陳亡，達江都。隋大業二年卒，年五十三（554～606）。

74. 釋慧乘 X24

徐州彭城人——廣陵——年十六，遊建康——陳亡，至江都。唐貞觀四年卒，年七十六（555～630）。

75. 釋智周 X19

其先徐州下邳人，寓居婁縣——建康——陳亡，還山陰城傍寺。唐武德五年卒，年六十七（556～622）。

76. 釋智晞 X19

先世潁川人，寓居閩越——天台山。唐貞觀元年卒，年七十二（556～627）。

77. 釋智璪 X19

祖世本清河人，寓居臨海——天台山——陳至德四年（586），至會稽——天台山——剡——會稽——隋大業元年（605），至江都。唐貞觀十二年卒，年八十三（556～638）。

78. 釋灌頂 X19

本常州義興人，祖世寓居臨海章安——天台山——陳至德元年（583），遊建康——陳亡，至廬山。唐貞觀六年卒，年七十二（561～632）。

79. 釋普明 X19

會稽人——陳太建十四年（582），於天台山出家——陳禎明元年（587），至建康——陳亡，至江州廬山。卒年八十六。

80. 釋智琰 X14

吳郡吳人——年十六（579）遊建康——年十九還吳縣——建康——陳亡，東歸虎丘山。唐貞觀八年卒，年七十一（564～634）。

81. 法宣（X14 釋智琰）

建康——常州。

82. 長安崇義寺釋慧頵 X14

先祖本清河人，永嘉之亂寓居建康——陳亡，至江都。唐貞觀十一年卒，年七十四（564～637）。

83. **蘇州通玄寺釋慧頵** X14

江夏人——建康——陳亡，入蘇州。唐貞觀四年卒，年六十七（564～630）。

84. **釋道慶** X12

其先廣陵人，寓居無錫——吳郡——年十七，遊建康——陳亡，還無錫。唐武德九年卒，年六十一（566～626）。

85. **釋法恭** X14

吳郡吳人——餘杭——建康——虎丘山——隋開皇中年，遊洛陽。唐貞觀十四年卒，年七十三（568～640）。

86. **釋智凱** X14

丹陽人——陳亡，隨吉藏至會稽。唐貞觀二十年（646）卒。

87. **釋法韻** X30

蘇州人——建康栖霞寺——泰山——蘇州——棲霞寺。隋仁壽四年卒，年三十五（570～604）。

88. **釋立身** X30

建康人——洛陽。卒年八十餘。

89. **釋善權** X30

建康人——長安。隋大業初卒，年五十三。

90. **釋智果** X30

會稽剡人——隋興，至江都。卒年六十餘。

91. **智鶱** X30

江表人——洛陽。

92. **釋法琰** X30

建康人——長安。唐貞觀十年（627）卒，年九十餘。

93. **釋智凱** X30

建康人——會稽——隋時，入長安。

94. **釋慧璿** X15

襄州——周武滅法，南往陳朝，入茅山——建康栖霞寺——安州大林寺——襄州光福寺。唐貞觀二十三年卒，年七十九（571～649）。

95. 釋法敏 X15

丹陽人——茅山——陳亡，至餘姚。唐貞觀十九年卒，年六十七（579～645）。

96. 明法師（X15 釋法敏）

建康——茅山。

97. 曠法師（X15 釋義褒）

建康——婺州。

按，唐朝婺州相當於陳朝東陽郡。

98. 傅弘（X25 釋慧雲）

東陽郡烏傷縣——鍾山下定林寺。陳太建元年（569）卒。

99. 釋寶安 X26

兗州人——洛陽——周滅齊，南投陳國（建康）——隋興，至洛陽。

100. 釋辯寂 X26

徐州人——鄴——齊武平末年，南適江陰（疑至建康）——隋開皇年，還徐州。

101. 釋大志 X27

會稽山陰人——天台山——隋開皇十年（590），遊廬山。卒年四十三。

102. 釋慧恭 X28

益州成都人——周末廢法之時，往荊州、揚州——還益州。

103. 釋慧雲 X29

本太原人，遠祖避地九江——廬山——隋時，至長安。

104. 智曄（X28 釋道積）

本族江表——隋朝徵入長安弘福寺。

105. 釋法稱 X30

江南人（據本傳判斷，疑為建康人）——陳亡，至長安。

106. 釋慧旻 X22

海鹽人——剡，至天台山——吳縣——隋興，華亭谷幹山——唐興，海虞山。唐貞觀二十三年卒，年七十七（573～649）。

按，本傳云「河東人」，後又云「道振三吳，名流七澤」，是籍貫地與影

響地明顯不符。本傳又云：「年十七赴請還鄉海鹽之光興寺講《法華經》」，故釋慧旻應爲海鹽人，本傳作「河東人」有誤，疑爲「江東人」。

107. 高郵某庵尼華手尼 XB1

梁普通二年（521）居高郵某庵——陳武帝召見看之（建康）。不知所終。

附 圖

孫吳東晉建康城寺院分佈圖

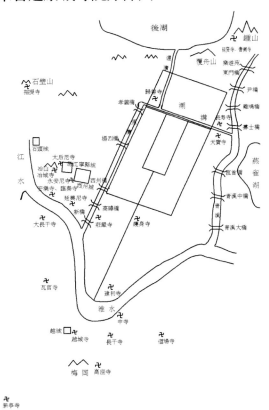

註：六朝建康城的佈局參考了張學鋒先生的觀點，見其《六朝建康城的發掘與佈局新思路》。

劉宋建康城寺院分佈圖

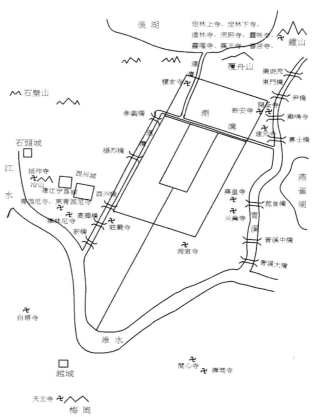

註：六合山寺在浦口區頂山街道頂山、祈澤寺在江寧區上坊鎮東二里祈澤山西麓、龍
　　淵寺在今安徽省當塗縣丹陽鎮一帶

蕭齊建康城寺院分佈圖

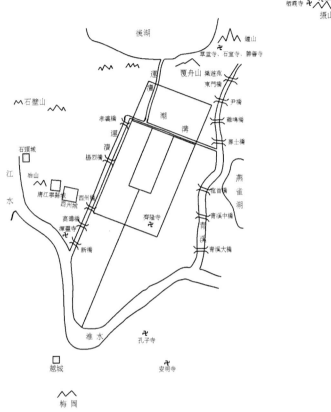

蕭梁建康城寺院分佈圖

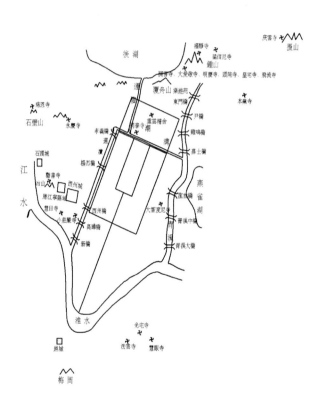

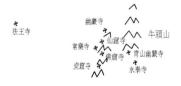

註：福興寺在今江甯區銅井鎮一帶、淨名寺在今江甯區東山鎮一帶

陳朝建康城寺院分佈圖

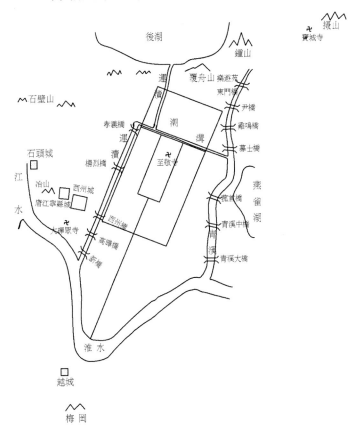

參考文獻

一

1. 〔漢〕司馬遷撰《史記》，中華書局，1963 年。
2. 〔漢〕班固撰《漢書》，中華書局，1964 年。
3. 〔晉〕陳壽撰《三國志》，中華書局，1964 年。
4. 〔唐〕房玄齡等撰《晉書》，中華書局，1974 年。
5. 〔梁〕沈約撰《宋書》，中華書局，1974 年。
6. 〔北齊〕魏收撰《魏書》，中華書局，1974。
7. 〔唐〕李百藥撰《北齊書》，中華書局，1972 年。
8. 〔梁〕蕭子顯撰《南齊書》，中華書局，1974 年。
9. 〔唐〕姚思廉撰《梁書》，中華書局，1973 年。
10. 〔唐〕姚思廉撰《陳書》，中華書局，1972 年。
11. 〔唐〕李延壽撰《南史》，中華書局，1975 年。
12. 〔唐〕魏徵等撰《隋書》，中華書局，1982 年。
13. 〔後晉〕劉昫等撰《舊唐書》，中華書局，1975 年。
14. 〔宋〕歐陽修、宋祁撰《新唐書》，中華書局，1975 年。
15. 〔元〕脫脫等撰《宋史》，中華書局，1977 年。
16. 〔宋〕司馬光編著、〔元〕胡三省音注《資治通鑒》，中華書局，1976 年。
17. 〔唐〕許嵩撰、張忱石點校《建康實錄》，中華書局，2009 年。
18. 〔唐〕許嵩撰，孟昭庚、孫述圻、伍貽業點校《建康實錄》，上海古籍出版社，1987 年。
19. 〔唐〕陸廣微撰、曹林娣校注《吳地記》，江蘇古籍出版社，1999 年。

20. 撰者闕名、曹林娣校注《吳地記後集》，收入《吳地記》，江蘇古籍出版社，1999 年。

21.〔宋〕朱長文撰、金菊林校點《吳郡圖經續記》，江蘇古籍出版社，1999 年。

22.〔宋〕張敦頤撰、王能偉點校《六朝事迹編類》，南京出版社，2007 年。

23.〔宋〕周應合撰《景定建康志》，南京出版社，2009 年。

24.〔宋〕周應合撰、王曉波校點《景定建康志》，收入《宋元珍稀地方志叢刊·甲編》第 1～3 冊，四川大學出版社，2007 年。

25.〔宋〕史能之纂修《咸淳毗陵志》，收入《宋元方志叢刊》第三冊，中華書局據清嘉慶二十五年趙懷玉刻李兆洛校本影印，1990 年。

26.〔元〕張鉉撰，王會豪、郭建強、吳豔、付天星、胡堯、梁欣校點《至正金陵新志》，收入《宋元珍稀地方志叢刊·乙編》第 4～6 冊，四川大學出版社，2009 年。

二

1.〔漢〕許慎撰、〔宋〕徐鉉校定《說文解字》，中華書局影印陳昌治刻本，2002 年。

2.〔東漢〕袁康、吳平輯錄，樂祖謀點校《越絕書》，上海古籍出版社，1985 年。

3.〔晉〕干寶撰，汪紹楹校注《搜神記》，中華書局，1979 年。

4.〔晉〕陶潛撰、〔清〕陶澍注《陶淵明全集》，上海中央書店印行，1935 年。

5.〔北魏〕酈道元撰、陳橋驛校證《水經注校證》，中華書局，2008 年。

6.〔劉宋〕劉義慶撰、〔梁〕劉孝標注、楊勇校箋《世說新語校箋》，中華書局，2006 年。

7.〔劉宋〕劉義慶撰，〔梁〕劉孝標注，余嘉錫箋疏，周祖謨、余淑宜、周士琦整理《世說新語箋疏》，中華書局，2007 年。

8.〔北齊〕顏之推撰、王利器集解《顏氏家訓集解》（增補本），中華書局，2002 年。

9.〔梁〕梁元帝蕭繹撰《金樓子》，收入《仲長統論及其他三種》，《叢書集成初編》本，商務印書館，1939 年。

10.〔梁〕梁元帝蕭繹撰《金樓子》，收入《知不足齋叢書》第九集，古書流通處景印。

11.〔梁〕蕭統編、〔唐〕李善注《文選》，中華書局影印本，1977 年。

12.〔陳〕徐陵撰、許逸民校箋《徐陵集校箋》，中華書局，2008 年。

13.〔唐〕虞世南撰《北堂書鈔》，學苑出版社影印本，1998 年。

14. 〔唐〕杜牧撰、〔清〕馮集梧注《杜樊川詩集注》，上海古籍出版社，1998年。

15. 〔唐〕杜佑撰，王文錦、王永興、劉俊文、徐庭雲、謝方點校《通典》，中華書局，1992年。

16. 〔唐〕杜佑撰《通典》（全九冊），北京圖書館出版社據中國國家圖書館藏宋刻宋元遞修本影印，「中華再造善本」本，2006年。

17. 〔唐〕杜佑撰《通典》（全二冊），北京圖書館出版社據中國國家圖書館藏宋刻元元統三年江浙等處儒學重修本影印，「中華再造善本」本，2006年。

18. 〔唐〕歐陽詢撰、汪紹楹校《藝文類聚》，上海古籍出版社，1985年。

19. 〔唐〕李白撰，瞿蛻園、朱金城校注《李白集校注》，上海古籍出版社，1980年。

20. 〔唐〕溫庭筠撰、劉學鍇校注《溫庭筠全集校注》，中華書局，2007年。

21. 〔唐〕裴孝源撰《貞觀公私畫史》，收入《景印文淵閣四庫全書》第 812 冊。

22. 〔宋〕陳思撰《寶刻叢編》，收入《景印文淵閣四庫全書》第 682 冊。

23. 〔宋〕樂史撰、王文楚等點校《太平寰宇記》，中華書局，2007年。

24. 〔宋〕李昉等編《文苑英華》，中華書局影印本，1982年。

25. 〔宋〕李昉等撰《太平御覽》，中華書局影印本，1960年。

26. 〔宋〕歐陽忞撰，李勇先、王小紅校注《輿地廣記》，四川大學出版社，2003年。

27. 〔明〕顧起元撰，譚棣華、陳稼禾點校《客座贅語》，中華書局，2007年。

28. 〔明〕吳應箕撰、吳小鐵點校《留都見聞錄》，南京出版社，2009年。

29. 〔清〕永瑢等撰《四庫全書總目》，中華書局影印本，1965年。

30. 〔清〕顧祖禹撰，賀次君、施和金點校《讀史方輿紀要》，中華書局，2005年。

31. 〔清〕顧炎武撰，譚其驤、王文楚、朱惠榮等點校《肇域志》，上海古籍出版社，2004年。

32. 〔清〕嚴可均校輯《全上古三代秦漢三國六朝文》，中華書局影印本，1985年。

33. 〔清〕趙弘恩等監修、黃之雋等編纂《江南通志》，收入《景印文淵閣四庫全書》第 507～512 冊，臺灣商務印書館發行。

34. 陳作霖撰、王明發點校《運瀆橋道小志》，收入《金陵瑣志九種》，南京出版社，2008年。

35. 陳作霖撰、朱明點校《鳳麓小志》，收入《金陵瑣志九種》。

36. 陳作霖撰、陳濟民點校《東城志略》，收入《金陵瑣志九種》。

37. 陳詒紱撰、許耀華點校《鍾南淮北區域志》，收入《金陵瑣志九種》。

38. 陳詒紱撰、朱明點校《石城山志》，收入《金陵瑣志九種》。

三

1. 〔劉宋〕傅亮撰《光世音應驗記》，董志翹著《〈觀世音應驗記三種〉譯注》本，江蘇古籍出版社，2002 年。

2. 〔劉宋〕張演撰《續光世音應驗記》，董志翹著《〈觀世音應驗記三種〉譯注》本，江蘇古籍出版社，2002 年。

3. 〔齊〕陸杲撰《繫觀世音應驗記》，董志翹著《〈觀世音應驗記三種〉譯注》本，江蘇古籍出版社，2002 年。

4. 〔梁〕釋僧祐撰，蘇晉仁、蕭鍊子點校《出三藏記集》，中華書局，2003 年。

5. 〔梁〕釋僧祐撰《弘明集》，收入《大正新修大藏經》（以下簡稱《大正藏》）第 52 冊，佛陀教育基金會印贈。

6. 〔梁〕釋慧皎撰、湯用彤校注、湯一玄整理《高僧傳》，中華書局，2007 年。

7. 〔梁〕釋寶唱著、王孺童校注《比丘尼傳校注》，中華書局，2006 年。

8. 〔隋〕費長房撰《歷代三寶記》，收入《大正藏》第 49 冊。

9. 〔唐〕釋法琳撰《辯正論》，收入《大正藏》第 52 冊。

10. 〔唐〕釋道世撰，周叔迦、蘇晉仁校注《法苑珠林校注》，中華書局，2003 年。

11. 〔唐〕釋元康撰《肇論疏》，收入《大正藏》第 45 冊。

12. 〔唐〕釋道宣撰《續高僧傳》，收入《大正藏》第 50 冊。

13. 〔唐〕釋道宣撰《廣弘明集》，收入《大正藏》第 52 冊。

14. 〔唐〕釋惠詳撰《弘贊法華傳》，收入《大正藏》第 51 冊。

15. 闕名《梁京寺記》，收入《大正藏》第 51 冊。

16. 〔宋〕陳舜俞撰《廬山記》，收入《大正藏》第 51 冊。

17. 〔宋〕釋志磐撰《佛祖統紀》，收入《大正藏》第 49 冊。

18. 〔宋〕贊寧撰、范祥雍點校《宋高僧傳》，中華書局，1996 年。

19. 〔日〕宗性抄錄《名僧傳抄》，收入《大藏新纂卍續藏經》第 77 冊，河北省佛教協會印行。

20. 〔元〕雲噩撰《新修科分六學僧傳》，收入《大藏新纂卍續藏經》第 77 冊。

21. 〔明〕覺岸撰《釋氏稽古略》，收入《大正藏》第 49 冊。

22. 〔明〕葛寅亮撰《金陵梵剎志》，收入《續修四庫全書》第 718（卷 1～46）、719（卷 47～53）冊，上海古籍出版社。

23. 劉世珩撰《南朝寺考》,收入《中國佛寺史志彙刊》第 2 輯第 2 冊。

24. 孫文川葺述、陳作霖編纂、許延長點校《南朝佛寺志》,收入《金陵瑣志九種》。

25. 孫文川葺述、陳作霖編纂《南朝佛寺志》,收入《中國佛寺史志彙刊》第 1 輯第 2 冊,臺灣明文書局影印本,1980 年。

26. 釋震華撰《續比丘尼傳》,收入《高僧傳合集》,上海古籍出版社據鎮江竹林寺刊本影印,1991 年。

四

1. 柴德賡著《史籍舉要》,北京出版社,2004 年。

2. 陳寅恪著《隋唐制度淵源略論稿》,中華書局,1977 年。

3. 陳寅恪著《金明館叢稿初編》,生活‧讀書‧新知三聯書店,2001 年。

4. 陳寅恪著《金明館叢稿二編》,生活‧讀書‧新知三聯書店,2001 年。

5. 陳寅恪著《讀書札記三集》,生活‧讀書‧新知三聯書店,2001 年。

6. 陳寅恪著《講義及雜稿》,生活‧讀書‧新知三聯書店,2002 年。

7. 陳垣著《釋氏疑年錄》,中華書局,1964 年。

8. 丁福保編《佛學大辭典》,上海書店出版社,1991 年。

9. 葛劍雄著《中國移民史》第二卷,福建人民出版社,1997 年。

10. 賀雲翱著《六朝瓦當與六朝都城》,文物出版社,2005 年。

11. 胡阿祥著《魏晉本土文學地理研究》,南京大學出版社,2003 年。

12. 胡阿祥著《六朝疆域與政區研究(增訂本)》,學苑出版社,2005 年。

13. 胡阿祥著《東晉南朝僑州郡縣與僑流人口研究》,江蘇教育出版社,2008 年。

14. 〔日〕吉川忠夫著、王啟發譯《六朝精神史研究》,鳳凰出版社,2010 年。

15. 紀贇著《慧皎〈高僧傳〉研究》,上海古籍出版社,2009 年。

16. 介永強著《西北佛教歷史文化地理》,人民出版社,2008 年。

17. 李映輝著《唐代佛教地理研究》,湖南大學出版社,2004 年。

18. 梁方仲編著《中國歷代戶口、田地、田賦統計》,中華書局,2008 年。

19. 盧雲著《漢晉文化地理》,陝西人民教育出版社,1991 年。

20. 盧海鳴著《六朝都城》,南京出版社,2002 年。

21. 魯迅著《魯迅全集》第八卷,人民文學出版社,1973 年。

22. 毛漢光著《中國中古社會史論》,上海書店,2002 年。

23. 丘光明編著《中國歷代度量衡考》,科學出版社 1992 年。

24. 錢穆著《中國學術思想史論叢》第三冊,生活‧讀書‧新知三聯書店,2009 年。

25. 任繼愈主編《中國佛教史》第三卷，中國社會科學出版社，1993 年。

26. 史為樂主編《中國歷史地名大辭典》，中國社會科學出版社，2005 年。

27. 湯用彤撰《漢魏兩晉南北朝佛教史》，上海書店據商務印書館 1938 年版影印，1991 年。

28. 湯用彤著《魏晉玄學論稿》，上海古籍出版社，2007 年。

29. 唐長孺著《魏晉南北朝史論拾遺》，中華書局，1983 年。

30. 譚其驤著《長水集》，人民出版社，1987 年。

31. 譚其驤主編《中國歷史地圖集》第二、三、四、五冊，中國地圖出版社，1996 年。

32. 田餘慶著《東晉門閥政治》，北京大學出版社，2009 年。

33. 王伊同著《五朝門第》，中華書局，2006 年。

34. 〔荷〕許理和著，李四龍、裴勇等譯《佛教征服中國》，江蘇人民出版社，2005 年。

35. 嚴耕望撰、李啟文整理《魏晉南北朝佛教地理稿》，上海古籍出版社，2007 年。

36. 嚴耕望撰《唐代交通圖考》第四卷，上海古籍出版社，2007 年。

37. 嚴耀中著《江南佛教史》，上海人民出版社，2000 年。

38. 嚴耀中著《中國東南佛教史》，上海人民出版社，2005 年。

39. 顏尚文著《中國中古佛教史論》，宗教文化出版社，2010 年。

40. 楊新華主編《金陵佛寺大觀》，方志出版社，2003 年。

41. 余英時著《士與中國文化》，上海人民出版社，2003 年。

42. 張偉然著《湖南歷史文化地理研究》，復旦大學出版社，1995 年。

43. 張偉然著《湖北歷史文化地理研究》，湖北教育出版社，2000 年。

44. 周一良著《魏晉南北朝史論集》，中華書局，1963 年。

45. 周振鶴主著《中國歷史文化區域研究》，復旦大學出版社，1997 年。

46. 周振鶴著《隨無涯之旅》，生活·讀書·新知三聯書店，1996 年。

47. 朱偰著《金陵古迹圖考》，中華書局，2006 年。

48. 朱偰著《金陵古迹名勝影集》，中華書局，2006 年。

49. 中國歷史大辭典·歷史地理卷編纂委員會編《中國歷史大辭典·歷史地理卷》，上海辭書出版社，1997 年。

50. 鄒厚本主編《江蘇考古五十年》，南京出版社，2000 年。

五

1. 程章燦《明僧紹與棲霞立寺史實考：重讀〈攝山棲霞寺碑〉與〈明徵君碑〉》，《南京理工大學學報（社會科學版）》2003 年第 2 期。

2. 鄧攀《支謙生平略考》,《南京曉莊學院學報》2008 年第 4 期。

3. 郭黎安《試論六朝建康的水陸交通》,《江蘇社會科學》1999 年第 5 期。

4. 賀雲翱《六朝「西州城」史迹考》,《南京史志》1999 年第 3 期。

5. 賀雲翱《南朝善業泥像鑒賞》,《收藏家》2001 年第 6 期。

6. 賀雲翱《南京鍾山二號寺遺址出土南朝瓦當及與南朝上定林寺關係研究》,《考古與文物》,2007 年第 1 期。

7. 賀雲翱《六朝都城佛寺和佛塔的初步研究》,《東南文化》2010 年第 3 期。

8. 賀雲翱《南京獨龍阜東出土南朝石塔構件的初步研究》,《華夏考古》2010 年第 4 期。

9. 胡阿祥《中古時期郡望郡姓地理分佈考論》,《歷史地理》第 11 輯,上海人民出版社,1993 年。

10. 胡阿祥《關於六朝史研究的幾個問題》,《揚州師院學報(社會科學版)》1995 年第 1 期。

11. 胡阿祥《推進六朝文化研究的若干思考》,《學海》2005 年第 2 期。

12. 胡阿祥《六朝文化研究芻議》,《東南文化》2009 年第 1 期。

13. 胡阿祥《中國歷史研究的地域視野》,《學海》2009 年第 1 期。

14. 胡簫白《「深忌河洛暑熱」與太子元恂之死》,《南京曉莊學院學報》2010 年第 7 期。

15. 蔣贊初《南京六處六朝佛寺遺址考》,《中國歷史地理論叢》1992 年第 2 期。

16. 蔣少華《曹魏五都考論》,《襄樊學院學報》2010 年第 12 期。

17. 蔣少華《鍾山歷代稱謂考》,《南京鍾山文化研究》2011 年第 2 期。

18. 孔祥軍《〈晉書·地理志〉政區斷代考》,《書品》2007 年第 3 期。

19. 廖伯源《嚴耕望先生傳略》,收入嚴耕望先生紀念集編輯委員會編《充實而有光輝:嚴耕望先生紀念集》,臺北:稻禾出版社,1997 年。

20. 劉宗意《六朝京師上定林寺位置考》,《江蘇地方志》2001 年第 3 期。

21. 盧雲《文化區:中國歷史發展的空間透視》,《歷史地理》第 9 輯,上海人民出版社,1990 年。

22. 盧海鳴《湮沒的城堡新亭》,《江蘇地方志》2000 年第 3 期。

23. 南京市文物研究所、中山陵園管理局文物處、南京大學歷史系考古專業《南京鍾山南朝壇類建築遺存一號壇發掘簡報》,《文物》2003 年第 7 期。

24.《南京發現袁氏墓誌歷史考證價值很高》,《揚子晚報》2009 年 12 月 11 日。

25. 祁海寧、王宏《南京浦口定山寺遺址考古發掘取得重要階段性成果》,《中國文物報》2009 年 7 月 24 日第四版。

26. 石尚群、潘鳳英、繆本正《古代南京河道的變遷》,《歷史地理》第八輯,上海人民出版社,1990 年。

27. 許延長《三種南朝佛寺志書的編印源流及比較》,《江蘇地方志》2007 年第 3 期。

28. 汪維輝《〈高僧傳〉標點商兌》,《古籍整理研究學刊》1997 年第 3 期。

29. 王聿誠《赤石片磯小丹霞》,《南京日報》2010 年 9 月 12 日。

30. 王志高、賈維勇《六朝古都掀起蓋頭》,《中國文物報》2004 年 3 月 10 日第 1 版。

31. 王志高、王光明《南京紅土橋出土的南朝泥塑像及相關問題研討》,《東南文化》2010 年第 3 期。

32. 王宏《六合山方位考》,《江蘇地方志》2010 年第 4 期。

33. 王永平、姚曉菲《略論東晉時期琅邪王氏與佛教文化》,《學習與探索》2006 年第 1 期。

34. 王永平、姚曉菲《略論南朝時期琅邪王氏與佛教文化之關係》,《學習與探索》2007 年第 1 期。

35. 汪榮祖《氣候變化與明清代興》,收入《紀念陳寅恪先生誕辰百年學術論文集》,北京大學出版社,1989 年。

36. 魏嵩山、王文楚《江南運河的形成及其演變過程》,《中華文史論叢》1979 年第 2 輯,上海古籍出版社,1979 年。

37. 顏尚文《後漢三國西晉時代佛教寺院之分佈》,《師大歷史學報》第 13 期,1985 年。

38. 顏尚文《六朝揚州地區的佛教寺院》,收入中央研究院歷史語言研究所、經濟研究所主辦《第三屆中國社會經濟史研討會會議紀錄》,1984 年。

39. 嚴耀中《陳朝崇佛與般若三論的復興》,《歷史研究》1994 年 4 期。

40. 余英時《王僧虔〈誡子書〉與南朝清談考辨》,《中國文化》1993 年春季號。

41. 余英時《中國史學界的樸實楷模:敬悼嚴耕望學長》,收入嚴耕望先生紀念集編輯委員會編《充實而有光輝:嚴耕望先生紀念集》,臺北:稻禾出版社,1997 年。

42. 張學鋒《六朝建康城的發掘與復原新思路》,《南京曉莊學院學報》2006 年第 2 期。

43. 張學鋒《論南京鍾山南朝壇類建築遺存的性質》,《文物》2006 年第 4 期。

44. 張學鋒《「齊梁故里」研究中的史料學問題:兼論「晉陵武進縣之東城裏」的地望》,《南京曉莊學院學報》2011 年第 1 期。

45. 張學鋒《六朝建康城研究中的史料學問題——以建初寺的地點考證為例》,《南京曉莊學院學報》2012 年第 1 期。

46. 張偉然《南北朝佛教地理的初步研究（上篇）》，《中國歷史地理論叢》1991年第 4 期。

47. 張偉然《南北朝佛教地理的初步研究（下篇）》，《中國歷史地理論叢》1992年第 1 期。

48. 章巽《眞諦傳中之梁安郡》，《福建論壇》1983 年第 4 期。

49. 趙慕明《雁門山考辨》，《江蘇地方志》2001 年第 6 期。

50. 浙江省博物館自然組《河姆渡遺址動植物遺存的鑒定研究》，《考古學報》1978 年第 1 期。

51. 浙江省文物文物管理委員會、浙江省博物館《河姆渡遺址第一期發掘報告》，《考古學報》1978 年第 1 期。

52. 周振鶴《從歷史地理角度看古代航海活動》，收入復旦大學歷史地理研究所編《歷史地理研究》第 2 輯，復旦大學出版社，1990 年。

53. 竺可楨《中國近五千年來氣候變遷的初步研究》，《考古學報》1972 年第 1 期。

後 記

農曆八月，燥熱退去，秋風漸起，明媚陽光中蘊含著瑟瑟秋意，夜深人靜時彌漫著陣陣暗香。這種季節，睹景思物，風起憶人，不知不覺中，思緒像野草般蔓延，回憶起這篇論文的點點滴滴。

一

2008 年 9 月，開學的日子。經歷了無所事事的四年本科生活，我拖著一個破箱子，行走在南大校園裏，感受著雄偉莊重質樸的氛圍，內心變得生怯興奮堅定，頓時覺得此地可以息心。憑藉著一份對歷史莫名其妙的熱愛，我來到了南大，可真正把我領進門、領略到歷史迷人魅力的老師是導師胡阿祥先生。胡老師講課有種很強的帶入感，清晰睿智的講述讓人茅塞頓開，風趣幽默的言語又能讓聽者會心一笑，這種輕鬆活潑的課堂氛圍激活了學生的思維，聽者漸漸忘卻身在何處，被精彩的講述吸引到彼時的時空，彷彿有種隔世穿越之感，直至課罷，才回到現實，可謂是醍醐灌頂。正是這種精彩，展現了一個十分迷人的世界，枯燥晦澀頓時不見，取而代之地是時代背景的激蕩磅礴，政治環境的變幻莫測，歷史人物的沒落神傷……後來才知道，這就是胡老師要求求知問學時要做到的「知人論世，知世論人」，而對於歷史人物，要抱有「同情理解」之心境，如此，方可避免偏頗。循著這種思路，我在閱讀歷史文獻時，能感到一份濃厚的親近感，彷彿在尋找自己的前世，重溫自己的故鄉，自然而然地燃發一種熱愛崇敬之情，不知不覺地篤信折服於祖國的歷史文化。還記得胡老師曾經布置了一個作業：要求每個同學盡可能往前追溯自己家族的世系。我打電話給父親，他追溯的也很有限，後來借春節回

家之機，找到了村裏的族譜，問詢了同族長輩，排列出 20 代的世系，而從吾輩可以往前追溯 16 代，感到非常自豪。反觀此前接受的歷史教育，生搬硬套，脫離實際，真的令人無語無奈。帶著一份信念勇氣興奮，我開始沉下心來聽課學習作文。聽課學習方面，胡老師的「魏晉南北朝史」激發了我的濃厚興趣，老師常講「做歷史要有感覺」，也正是這種感覺，讓我漸漸熟悉了六朝的時代特徵、文獻資料和名家學說。胡老師的博士生課程「中國歷史地理專題研究」和「六朝文化」，我也系列旁聽過，前者每周（或兩周）一個專題，開出大量文獻資料、研究論著，並要求儘快熟悉，如同一個個領域的門被打開，精彩紛呈，目不暇接，而遇到老師講自己的「絕活」──地名學，更是興奮不已。跟隨著上課進程，開始有目的地讀書，先泛讀史料，再研讀論著，漸漸發現興趣點越來越多，要精讀的書也與日俱增，而自己生性讀書又慢，感覺時間不夠用，距胡老師「三天讀一冊正史」的要求相距甚遠，可收穫也不小，許多想法和靈感便是在聽課讀書中獲得的。作文方面，胡老師會因材施教、嚴格要求、經常勉勵。記得第一次交課程作業，老師批閱後還特意發來短信鼓勵。後來老師要求我選取最有心得部分撰成一篇三千字左右的小札記，以便完成發表任務。我敷衍成文呈送過去，老師審閱後叫我仔細領會修改處。我打開一看，小小文章竟多達三十幾處錯誤，其中第一句引文僅 37 個字，錯誤就有 4 處，看罷汗顏，深感慚愧。此後作文一旦有偷懶的想法，便想起此事，就再也不敢馬虎了事了。作文是需要學會模仿的。胡老師的文章立意甚深，學習領悟需要一個過程，而同門師兄師姐一些好的文章，倒是可以模仿的對象。同門前輩中，孔祥軍師兄的文章很厲害，我見其《昌黎赴潮行蹟詩文箋證》蠻有趣，便模仿試作了《昌黎貶陽山行蹟詩文箋證》一文，主要依據韓愈詩文，佐以兩唐書《地理志》、《元和郡縣圖志》等，勾勒出韓愈從長安貶赴陽山的路線，可視之為唐代南北交通的一個個案，而沿途涉及的人文風俗，也反映了彼時的文化地理。我的家鄉古名「零陵」，南京又稱「金陵」、「秣陵」，而長江中下游流域地區還有「巴陵」、「銅陵」、「廣陵」、「晉陵」、「海陵」等地名，在南京地方史中，對「金陵」一詞附會過多，目前通行的說法是，秦始皇為壞金陵王氣，便在今南京地區埋下金屬物品以鎮王氣，鑿山挖瀆以泄王氣，因其埋金鎮王氣，便名「金陵」，因其鑿山挖瀆泄王氣，便是「秦淮河」的由來。這種說法源於趙宋，往前追溯，可至孫吳、東晉，其說法又各不一樣。通過對六朝史料的羅列對比，可以看出金陵王氣說有個明

顯的演變過程，其背景都與立國造勢、正統之爭相關，往後，經過唐代金陵懷古詩的渲染，至趙宋最終定型，溯源，又可追至秦朝，且與馳道修築、楚國遺民心態、起義造勢有關，同時還涉及到了戰國方術讖緯等。但是，這些都無法解釋「金陵」之本義，只能得出一個大概，即「陵」是古楚語，爲「水邊陸地」之意，故「金陵」是古楚人在此活動留下的文化遺迹，這也與楚人活動的歷史背景相符。「金陵」之本義雖然尚未清楚，但分析其附會的含義，也能反映出秦末江東起義政權和偏霸南方六朝的微妙心態。

二

這篇碩士學位論文是在「無知者無畏」的狀態下完成的，只設定了大概框架，沒有預測字數多少，覺得把問題弄明白，把事情講清楚即可。論文的選題是在「不清不楚」的情況下確定的，只知道要作一篇歷史文化地理方面的論文，覺得可以在《高僧傳》上面做文章，依據《高僧傳》詳江東略北方的特點，以及有《續高僧傳》、《比丘尼傳》的事實，結合自己對南方六朝史相對較熟的情況，確定了特定的時間、空間和內容，即六朝江東佛教地理。論文的撰述是在「模仿探索」的方式下進行的，文章共三章，先完成的是第三章，次第二章，最後第一章。第三章的論述方法主要是收集羅列、分類排比，模仿嚴耕望先生「充實而有光輝」的文章，將相關史料「竭澤而漁」，然後在此基礎上立論。這種方法的關鍵是收集史料，而這個過程也是系統讀書的過程。由於第三章論述的是佛教在社會上層的傳播，故涉及到思想史方面，但這並非我所擅長，其立論方面至多是對前輩大師們觀點的補苴。在論文撰述的時候，深有學殖不足之感，對不懂未知的領域只能望洋興歎了。第二章是我較爲滿意的一章，其主要方法就是考據。考據的關鍵是對史料的甄別，而這又涉及到對著作的評析、對撰者的評價、對時代的評判。在南京城市史方面，南唐是一個關鍵，其對南京城的改造奠定了城市的新框架，此後南京城的形制皆可追溯至此。在六朝建康城研究的史料方面，六朝時期史料較少，而且散見於正史之中，唐人對六朝有諸多記載，其中許嵩的《建康實錄》是一部極爲重要的論著，保留了目前最爲完整、最爲接近的「第二手」資料。南唐國運短祚，相關史料較少，只能通過南宋《景定建康志》來進行推測、復原。因此，在本章的考據中，南宋以前的史料極爲重要，南宋以後的史料則附會、錯訛較多，可通行的說法又基本上是本於南宋，所以考證的過程雖

然艱辛，但發覆不少，也能自得其樂。考古發掘成果也是需要特別關注的，但需要結合文獻資料，這樣才會得到意想不到的結果。一座城市有一座城市的味道，只要歷史延續不斷，其文脈便延綿不絕。在翻閱清末民初陳作霖、陳詒紱父子的著作時，其對鄉土地理的瞭解、鄉梓風俗的熟悉、鄉邦文化的熱愛躍然紙上，對他們來說，去南宋也未遠。朱希祖、朱偰父子生活在動蕩不安、欺凌受辱的時代，見到六朝文物被有意識或無意識的破壞，國人賤之洋人寶之，便憤而調查撰述，開始了對六朝建康文物和城市的系統研究，但時為彼時，他們已覺得南京城內的六朝遺物被破壞殆盡，痛心不已，對他們來說，去西洋未遠，離明清尚近。改革開放後，南京城日新月異，對我們來說，常識成了學問，近代成了古代，六朝建康城何在仍撲朔迷離，直至南京圖書館工地發現了北偏東 24.6 度的御道，才逐漸揭開面紗。隨著南京市區基建項目的逐漸完工，研究六朝建康城的最後機會將漸漸消失，因此，對六朝建康城的系統研究，將是第二章的拓展課題。第一章是將歷史現象的量化，也是前些年比較流行的研究方法，其弊端也是顯而易見的，正如本書評審老師張學鋒先生所說，對於熟悉六朝史的人來說，不需要統計也知道這三個佛教中心。在歷史研究中植入新方法未嘗不可，其核心應該是對史料的解讀，以歷史文化地理的統計法為例，在統計的基礎上進行分區研討，應該只是基礎工作，而更重要的是對相關史料的有效解讀，即揭示其形成之原因。目前的許多這方面的文章便只是完成了基礎工作，然後要麼草草收尾要麼沒有下文。具體到本書第一章，受學力所限，其討論程度已經盡己所能了。第一章有許多領域值得進一步拓展，如六朝江東地區的教義差異，對本土僧尼的進一步研究，從僧尼活動頻率來討論六朝交通和都市，海上弘法路線與季風之關係，六朝蜀地佛教與道教的鬥爭，等等。論文的三個章節並非相互獨立的，而是彼此照應的。第一章相當於大綱，若是擔心統計方法過於粗淺，可以對每地的寺院進行考證，第二章便是範例；除了空間的流佈外，還可以延伸到社會階層層面進行討論，第三章便是這方面的拓展。

三

　　胡老師常說，在南京研習六朝史，有得天獨厚的優勢。如今回想，確實如此，不僅可以感受龍蟠虎踞氣勢，還可以飽覽金陵山光風物。學習歷史地理，不僅要熟悉文獻資料，還得習慣於在外面跑跑。南京老城南的「破破爛

爛」十分有趣，老市井味很濃，其地名更是有趣，基本上能反映出城南曾經作爲商貿區的繁華，而倉巷的舊書肆，朝天宮深夜的「鬼市」，更是淘書者的樂園。半夜站在九華山頂山，南京城盡現眼底，看著北偏東的道路，尚有六朝遺風，仿如回到了建康城。紫金山的雪景煞是好看，銀裝素裹，分外妖嬈，山上溫度比城裏底好幾度，四周寂靜，格外清爽，六朝名士獨愛鍾山，僧侶尤愛在此結廬構宇、修行問道，也是鍾情於此山風光之獨好吧。求學問道，不僅要熟悉書本知識，還需要社會歷練。由此申論，學習沒有終點，學生生涯只是其中的一個階段。畢業後，我寄居在揚州的老城區，每隔幾條巷子就有一座寺院，其規模不大，與民居鱗次櫛比，香火頗旺。又由於工作關係，參加了信訪會議，看到會議材料有老城區的居民投訴比鄰的寺院違建，佔用了公共區域。以此觀之，建康城的寺院最多時達七百餘所，就不足爲怪了。工作後，每次去南京拜謁胡老師，他都會問到學習情況，我基本上都是心虛汗顏，因爲根本就沒有看書，可老師還是一直在鼓勵，說不能一畢業就把所學的東西丟了。2012 年的倒數第 17 天，胡老師發來短信，語及學位論文出版一事，我愣了半天才緩過神來，覺得幸福來得太突然，更是一種莫大的榮幸和極大的鞭策。後來才得知，胡老師爲此事費心頗多，周轉了一番才落實下來。

在論文的修改過程中，腦海裏一直閃現出這個畫面，即中秋前後，桂花綻放，晚上胡老師講課，我聽得入神，餘光見窗外漆黑，桂花搖曳，頓時覺得暗香浮動。爾後，幾易寒暑，便到了畢業時節。由校園走入社會，環境不一樣，任務不一樣，不免經受一些動蕩，產生一種激憤，可如今回望這些經歷，也不失爲一段學習的過程。

治學，處世，以及對人生的態度，都得到了胡老師的提攜點撥和諄諄教導，內心充溢感恩之情。答辯委員會的李天石、張學鋒、鄒勁風老師對論文提出了諸多修改意見，從而避免了不少錯誤，萬分感念。胡門弟子間的友愛、和諧，讓我感受到了家庭般的溫暖。家人是我堅強的後盾，給予了我勇往直前的極大勇氣和不竭動力。花木蘭文化出版社的楊嘉樂、陳世東老師對文稿出版一事費心頗多，謹致謝忱。

蔣少華　謹記於揚州

2013 年 9 月 4 日